중국 옛 상인의 지혜

중국 옛 상인의 지혜

리샤오 지음

이기흥 옮김

인간사랑

차례

머리글 – 얽히고설킨 중국인 · 7

제1장 상인의 등장 · 27

1. 화식열전 · 30
2. 전설적인 상인 · 35
3. 상인의 탄생 · 41

제2장 나라를 다스린 상인 · 57

1. 강태공의 비밀 · 60
2. 강태공의 창업 · 73

제3장 관포지교管鮑之交 · 83

1. 세 가지 큰 시련 · 86
2. 친구를 뜻하는 중국어 '붕우朋友'의 본뜻 · 98
3. 인재에 투자하기 · 105

제4장 유상儒商 자공子貢 · 115

1. 부유하지만 예의 발랐던 인물 · 117
2. 유상儒商의 지혜 · 131

제5장 치부致富의 보전寶典 · 147

1. 계연지책計然之策 · 149
2. 도주陶朱의 경제 활동 · 162

제6장 도주교자陶朱教子 · 177

 1. 아들 잃은 범려 · 179

 2. 나아갈 때를 알고 물러설 때를 알다 · 190

 3. 삼대를 넘긴 부자 · 197

제7장 상조商祖 백규白圭 · 205

 1. 다른 사람이 버리면 거두어들인다 · 207

 2. 지용인강智勇仁强 · 217

제8장 이러지도 저러지도 못할 연분 · 237

 1. 공방 병용 · 240

 2. 장인과 사위가 벌인 상술 경쟁 · 252

제9장 복식卜式의 재물 헌납 · 269

 1. 애국 상인 · 271

 2. 천상억상賤商抑商 · 277

 3. 모범을 보이기 · 289

제10장 염철관영鹽鐵官營 · 301

 1. 완전 민영 · 305

 2. 완전 관영 · 314

 3. 관상합영官商合營 · 325

에필로그 · 336

옮기고 나서 · 339

머리글

얽히고설킨 중국인

현재 중국인은 상당히 얽히고설키며 살고 있다.

먹는 것만 해도 그렇다. 가난했던 과거에는 밥 먹는 일이 가장 크고 중요한 일이었기에 만나면 '식사하셨습니까?'라는 말부터 했다. 오늘날에는 배불리 먹을 수 있지만 당신 마음은 편안한가?

음식점에 식사하러 가면 요리는 대체로 '저질 식용유'로 볶은 것이다. 저질 식용유란 바로 호텔이나 술집에서 회수된 주방 쓰레기가 '화려하게 탈바꿈'한 것이다. 식탁 위에 먹다 남긴 이런 주방 쓰레기는 먼저 양돈장에 보내어 가열한 뒤 돼지에게 먹이지만 그 안의 일부 지방은 돼지도 먹지 않는다. 돼지를 기르는 이는 이런 지방을 모아서 전문적으로 저질 식용유를 만드는 이에게 팔아넘긴다. 거르고 가열하고 가라앉히고 분리하는 등의 절차를 거쳐 탈색제와 에센스 등 화학 재료를 첨가하여 하룻밤만 지나면 쓰레기는 순식간에 그 모습을 바꾸어 반짝

반짝 투명하게 빛나고 향기마저 코를 찌르는 '식용유'가 된다. 이 식용
유는 싼값으로 호텔이나 술집에 팔리고 우리 식탁으로 다시 돌아온다.
저질 식용유가 두려운 것은 돼지마저 먹지 않는다는 데 있지 않고 그
안에 발암 물질의 일종인 황곡 곰팡이가 함유되어 있기 때문이다. 황
곡 곰팡이의 독성은 비상砒霜보다 100배나 높다.

식당에 가지 않고 집에서 밥을 먹으면 안전할까?

집에서 먹는 우유에는 멜라민이 있을 수 있다. 멜라민은 요소尿素
로 만들어진 화공 원료이다. 이것은 목재 가공, 장식 시트, 도료, 주조
플라스틱, 종이, 방직, 피혁 등의 작업에 광범위하게 쓰인다. 사람이 멜
라민을 먹으면 생식기나 비뇨기 계통에 손상을 입어 방광이나 신장에
결석이 생길 수 있다. 게다가 방광암을 유발할 수 있다. 사람이 아예
먹을 수 없는 유독 물질인 멜라민을 우유나 분유에 첨가하는 이유는
그것을 단백질로 위장할 수 있기 때문이다. 국가에서는 반드시 유제품
의 단백질 함량을 측정해야 한다고 규정한다. 만약 우유에 물을 더 많
이 타거나 분유에 다른 가짜 원료를 더 많이 섞으면 단백질의 함량은
내려갈 수 있다. 멜라민은 바로 이런 결함을 채워준다. 끔찍한 일은 우
유나 분유에 멜라민을 첨가하는 것이 대부분의 중국 유제품 전문 업체
의 '관행'이라는 사실이다. 2008년, 허베이 삼록三鹿 회사의 아기용 분
유 사건이 터진 뒤, 관계 기관에서 조사하여 처리한 유제품 기업은 모
두 22곳이었는데, 그 가운데에는 놀랍게도 우리들이 너무나 잘 아는
이 분야의 선두주자도 포함되어 있었다.

집에서 먹는 쌀밥에도 독성 쌀이 있을 수 있다. 이른바 독성 쌀이
란 바로 곰팡이로 변질된 쌀이나 농약 함량 기준을 초과한 인체에 유

해한 쌀을 말한다. 이 쌀은 표피 제거, 표백, 광택내기 등의 공정을 거쳐 다시 공업 원료인 유동 파라핀을 넣은 뒤 휘저으며 섞어서 만든다. 이렇게 그럴 듯하게 변장하여 만든 독성 쌀은 색깔이 투명하여 팔아먹기에 아주 좋다. 이런 쌀을 먹으면 무력감, 오심惡心, 현기증, 두통, 폐수종, 의식불명 따위의 증상을 일으킬 수 있다. 만약 임산부가 이런 쌀을 먹으면 유산을 하거나 기형아를 낳을 수도 있다.

소금에 절인 오리알이나 고추장을 먹을 때는 공업용 색소의 일종인 '수단홍蘇丹紅'을 먹을 가능성이 있다. 백설탕, 당면, 쌀국수, 밀가루, 부죽腐竹[1] 따위를 먹으면 공업용 표백제의 일종인 '롱가리트', 돼지고기를 먹으면 '클렌부테롤', 부추를 먹으면 맹독성 농약 3911을 먹을 수 있다. 또한 케이크를 먹으면 불포화지방산, 버섯을 먹으면 형광증백제를 먹을 수 있다. 닭고기를 먹으면 호르몬, 물고기를 먹으면 피임의 화를 당할 수 있으며……

이런 식품 안전사고는 하나하나 모두 인간의 상상력을 초월하지 않는 것이 없으며 인간의 수용력을 시험하지 않는 것이 없다. 우리에게 뱃속을 돌아보도록 하는 동시에 두려움으로 어떻게 할지 망설이게 만든다.

우리는 묻지 않을 수 없다.

무슨 이유로 이런 식품 안전사고가 끊임없이 꼬리를 물고 이어지는가?

---

1   길게 말아 압착한 두부.

2008년에 독성 유제품 생산으로 조사 처리된 22곳의 기업 가운데 '국가 검사 면제 제품', '중국 유명 브랜드 제품', '중국 저명 상표', '소비자가 믿을 만한 상표' 등 사람의 존경을 받을 만한 광배 효과를 가진 곳이 많았다. 소비자를 기만하는 이런 광배는 어디서 왔을까? 멜라민이 함유된 우유를 마신 영유아가 중독된 사례는 2008년 3월 난징南京에서 처음으로 발견되었다. 5월, 국가 품질 검사 총국은 〈영유아를 위한 조제분유 제품 품질에 관한 표본 추출 품질 검사 결과 공고〉를 발표하고 '제품의 실물 품질 표본 검사 합격률은 99.1%'라고 공언했다. 그 가운데 '시장 점유율이 비교적 높은 대형 기업은 계속하여 이루어진 세 차례의 국가 감독 표본 추출 검사에서 제품의 실물 품질 표본 검사 합격률이 100%이며', '국가 검사 면제를 받은 제품 16종과 중국 유명 브랜드 제품 8종' 모두 합격했다. 국가 최고 권위의 품질 검사 보고가 이제 막 끝났는데, 멜라민 중독 사례가 온 천지를 흔들며 폭발했다. 정부 '유관 기관'은 무엇을 했는가?

이보다 더 심한 경우도 있다. 2007년 9월 2일, CCTV 뉴스 채널 〈주간 품질 보고〉는 허베이 삼록 분유의 선진 업적을 선전하는 특별 프로그램 〈1,100번 검사 측정의 뒷면〉을 방영했다. 이 프로그램의 첫머리는 이렇게 시작했다.

"삼록 분유의 1,100번 검사 측정은 판매 촉진을 위한 과대광고일까, 아니면 실제 사실일까?"

기자는 바로 이런 문제를 가지고 이 기업을 열흘 남짓이나 깊이 파고들며 삼록의 영유아 분유의 생산 과정에 대하여 전면적인 조사를 벌였다. 그 결론은 이렇다.

"삼록 분유는 품질을 조절하는 1,100번 검사 측정을 통하여 '중국 영유아 분유의 모범적 기업'이 되었으며 제품의 훌륭한 품질은 물론 과학적이고 엄격한 공정 관리를 보여주었다."

또 프로그램은 이렇게 밝혔다.

"삼록 분유는 우수한 품질과 값도 저렴한 물건을 뜻하며 나아가서 안전과 신뢰의 기업을 대표한다."

기자는 자못 감격스런 목소리로 이렇게 말했다.

"이 나라에서 삼록처럼 품질을 생명으로 아는 '메이드 인 차이나'가 갈수록 많이 나타나기를 기대합니다!"

그러나 실제 상황은 어떠했을까? 과거 안후이 푸양阜陽에서 생긴 '다터우와와大頭娃娃' 사건으로 드러난 45가지 저질 분유 블랙리스트에는 삼록도 그 가운데 하나로 들어 있었다. 허베이성 부성장인 양충용楊崇勇이 흘린 정보에 의하면 적어도 2005년에 삼록은 벌써 분유 속에 멜라민을 섞기 시작했다. 이런 사실을 마주하면서 대중 매체는 무엇을 했는가?

당연히 우리는 따져 물을 이유가 충분하다.

"품질이 좋지 않은 가짜 상품을 만들었는데, 왜 이런 짓을 했습니까?"

품질이 좋지 않은 가짜 상품은 그 모양새가 아무리 희한해도, 또 그 수법이 아무리 잔인해도, 본질은 딱 한 가지, 바로 속임수로 원가를 낮추며 더 많은 돈을 버는 데 있다.

필자가 이 글을 쓰기 시작할 때, TV는 까르푸, 월마트 등 대형마트가 상하이, 선양, 창춘, 쿤밍, 난닝 등 도시의 지점에서 원가 날조,

저가로 고객을 잡아서 고가로 계산하기, 가격 표시 불이행, 오해를 살 수 있는 가격 표시 따위의 사기 행위가 있었음을 알리는 뉴스를 연일 보도했다. 2011년 1월 26일, 국가발전개혁위원회는 가격 주관 부서는 법에 따라 이런 대형마트가 저지른 잘못을 시정케 할 것이며 법을 어기며 거둔 소득을 몰수하라고 선포했다. 더구나 법을 어기며 벌어들인 소득에 대해서는 5배에 해당하는 벌금까지 부과하라고 덧붙였다.

까르푸, 월마트 등 세계 500대 외자 기업들이 자국 시장에서는 가격 속이기 따위의 행위를 한다는 이야기를 들은 적이 없다. 무슨 까닭으로 이들은 중국에만 오면 이렇게 나쁘게 변할까? '회하 남쪽에 심은 귤나무엔 귤이 달리고 회하 북쪽에 심은 귤나무엔 탱자가 달린다.'는 말이 참말로 맞단 말인가? 아니 이 세상에서 오로지 중국 땅에서만 품질이 좋지 않은 위조 상품이 진짜를 대신한단 말인가?

그렇지 않다!

우리 시선을 인류의 상업 역사로 돌리면 가짜를 가지고 진짜로 속여 파는 행위는 오늘날에만 존재하는 것도 아니고 또 오로지 중국에만 있는 것도 아님을 알 수 있다. 상품이 생산되고 교환되는 곳이라면 예나 지금이나 동양이나 서양이나 여러 나라에 고루 퍼진 고질적인 문제이다.

"상업 자본은 개발이 덜 된 공동체의 상품 교환에 중개 작용을 하기만 하면 상업 이윤은 불법으로 타인의 재산을 차지하고 남을 속여 먹는 것으로 드러날 뿐만 아니라 그 이윤의 대부분은 불법으로 타인의 재산을 차지하고 남을 속여먹는 가운데 발생한다."

이 글은 칼 마르크스의 유럽 시장 경제에 대한 평가였다.

소금기가 있는 버터 위에 신선한 버터를 한 층 더 입혀서 신선한 버터로 팔아먹는다. 비누를 만들 때 남은 폐기물을 다른 물건에 섞어서 사탕으로 팔아먹는다. 찰흙을 아주 잘게 찧은 뒤 양유羊油를 넣어 주무른 뒤 카카오 가루를 섞어서 팔아먹는다. 찻잎에 황형黃荊 나뭇잎을 섞거나 이미 우려낸 찻잎을 섞어서 새 찻잎으로 팔아먹는다. 이런 현상도 지금의 중국에서만 발생한 것이 아니라 1840년대 영국에서도 발생했다. 엥겔스는 『영국 노동자의 계급 상태』에서 이것을 기록으로 남겼다.

그렇다면 어찌하여 오늘날 시장 경제가 발달한 서양 국가에서는 까르푸, 월마트 등이 감히 속임수를 쓰지 못할까? 엥겔스의 생각은 이렇다.

"자본주의 생산이 발달할수록 이른 시기의 특징을 나타내는 자질구레한 속임수나 사기 수단을 더 이상 쓸 수 없게 된다. 분명 이런 교활한 수단은 대형 마켓에서는 이미 효과를 발휘할 수 없게 되었다. 그곳에서는 시간이 돈이고 상도덕이 필연적으로 일정한 정도까지 발전할 수밖에 없다. 이렇게 된 것은 윤리에서 나온 열광이 아니라 온전히 시간과 노동을 헛되이 쓰지 않기 위해서였다."

경영자가 이제 다시는 속임수를 쓰지 않게 되고 상도덕 수준이 현격하게 높아졌음은 물론 여태껏 신용을 중시하지 않다가 신용을 중시하는 쪽으로 변한 것은 결코 양심이 발현되어서도 아니고 윤리에서 나온 열광 때문도 아니다. 시장 경제 시스템이 끊임없이 건전해지고 법률 제도도 점차 완전해졌음은 물론 소비자들도 날로 성숙해짐에 따라 기업의 생존과 발전, 그리고 이익을 위한 거대한 압력으로 이렇게 될 수밖에 없었던 것이다.

이 때문에 오늘날 중국이 식품 안전 문제를 포함하여 시장의 수많은 난맥상을 보이는 것은 시장의 경쟁 체제가 아직은 건전하지 못하고 법률 제도도 완전하지 못하며 소비자도 아직은 성숙하지 못한데다 경영자의 천박한 도덕적 수준 등의 요인이 복합된 산물일 뿐이다.

우리를 뼈저리게 만드는 이런 '얽히고설킨' 난맥상을 청산하려면 당연히 건전한 법률 제도, 책임을 다하는 정부, 감시 감독에 철저한 매스미디어, 여기에 더하여 소비자의 높은 경각심도 필요하지만 상품과 서비스 생산에 종사하는 경영자들의 높은 도덕 수준은 물론 신용과 자율 강화와 책임을 분명히 지는 자세도 필요하다.

문제는 도대체 어떻게 상도덕을 높이며 신용과 자율을 강화할 것인가에 있다. 그 방법은 아래 세 가지일 듯하다.

우선 자기에게 배우기이다. 다시 말하면 스스로 힘든 훈련을 통하여 다른 사람을 이롭게 하는 것이 곧 자기에게 이롭고 다른 사람에게 해를 끼치는 것이 곧 자기에게 해를 끼치는 일이라는 이치를 깨달아야 한다는 말이다.

또 하나는 다른 사람에게서 배우기이다. 현재 세상의 갖가지 경험과 교훈을 거울삼아 다른 사람의 우매한 모습을 보면서 자기 자신을 뚜렷이 해야 한다.

마지막으로 옛사람에게서 배우기이다. 중화민족의 넓고 깊은 전통문화 속에서 지혜를 얻고 깨우침을 얻어야 한다.

사실 옛 중국의 상품 생산과 상품 교환은 오늘날의 발달된 모습과는 비교가 되지 않고 시장 관계와 교역 방식도 오늘날처럼 복잡하지 않았지만 선인들은 일찍이 상품 경제의 바탕이 되는 규칙에 대해서는 깊이 있는 인식을 가지고 있었다. 게다가 상공업자의 경영 방법, 처세의 미덕, 수신의 도리, 그리고 치가의 방식 등에 대해서도 통찰력 있는 판단을 가지고 있었다. 이는 민족 문화의 토양에 깊이 뿌리를 내리고 수천 년 세월을 겪으면서도 영원히 변하지 않았다. 또 이는 온전히 중국인이 창조한 것으로 가장 용이하게 받아들인 귀중한 재산이다.

여전히 새로운 전환기에 있는 발전 중인 국가로서 우리는 수없이 많은 것들을 서방에서 배워야 한다. 그러나 외국의 것을 배움과 동시에 우리 자신이 몇 천 년 이룩한 문화의 연원에 대하여 탐색하는 것을 결코 잊어서는 안 된다. 인의仁義, 진실眞實, 연민憐憫, 선량善良 등 인성의 아름다움에 대한 뜨거운 사랑과 추구, 그리고 '군자도 재물을 좋아하지만 어떻게 그것을 취하는지', 재물이 있어도 어떻게 처리해야 하는지, '3대 가는 부자 없다'는 저주를 어떻게 해결할 것인지 등의 문제에 대하여 선인들은 우리에게 풍부하고도 자못 진귀한 자산을 남겼다.

결론을 말하자면 현재 얽히고설킨 시장의 난맥상은 불건전한 법률 제도, 책임을 다하지 않는 정부, 감독을 철저하게 못하는 매스 미디어, 그리고 성숙하지 못한 소비자 등과 같은 원인 이외에도 민족 상업 문화의 단절과 전통적인 상업 미덕의 방치로 인해 발생한 나쁜 결과이다.

이 때문에 민족 상업 문화를 계승하고 전통적인 상업 미덕을 드높이며 상도덕의 수준을 끌어올리고 신용과 자율의 임무를 더욱 강화해야 한다.

장기간의 중농억상 정책 때문에 중국 고대 상공업에 관한 문헌의 축적은 『경사자집經史子集』 가운데 결코 큰 비중을 차지하지 못했지만 유구한 역사를 가진 전통 상업 문화는 여전히 울긋불긋 아름답고 화려한 꽃밭이며 어리석은 이들을 일깨우는 아름다운 교실이라고 할 수 있다.

사마천의 『사기』에 등장하는 상인들의 지혜

이천여 년 전, 사마천司馬遷(BC 145-BC 86)이 쓴 『사기史記』 속의 「화식열전貨殖列傳」이나 「평준서平準書」 등의 글은 바로 이 꽃밭 가운데 특별히 눈부시게 아름답고 진기한 꽃이다. 「화식열전」은 주로 경제 인물의 전기, 경제 지리, 그리고 경제 사상 등의 내용을 포괄한다. 그리고 「평준서」는 서한의 상공업 정책을 주로 기록했다.

이 글에서 사마천은 먼저 인간 본성의 관점에서 사람이 대관절 돈을 벌어야 옳은지의 문제를 깊이 파고들었다. 여기에서 그는 돈을 벌고 이윤을 남기는 일는 영원히 변할 수 없는 당연한 이치라고 핵심을 찌르는 지적을 했다.

사마천은 『사기』 「화식열전」에서 '부유함을 추구하는 것은 사람의 본성으로 학습을 하지 않아도 이를 바라게 마련이다.'[2]라고 했다. 부를 좇으며 이익을 추구하는 것은 사람이 태어날 때부터 가지고 나온 본능이기에 학습을 하지 않아도 선천적으로 할 수 있는 능력이라는 말이

---

2 富者, 人之情性, 所不學而俱欲者也.

다. 또 같은 글에서 '세상 사람들이 왁자지껄 시끄럽게 이리저리 오가는 것은 모두 이익을 추구하기 위해서이다.'[3]라고 했다. 온 세상 사람들이 부지런한 개미처럼 하루 내내 저녁 늦게까지 눈코 뜰 새 없이 바쁜 것은 모두 자기의 이익을 추구하려는 데 있다는 말이다.

사마천은 여기에 몇 가지 예를 덧붙이면서 그 이치를 설명했다.

용감한 병사가 싸움터에서 성을 공격할 때 앞장서서 적진으로 돌격하고, 적진으로 뚫고 들어가서 적을 물리치고, 적의 머리를 베며 적의 깃발을 탈취하고, 비 오듯 쏟아지는 화살을 무릅쓰고 물불을 가리지 않으니, 이는 무엇 때문인가? 두터운 상금을 받기 위함이 아니겠는가? 시정의 불법분자들이 사람의 목숨을 앗으며 재물을 강탈하고, 무덤을 도굴하거나 가만히 동전을 제조하고, 자기 힘을 믿으며 약한 자를 능욕하고, 다른 이를 대신하여 원수를 갚아주는 등의 행위를 한 뒤 저 멀리 변경으로 몸을 피하여 법망의 촘촘함도 생각지 않고 생명이 위태로운 곳을 이리저리 헤매는 것은 또 무엇 때문인가? 재물과 이익 때문이 아니겠는가? 조趙나라나 정鄭나라의 아리따운 아가씨들이 화려하고 아름답게 몸단장하고 악기를 타고, 길고 긴 옷소매 흔들며 뾰족한 무도화 나붓나붓 끌며 요염한 눈길 보내고, 온 정성을 다하여 집적거리며 천 리 먼 길 마다않고 달려와 손님을

---

3 天下熙熙, 皆爲利來; 天下攘攘, 皆爲利往.

접대하면서도 늙은이, 젊은이, 잘생긴 이, 못생긴 이 가리지 않고 맞으니, 이는 또 무엇 때문인가? 바로 돈 때문이 아닌가? 고기 잡고 사냥하는 이들이 새벽부터 밤늦게까지 부지런히 일하며 찬바람, 눈비 무릅쓰고 으슥한 산골짜기 깊은 물 위에서 헤매며 사나운 짐승도 두려워하지 않음은 또 무엇 때문인가? 바로 돈 때문이 아닌가? 농업, 상업, 공업, 목축업 등에 종사하는 이들 가운데 하나라도 돈을 추구하지 않는 이 어디 있는가? 그들은 재능이 다하고 힘이 다 빠졌을 때가 되어야만 어쩔 수 없이 돈을 벌고 이익을 좇는 싸움터에서 물러날 뿐이지 아직도 남은 힘이 있을 때에는 절대로 돈을 벌 기회를 다른 이에게 양보하지 않는다.

한 마디로 말하면, 세상 사람들은 하나같이 가난을 두려워하며 부를 갈망한다. 천 대의 병거를 소유한 나라님도, 만 호의 식읍을 가진 열후도 모두 하나같이 곤란한 주머니 사정을 걱정하는데 하물며 보통 백성들이야 말할 필요가 있겠는가?

사마천은 모든 사람들이 자기의 이익을 위하여 자연스럽게 각자의 일에 온힘을 다 쏟으며 즐겁게 임한다고 생각했다. 사람들의 이런 자각성自覺性은 마치 물이 영원히 높은 곳에서 낮은 곳으로 흐르는 것과 같아서 언제나 그침이 없다. 모든 사람들이 자기의 이익을 위하여 열심히 일하는 적극성이 있기 때문에 어떤 이의 호소나 독촉이 없이도 백성들은 자연스럽게 물질적인 부를 생산하여 소비자 앞에 내놓는다.

그러나 문제는, 돈을 버는 데 지금처럼 저질 식용유, 독이 든 저질 분유, 그리고 독성 쌀 따위를 수단과 방법을 가리지 않고 도저히 못할 짓을 해가며 꼭 돈을 벌어야 하는가에 있다. 사마천의 답은 물론 부정적이다. 그는 '농업 경영으로 사회에 물질적 부를 내놓으며 부자가 된 자가 가장 칭찬받을 만하고, 그 다음이 상공업으로 돈을 번 자이며, 가장 경멸할 자는 법을 어기며 나쁜 짓으로 부를 이룬 자이다.'라고 말했다.

사마천은 『사기』 「화식열전」이나 「평준서」 등의 글에서 전설적인 색채가 강한 상공업인에 대한 고사를 기술했다.

상인만이 가질 수 있는 특유의 지혜로 물러나야 할 나이를 지나서도 상商을 무너뜨리고 주周를 흥왕시키며 제齊나라를 연 강자아姜子牙로, 그는 '원하는 놈은 걸려든다.'[4]고 말했다. 그리고 하찮은 소상인 출신으로 남다른 혜안으로 인재에 투자했던 관중管仲과 포숙아鮑叔牙, 역사상 가장 정통적인 유상儒商 자공子貢, 사회에 대한 책임감이 매우 강했던 상성商聖 범려范蠡, 상업에 관한 이론가요 실천가였으며 교육가이도 했던 상인의 창시자 백규白圭, 중국 역사상 이름난 여성 기업가 과부청寡婦淸, '다른 이가 버리면 나는 취하고, 다른 이가 취하면 나는 내놓는다.'[5]는 경영 비결로 크게 성공한 선곡宣曲 임씨任氏, 대담하게 모험을 할 줄 알았던 무염씨無鹽氏, 사람을 골라 쓰는 데 능했던 도한刀閒, 되파는 방법으로 부를 이룩한 아지나烏氏倮의 이야기는 오늘날에는 주식시장에서나 볼 수 있는 부의 신화이다. 여기에 더하여 진심으로 재

---

4   願者上鉤.
5   人棄我取, 人取我與.

그림 1. 사마천의 무덤

사마천의 무덤과 사당. 산시성陝西省 한청시韓城市 남쪽 10km 즈촨진芝川鎭 황하 서쪽 언덕 위에 있다.
언덕은 비록 흙으로 이루어졌지만 높고 험준하다. 무덤과 사당은 북향이며 오른쪽으로 황하가,
그리고 왼쪽으로 관중關中을 끼고 있어 그 기세가 장관이다. 2010년 8월 22일, 필자는 시안西安에서
차를 몰고 2시간 남짓 달려가서 참배했다. 필자가 직접 촬영했다.

중국 옛 상인의 지혜

그림 2. 사마천 무덤 곁에서 멀리 황하를 바라보다

사진 왼쪽 정원이 사마천의 무덤과 사당이다. 그리고 오른쪽 전방으로 구불구불 이어진 황하가 보인다.

산을 헌납한 복식ト式은 천고에 이름을 드날릴 애국 상인의 본보기이며
……

사마천은 거듭 강조했다.

이들은 돈을 벌어 부자가 되는 데 자기의 작위나 봉록에 기대지
도 않았으며 그렇다고 법을 어기고 기강을 어지럽히며 매점매석
하거나 속임수를 쓰지도 않았다. 상품의 유통 규칙을 헤아리고
정확하게 시장 상황을 판단하여 투자의 방향을 결정했으며 물
가의 수요에 순응함으로써 이익을 얻었다.

사마천은 이런 이들을 일러 '현인賢人'이라고 하였다. 다시 말하면
그들이 가진 현명함과 재능으로써 집안을 일으켰으며 큰돈을 버는 데
일정한 도의를 가진 인물이라는 뜻이다.

이 때문에 사마천은 특별히 별도의 장에 이들 상공업자의 전기를
썼으니, 이는 그저 이들의 재물과 재산을 선망하거나 이들의 슬기로움
에 매료되었기 때문이 아니라 이들의 경영 업적을 명확히 드러냄과 동
시에 우리들을 깊이 생각하게 만듦은 물론 깨우치게 하는 '부잣집'의
도리를 보여주려는 데 있었다.

예를 들어보자. 집안을 일으키며 부에 이르는 과정에서 화폐를 비
롯한 자본이 중요할까, 아니면 인력 자본이 중요할까? 춘추 시대 관중
과 포숙아의 이야기나 한나라 때 도한의 이야기는 모두 인재야말로 가
장 중요한 자원임을 하나같이 역설했다.

기업 경영이나 투자에 어쨌든 주제넘게 나서며 대세를 따라야 할

까? 아니면 역발상으로 일을 처리해야 할까? 전국 시대를 살았던 백규, 그리고 진말한초秦末漢初를 살았던 선곡 임씨의 이야기는 투자의 귀재로 불리는 미국의 워런 버핏Warren Buffett의 투자 철학에 결코 뒤지지 않음을 명백하게 보여준다.

아지나와 무염씨 이야기는 창업을 할 때에는 임기응변의 지혜와 단호하고 과감한 용기, 그리고 모험을 할 만한 대담한 정신을 필요로 한다고 설명한다.

도주공陶朱公과 조병씨曹邴氏 이야기는 집안 살림을 일으키며 돌볼 때에는 사람이 마땅히 지켜야 할 도리인 인의仁義의 마음을 가져야 하고 자율적인 강인한 의지를 장중하게 유지함은 물론 사회를 향해 즐겨 베풀 줄 아는 책임감이 있어야 함을 분명하게 밝힌다.

범려가 아들을 교육시킨 이야기에는 나아감과 물러섬, 그리고 적당한 정도에서 멈출 줄 아는 깊은 지혜가 담겨 있다. 그야말로 '삼대를 넘어가는 부'를 실현한 비결이라 이를 만하다.

자공의 이야기에서는 성공한 상인은 끊임없는 학습뿐만이 아니라 돈이 많을수록 더욱 예를 갖추어야 더 큰 성공을 거둘 수 있다는 것을 알 수 있다.

복식의 이야기는 '능숙함'과 '고지식함'의 변증법을 밝힌다.

이 이외에도 사마천은 '부잣집'의 '삼부작三部作'을 종합했다.

돈이 없을 때에는 자신의 힘에 의지해야 한다, 돈이 조금이라도 있으면 자신의 재지才智를 발휘해야 한다, 재력이 탄탄해지면 대세를 판단하며 이익을 좇으면 된다. 이것이 바로 당연한 이

치이다.[6]

속담에 '여자는 시집 잘못 갈까 걱정, 남자는 직업 잘못 고를까 걱정.'이라고 했다. 직업에 따른 격차는 사실 객관적으로 존재한다. 게다가 왕왕 수익을 크게 좌우한다. 그러나 사마천은 우리에게 생생한 사례를 하나하나 보여준다.

'부무경업富無經業'이란 부자가 되는 데 정해진 직업은 없다는 말이다. 집안을 일으키며 부자가 되는 데에는 오로지 한 가지 방법만이 아니라 온갖 직업 가운데 어느 직업에서도 부자가 나올 수 있다는 뜻이다.

사마천은 「화식열전」에서 다른 몇 가지 예를 들어 보인다.

농사는 별 기술 없이도 할 수 있는 직업이지만 진양秦揚은 이로써 한 주州에서 제일가는 부자가 되었으며, 기름장사는 보통 사람들이 치욕스럽게 여기는 일이지만 옹백雍伯은 이로써 큰 이익을 얻었으며, 찻물이나 술 따위를 파는 일은 하찮아서 말할 가치도 없는 장사이지만 장씨張氏는 이로써 천만 냥이나 되는 재산을 모았으며, 칼 갈기는 누구나 할 수 있는 자그마한 기술이지만 질씨郅氏는 이로써 귀족들처럼 넘치는 삶을 살았으며, 양의 창자를 삶아 파는 일은 단순하여 보잘것없는 장사이지만

---

6 無財作力, 少有鬪智, 旣饒爭時, 此其大經也.

이 일을 한 탁씨濁氏는 문을 나설 때마다 호화로운 수레의 행렬이 앞뒤를 이었으며, 말의 병을 고치는 일은 수준 높은 의술을 필요로 하지 않지만 장리張里는 이로써 부귀영화를 누리며 호화롭게 살 수 있었다.[7]

이들이 성공한 이유는 무엇일까? 사마천은 바로 '성일誠壹' 때문이라고 「화식열전」에서 말했다. 이른바 '성誠'이란 게으름을 피우지 않고 최선을 다한다는 말이다. 또 '일壹'이란 온 마음을 다 기울이며 다른 일에 신경 쓰지 않고 몰두한다는 말이다. 다시 말하면 전심전력을 다하며 특화된 길을 견지하며 나아간다는 뜻이다. 온 마음을 기울이며 최고의 경지에 이르면 기발하고 유별난 묘안이 생길 터이고, 이제 보통 사람이라면 이르지 못할 수준 높은 기술과 경영 규모를 가지게 된다. 또 말할 만한 가치도 없는 그 어떤 직업이라도 큰 사업으로 일굴 수 있다.

그렇다면 사마천은 무슨 까닭으로 이런 이야기를 하려고 했던가? 왜 이런 이치를 논하려고 했던가? 사마천은 「화식열전」에서 그 목적은 이런 사람들과 이들이 한 일들을 후세에 전하여 뒷사람들이 거울로 삼으며 깨우침을 얻도록 하는 데 있다고 말했다.

날마다 돈 벌고 돈 쓰기에 바쁜 현대 사회에서 살아가고 있는 우

---

7   田農, 掘業, 而秦揚而蓋一州……販脂, 辱處也, 而雍伯千金. 賣漿, 小業也, 而張氏千萬. 灑削, 薄技也, 而郅氏鼎食. 胃脯, 簡微耳, 濁氏連騎. 馬醫, 淺方, 張里擊鐘.

리는 물론 돈 벌고 돈 쓰는 일에 이제는 끝없이 얽히고설키며 울적하고 답답한 사람들은 사마천이 그린 상인의 세계로 들어가서 이런 '어질고 지혜로운 상인 부자'들의 지혜와 도덕적 품격을 느끼고 깨달아 보자.

그리고 바로 이것이야말로 오늘날의 우리들이 마땅히 해야 할 일이며 태사공 사마천이 원하는 바이다.

商賈智慧

제1장 상인의 등장

진시황秦始皇이 세상을 다스리던 시절 어느 날, 이 제국의 궁중에서는 귀빈을 맞이하는 성대하고 장중한 의식이 거행되었다. 영접을 받는 이는 여성이었다. 세상을 주름잡던 천고의 황제 진시황의 귀빈이 된 이 여성은 분명 시시한 인물일 리 없었다. 그렇다면 이 여성은 도대체 누구일까?

　그녀는 나라 밖에서 찾아온 국가 원수도, 그렇다고 꽃처럼 아름다운 묘령의 아가씨도 아니었다. 당신은 그녀가 누구인지 아무래도 알 수 없을 것이다. 이 여성은 저 멀리 사천 지방에서 온 평민이었다. 게다가 남편을 잃고 홀로 사는 여인이었다. 이름은 청淸, 사람들은 그녀를 가리켜 '과부청寡婦淸'이라고 불렀다. 말할 것도 없이 과부청은 보통 여자들과는 달랐다. 글자 그대로 밑바닥부터 다지며 성공한 기업가였던 것이다. 할 일도 많고 정무에도 몹시 바쁜 진시황이 아무리 기업가라고 하지만 한낱 보통 백성에 지나지 않는 과부청을 큰손님을 맞았다니, 의아하게 생각할 지도 모른다.

　이 이야기는 필자가 근거 없이 멋대로 꾸며낸 이야기가 결코 아니다. 사마천의 『사기』 「화식열전」에 명백하게 기록된 사실이기 때문이다.

1
화식열전

「화식열전」에는 무슨 이야기가 있는가? '열전列傳'은 사마천이 각양각색의 인물에 대하여 쓴 전기이다. 예컨대, 『사기』에서 한신韓信의 전기를 「회음후열전淮陰侯列傳」이라 하고, 한무제漢武帝 때 흉노를 무너뜨린 위청衛靑과 곽거병霍去病의 전기를 「위장군표기열전衛將軍驃騎列傳」이라고 부른 것이 그러하다.

그렇다면 '화식貨殖'은 무슨 뜻일까? '화식'에서 '화貨'는 자재資財와 재화財貨를 가리킨다. 구체적으로는 화폐, 토지, 식량, 광산물, 그리고 목축 등 물자와 자산을 의미한다. 또한 '화식'의 '식殖'은 불어나고 늘어난다는 의미이다.

따라서 이 두 글자를 합치면, 자재와 재화가 끊임없이 불어나고 쉼 없이 늘어난다는 뜻이다.

두 말할 필요도 없이, 자재는 암탉이 아니다. 이것들은 스스로 알을 낳을 수 없다. 또한 암캐도 아니다. 이것들은 제 스스로 강아지를 낳을 수 없다. 자재는 스스로 증식할 수 없다. 당연히 사람의 경영과 관리를 필요로 한다.

그럼 사람이 경영을 하면 분명 재산을 증식할 수 있을까? 반드시 그런 것도 아니다. 사마천은 '부에 이르는 데에 정해진 직업이 없고, 재물에 정해진 주인이 없다. 능력이 있는 자에게는 바큇살처럼 사방에서 재물이 모여들고, 능력이 없는 자에게는 재물이 무너지고 흩어진다.'[8] 라고 말했다. 다시 말하면, 부자가 되는 데는 한 가지 직업만 있는 것이 아니라, 온갖 직업에서 모두 큰 부자가 나올 수 있다. 그리고 재물은 영원히 고정 불변하여 한 주인만을 모시지도 않는다. 재물의 주인은 돌고 돌아 내년에는 우리 집이 될 수도 있다. 재능이 있는 자는 맨손으로도 거액의 재산을 모을 수 있지만, 무능한 자는 설령 금덩어리를 안고 있더라도 눈 깜짝할 사이에 거덜이 날 수도 있다. 그야말로 재물에 신경을 쓰지 않으면, 재물도 거들떠보지 않을 것이며, 재물에 신경을 쓸 수 없다면 재물도 신경을 쓸 리 없다는 뜻이다.

이상과 같이 「화식열전」이란 바로 사마천이 기업 경영인이나 특별히 큰돈을 벌어 부자가 되려는 사장이나 기업가를 위해 쓴 전기라는 것을 알게 되었을 것이다.

「화식열전」에 등장하는 인물은 모두 52명이다. 그 가운데 십여 명은 비교적 상세하게 기록했지만 나머지 약 30명은 비교적 간단하게 기록했다. 어떤 이는 그 이름만 실렸을 정도이다.

이들은 종사한 업종에 따라 세 가지로 분류할 수 있다.

첫 번째는 상업과 무역에 종사한 이들이다. 바로 사고파는 일을 전문적으로 행한 좁은 의미의 상인이다. 예컨대, 역사에 이름을 날린 범

---

8 富無經業, 則貨無常主, 能者輻湊, 不肖者瓦解. 『사기』「화식열전」에 이 구절이 있다.

려范蠡, 공자孔子의 수제자 자공子貢, 전국 시대의 거상 백규白圭 등이 사고파는 일을 전문적으로 했던 상인이었다.

두 번째 부류는 주로 대규모 상품 생산에 종사한 이들이다. 예컨대, 앞에서 우리가 이야기한 과부청은 바로 채광을 해서 상품 생산에 종사한 인물이다. 이 밖에도 몇몇 인물은 소금 생산, 광산업, 목축업 등으로 돈을 벌었다. 이들은 모두 대규모의 상품 생산에 종사했다는 공통점이 있다.

세 번째 부류는 기타 서비스업에 종사한 인물이다. 예컨대, 금융 임대업, 음식점 경영, 또는 수의사로 일한 이들이다.

사마천은 여러 직업에 종사한 이들을 모아서 전기를 썼으니, 이것이 바로 「화식열전」이다. 여기에 등장한 인물들이 우리들이 오늘날 말하는 사장님이나 기업인, 다른 말로 기업을 설립하여 상업에 종사하는 넓은 의미의 상인이다.

이들은 당연히 모두 돈이 많았다. 그러나 사마천이 이들의 이름을 들어 칭송하며 전기로 남긴 것은 중국의 부자 리스트를 작성하려는 목적도 아니었고, 누구의 돈이 더 많은지 순위를 정하려는 의도도 아니었다. 또 돈을 가장 많이 번 사람이 가장 잘 살았다고 말하려는 것도 아니었다. 사마천의 식견은 결코 이렇게 경박하지 않았다.

사마천에게 전기의 인물로 칭송을 받았던 부자들은 오로지 돈만 있다고 뽑힐 수는 없었다. 사마천의 조건에 부합해야만 뽑힐 수 있었다. 사마천은 직접 쓴 「태사공자서太史公自序」라는 『사기』의 가장 마지막 편에서 「화식열전」의 착안점에 대하여 '평범한 인물이 정치에 아무런 해를 끼치지 않고 백성에게도 아무런 방해가 되지 않으면서도 때를 맞추어 재산을 불렸으니 지혜로운 자는 이를 강구함이 있을지니라.'⁹라고 몇 마디 말을 남겼다.

이 몇 마디 말은 무슨 의미일까? 이것이 바로 사마천이 상인을 들어 칭송하며 전기를 쓴 조건이다. 우리는 이것을 세 가지 면에서 총괄할 수 있다.

우선 '평범한 백성'이다. 상품의 생산과 관리로 돈을 번 사람을 가리킨다. 이들은 벼슬아치가 아니라 모두 일반 백성이다. 이들은 적어도 상품 생산과 관리로 돈을 벌 때 일반 백성의 신분이었지 결코 조정의 벼슬아치는 아니었다. 다시 말하면, 이들은 자신의 재능과 지혜로 돈을 번 것이지 정치적인 권력이 있어서 돈을 벌지 않았다. 다시 말해, 권력과 돈을 맞바꾸는 일을 하지 않았다는 말이다. 이것이 바로 첫 번째 조건이었다.

두 번째는 '정치에 아무런 해를 끼치지 않고, 백성에게도 아무런 방해가 되지 않았다.'라는 구절이다. 이들은 돈을 버는 데 오로지 합법적인 방법을 썼고 법을 어기며 기강을 어지럽히는 일은 결코 하지 않았으며, 국가의 이익에 손해를 입히지도 않았다는 말이다. 게다가 이들은 돈을 버는 데 백성들을 곤경에 빠뜨리거나 모조품이나 저질의 상품을 만들어 백성을 교묘하게 속이며 사취함으로써 사회에 손해를 끼치지 않았다는 말이다. 이른바 '군자는 재물을 좋아하지만 그것을 취함에 도道를 따랐다.'¹⁰라는 말처럼 이 돈의 출처가 그야말로 발랐다.

---

9   布衣匹夫之人, 不害于政, 不妨百姓, 取與以時, 而息財富, 智者有采焉.
10   君子愛財, 取之有道.

세 번째는 '지혜로운 자는 이를 강구함이 있을지니라.'는 구절이다. 이들이 관리하고 경영한 방법, 곧 이들이 돈을 버는 방법은 후세 사람들이 배울 만하다. 후세 사람들에게 깨우침은 물론 도움을 줄 수 있다는 말이다.

이들 몇 가지는 사마천이 상공업을 하는 부호들의 전기를 통하여 기리고 싶었던 조건이었다. 다시 말하면, 이런 조건에 부합하는 상공업자라야 사마천의 역사책에 들어가서 그 이름을 청사에 빛내며 오래오래 남길 수 있는 자격을 가질 수 있었다.

『사기』를 읽어본 독자들은, 이 책에서 가장 많은 내용을 차지하는 인물이 왕후장상 등의 대단한 인물들이고 상공업자에 대하여 기록한 「화식열전」은 그 가운데 작은 부분을 차지하고 있으며, 게다가 뒤에서 두 번째에 위치한 글이라 중요하지 않다고 생각한다.

그러나 이 작은 부분을 결코 우습게 여겨서는 안 된다. 왜냐하면 사마천 이전에 상공인을 전문적으로 다루며 전기의 형식으로 칭송한 역사서는 일찍이 없었기 때문이다. 사마천이 쓴 「화식열전」은 유사 이래 첫 번째 사건이다. 그렇다면 사마천 이후에는 어떠했을까? 이십사사 二十四史 가운데 반고班固가 『한서漢書』에서 사마천의 작법을 모방하여 쓴 「화식전貨殖傳」을 제외하면 상공인의 삶을 전문적으로 다루며 칭송한 역사서는 찾을 수 없다. '앞으로는 옛 성현 만날 수 없고, 뒤로는 명군明君 보이지 않네.'[11]라는 시구를 그대로 떠올릴 수 있을 정도이다. 이

---

11 前不見古人, 後不見來者. 당나라 때 시인 진자앙陳子昻의 「등유주대가登幽州臺歌」에 이 시구가 보인다.

것도 사마천의 탁월한 모습이라 할 수 있다.

이십사사 가운데 『사기』와 『한서』를 제외하면 다른 역사서에서는 거의 모두 왕후장상의 세상일 뿐 상공업자들의 모습은 찾으래야 찾을 수 없다. 오늘날 우리는 사마천에게 진심으로 감사를 해야 마땅하다. 만약 『사기』가 아니었다면 성공한 기업인의 이야기를 전혀 알 길이 없을 것이기 때문이다.

사실 「화식열전」 말고도 사마천은 『사기』의 다른 곳에서도 깊은 깨달음을 주는 수많은 상공업자의 이야기를 남겼다.

2
전설적인 상인

사마천은 여러 명의 전설적인 상인들 이야기를 기록으로 남겼다. 앞에서 나온 과부청의 이야기도 그 가운데 하나이다.

과부청은 중국 역사 문헌에 기록된 첫 번째 기업인이다. 그녀의 고향은 지금의 충칭시重慶市 푸링현涪陵縣 일대이다. 과부청은 과부였지만 결코 평범한 여인이 아니었다. 오히려 재능이 뛰어난 여장부였다. 아마도 보통 남자는 그녀의 눈에 들지 못했을 것이다. 그 당시 정결 관념은 그렇게 강하지 않았지만 남편이 세상을 떠난 뒤, 그녀는 끝까지 재혼을 하지 않고 과부의 신분을 그대로 유지했다. 그러기에 사마천은 그녀를 '과부청'이라고 불렀던 것이다. 또 충칭은 옛적 파巴의 땅이었기에 '파의 과부청'이라고도 불렀다.

과부청이 운영한 사업은 주사朱砂 채굴업이었다. 옛날 주사의 용도를 오늘날 우리는 상상하기 힘들다. 주사는 비단이나 삼베 따위의 방직물을 붉은 색깔로 물들일 수 있다. 중국인이 붉은 색깔을 얼마나 좋아하는지는 익히 잘 알 것이다. 붉은 색깔은 즐겁고 경사스러움을 뜻하지 않는가! 주사는 방직업에서 매우 중요한 물감이었다. 게다가 주사는 수은을 만들거나 약재에도 쓰였다. 이렇게 쓰임이 많다보니 주사 채굴은 돈을 벌기에 대단히 좋은 업종이었다.

이 일은 과부청의 조상이 시작하여 그녀에게 이르렀을 때는 벌써 몇 대나 내려온 가업이었다. 어쩌면 과부청의 재능이 가족들 가운데 남자들에 비하여 훨씬 뛰어났기에 가업을 주관하게 되었을지도 모른다. 이는 여자로서 집안의 주인이 된 『홍루몽紅樓夢』 속의 왕희봉王熙鳳에 비견할 만하다. 그러나 과부청이 훨씬 뛰어났다. 요즘말로 그녀는 가족이 중심이 되어 운영하는 기업의 회장 겸 CEO였다.

과부청의 재능은 대단했다. 능수능란한 경영으로 기업을 날로 번영시켰다. 생산 규모가 확대되면서 그녀의 재산도 빠른 속도로 늘어났다. 이에 기업인으로서의 그녀의 명성은 온 세상에 널리 퍼졌다. 심지어 진시황마저도 그녀를 귀빈의 예절로써 융숭하게 접견했을 정도였다. '하늘 아래 그의 땅 아닌 곳이 없고 온 천하에 그의 신하 아닌 이 없을'¹² 만큼 뜨르르한 황제, 바로 그 진시황이 그녀를 접견했을 뿐만

---

12 普天之下, 莫非王土, 率土之濱, 莫非王臣.

아니라 그녀를 위해 '여회청대女懷清臺'라고 이름을 붙인 높은 누각까지 세우고 표창했다.

중국의 역사에서 여성 기업인은 참으로 드물다. 더구나 황제의 접견을 받으며 표창까지 받은 경우는 정말 드물다. 그러기에 과부청의 이야기는 자못 전설적인 색채를 띨 수밖에 없다.

그렇다면 진시황은 무슨 까닭으로 과부청을 접견했을까? 그녀가 대단한 부자이기 때문이었을까? 아니면 그녀의 명성이 대단했기 때문이었을까? 물론 그렇게 간단하지는 않다. 그러나 만약 온전히 이런 까닭이 아니라면 도대체 무슨 까닭이 있었을까?

강태공姜太公이 곧은 낚싯바늘로 물고기를 낚은 이야기는 모두 잘 알고 있다. '원하는 놈은 걸려든다.'[13]는 그의 명언은 수많은 이들을 어리둥절하게 만들었다. 그럼 이 말을 하기 전에 그는 무슨 일을 했는가? 우리는 강자아姜子牙의 낚시질이 바로 주문왕周文王을 만나기 위해서였음을 알고 있다. 그러나 그는 왜 곧은 낚싯바늘이라는 엉뚱한 방법을 썼을까?

우리는 유학의 창시자인 공자가 중국 역사상 가장 이른 시기의 사립대학총장이라고 이를 만한 인물이었음을 알고 있다. 당시 3천 명에 이르는 제자가 한곳으로 모여들었을 정도였지만 사립학교였기에 당연히 정부의 재정 지원은 없었다. 그렇다면 학교 경영에 필요한 경비는 어디서 나왔을까? 게다가 공자는 수레를 몰아 열국을 두루 돌아다녔

---

13 願者上鉤.

다. 당시 여권이나 비자 따위는 필요하지 않았지만 여행 중에 여관에 묵어야 했을 터이고 밥도 해결해야 했을 터이니, 그럼 도대체 어느 누가 공자의 교육 사업에 경제적인 도움을 주고 숙식 등 여행에 필요한 그 많은 경비를 내놓았을까?

대정치가 범려范蠡는 월왕 구천勾踐이 보복을 위한 준비를 하도록 도와 오왕 부차夫差를 멸하도록 하였다. 그는 이렇게 공을 세우고 이름을 드높인 뒤 구천이 내리는 높은 감투와 두터운 녹봉을 딱 잘라서 물리쳤다. 그리고 홀연히 이 세상에서 사라졌으니, 도대체 무슨 일을 벌이려고 떠난 것일까?

오늘날 수많은 사람들이 주식 투자에 몰두하고 있다. 주식 투자를 하는 친구라면 아마 주식투자의 귀재인 미국의 워렌 버핏을 모르는 이가 없을 것이다. 게다가 그의 투자 격언이라 할 수 있는 '다른 사람이 상투를 잡을 때 나는 따라가지 않고, 다른 사람이 물러설 때 나는 잡는다.'는 말을 잘 이해하고 있다. 이 말은 역발상으로써 다른 사람이 몰려들 때에는 내다팔고 주가가 급락할 때에는 뛰어들어 사들이라는 뜻이다. 사실 버핏이 내놓은 이런 투자 관념은 전혀 새로울 게 없다. 2천여 년 전 전국시대에도 중국의 이름난 큰 상인 백규가 이미 이와 동일한 이론을 내놓은 바 있기 때문이다. 게다가 백규의 설명은 겨우 여덟 글자로 버핏보다 훨씬 간단하다.

"인기아취, 인취아여人棄我取, 人取我與."[14]

---

14 다른 이가 버리면 나는 취하고, 다른 이가 취하면 나는 내놓는다.

그림 3. 멀리서 바라본 용산채龍山寨

진시황이 과부청을 기리며 지은 여회청대女懷淸臺는 지금의 충칭시重京市 창쇼우구長壽區 장난진江南鎭 자이고우촌寨溝村 양쯔강揚子江 남쪽 기슭 용산채 안이었다고 한다. 이곳 사람들은 '파과분巴寡墳'이라고 부른다.

이 때문에 뒷날의 상인들은 백규를 높이 우러러 존경한다. 그렇다면 2천여 년 전의 백규는 이렇게 진보적인 이론을 어떻게 내놓을 수 있었을까?

이런 문제는 참으로 많다. 하지만 우리는 또 사마천의 『사기』에서 해답을 얻을 수 있다. 이제 앞으로 펼쳐질 내용에서 하나하나 신비의 베일을 벗길 것이다.

실제로 『사기』에는 각양각색의 상공업 이야기에 그치지 않고 중국 고대 상공업에 얽힌 많은 이야기가 풍부하게 들어 있다. 중국 5천 년 문화사에서 옛 선인들은 휘황찬란한 농업 문명만 창조하는 데 그치지 않고 가장 앞선 상공업 문화를 창조하기까지 했기 때문이다. 상공업 문화는 중국 전통 문화에서 중요한 부분을 차지한다. 상공업 경제의 발전은 중국 문명의 발전과 진보를 조장했음은 물론 인류 문명의 발전과 진보에도 커다란 공헌을 했다.

중화 민족의 문명사에서 옛 조상들은 참으로 풍부한 문화유산을 남겼다. 그 가운데에는 실크로드나 차마고도茶馬古道 등의 문화 유적도 있지만 제지술, 인쇄술, 그리고 나침반 등의 위대한 발명도 있다. 이렇게 수많은 발명과 창조는 세계 역사에서도 독보적이다. 그리고 이들 모두가 상공업 문명의 결정체이다.

3
상인의 탄생

한 연구에 따르면 전문적인 거래를 하는 상인은 4천 년 전 하조夏 朝 후기에 출현했다. 그렇다면 어떤 인물이 상인에 속할까?

중국어에서는 '상인商人'이라는 낱말이 좁은 의미와 넓은 의미에서 차이를 보이고 있다. 좁은 의미의 상인은 각지를 돌아다니면서 장사 를 하거나 무역을 하는 이를 말하며, 넓은 의미의 상인은 상공업을 경 영하는 기업인이나 회장을 말한다. 이 책에 나오는 상인은 넓은 의미의 상인이다.

그렇다면 상업과 상인은 어떻게 나타났을까? 옛적 중국의 전적에 는 이런 전설이 있다.

우리의 선조 신농씨神農氏, 곧 염제炎帝는 도성 안에 먼저 돈을 들 여 개발을 한 뒤 점포를 죽 늘어세웠다. 날마다 한낮이 되면 사방팔방 백성들이 갖가지 물품을 가지고 구름처럼 몰려들었다. 이런 점포에 설 치된 매장에서 가지고 온 물품을 서로 사고팔았다. 사고파는 일이 끝 나면 각자 필요한 물건을 가지고 만족한 모습을 지으며 집으로 돌아 갔다.

예를 들어 고대 전설 속의 신농씨는 그야말로 대단한 발명가였다. 우물을 파고 물을 긷는 기술에다 쟁기 따위의 농기구는 말할 것도 없 고 사람의 병을 고치는 의약품 따위도 모두 신농씨가 발명했다. 신농 씨 뒤에도 총명하고 재주 넘치는 황제黃帝라는 지도자가 나타났다. 전하는 바에 따르면 문자, 역법, 수레와 배의 제조, 양잠과 베 짜기, 의복 만들기, 그리고 집을 짓는 기술 등은 모두 황제와 그의 신하들이 발명했다고 한다. 염제와 황제의 영명한 지도로 중화 민족은 야만의 시대를 끝내고 문명사회로 진입했다. 그러기에 중화 민족을 염제와 황제의 자손이라고 일컫는다.

신농씨가 이렇게 대단했기에, 시장에서의 상품 교환과 상업의 기원을 신농씨의 전매특허품이라 해도 결코 과분하지 않다. 그러나 이것은 그저 유행가의 한 구절인 '그분에게 빠져들지 말아요, 그분은 그저 전설일 뿐예요.'처럼 아름다운 전설일 따름이다. 사실, 인류 역사상 교환은 어떤 총명한 인물의 발명품이 아니라 마을끼리 이런저런 관계로 맺어지며 천천히 출현한 것이다.

오늘날 베이징 남쪽 방산구房山區 주구점周口店에는 지금으로부터 약 3만 년 전의 산정동山頂洞 유적이 있다. 고고학자들은 이곳에서 장식품으로 쓰였던 바닷조개의 껍질은 물론 원시인의 주검에 뿌려진 적철광 가루까지 발견했다.

이 두 가지는 산정동 주위에서 생산된 것이 결코 아니었다. 바닷조개는 이곳에서 사백여 리 떨어진 보하이만渤海灣에서 나오는데, 그 당시 산정동에서 보하이만까지 연결된 고속도로나 고속철도가 있었을 리 없었다. 산정동에서 뛰쳐나와 보하이만까지 달려간다고 하여도 한 차례 오가는데 적어도 열흘에서 보름 정도는 걸릴 것이다. 산정동에서 가장 가까운 적철광산까지만 해도 이삼백 리나 멀리 떨어져 있었다.

아무튼 통신이라야 기본적으로 고함에 의존하고, 교통이라야 거의 발에 기댈 수밖에 없으며, 필요한 온기도 몸을 흔들며 만들어내야 하는 아득한 옛적에 산정동 사람 자신이 동분서주하며 이런 것들을 산지에서 직접 가져왔을 가능성은 높지 않다.

그렇다면 산정동에서 살았던 원시인은 이것들을 어떻게 손에 넣었을까? 고고학자들은 다른 마을에서 약탈한 게 아니라 어떤 물품을 가지고 다른 마을로 가서 이것들과 바꾸어 왔을 것이라고 추정한다.

이런 고고학적인 발견에 따라 우리는 지금으로부터 대략 3만 년 전에 원시인들이 교환을 했을 가능성이 있다고 말할 수 있다. 그러나 이런 교환이 있어서 상업과 상인이 있었다고 말할 수는 없다. 이른바 '상인'이라면 가장 기본적인 두 가지 특징이 있다. 첫째, 다른 데 간여함이 없이 오로지 장사로써 먹고 살아야 한다. 둘째, 그가 물건을 사고 물건을 파는 것은 자기 자신의 소비 욕구를 만족시키기 위해서가 아니라 사고파는 가운데 돈을 벌어야 한다. 또 '상업'이라면 장사를 통하여 돈을 벌어야 하고 다른 데에 간여하지 않고 이 일에만 전문적으로 종사하는 직업을 가리킨다. 이 때문에 우리는 교환이 있었다고 상업과 상인이 있었다고 말할 수 없다. 진정한 상인과 상업은 교환을 바탕으로 하여 사회적인 분업이 확대되면서 점진적으로 탄생했다.

우리가 말하는 분업은 사회적인 분업을 의미한다. 그것도 다른 직종이나 직능을 가진 분업을 말한다. 경제학 이론에서 사회적인 분업은 세 가지 요소 때문에 생긴다고 본다. 그 하나는 자연 환경 조건의 제약이며, 두 번째는 사회 생산력의 발전이다. 그리고 마지막 하나는 교환의 확대이다.

사람은 서로 다른 환경 조건 속에서 생산하고 생활한다. 서로 다른 자연 환경 조건은 인간의 생산 방식을 결정하고 생활 방식에도 매우 큰 차이를 발생시킨다. 예컨대, 초원에서는 방목에, 평원에서는 농사에, 산림에서는 사냥에, 그리고 바닷가에서는 고기잡이에 적합한 것 등등이 그렇다. 우리들이 걸핏하면 입에 올리는 '산에서는 산나물을 먹고 바닷가에서는 어물을 먹는다.'는 말은 바로 이런 이치이다.

생산력의 발전에 따라 각각의 부락에서 생산된 물품은 자기 마을에서 소비하고도 잉여가 생겼다. 따라서 여분의 물품으로 다른 마을에서 생산된 물품을 필요에 따라 바꿀 수 있었다. 예컨대, 초원에서 생활하는 부락에는 고기가 비교적 많고, 평원에서 생활하는 부락에는 곡물이 비교적 많다면 초원에서 사는 사람들은 자기들이 생산한 고기를 평원에 사는 사람들이 생산한 곡물과 바꾸었다.

교환이 늘어나면서 초원에 사는 사람들도 스스로 비교적 적합한 자연 조건을 이용하여 더 많이 방목하고 더 많은 가축을 기르게 된다. 설령 더 적게, 아니면 아예 곡물을 생산하지 않더라도 고기를 가지고 있으면 필요로 하는 식량을 얻을 수 있음을 알게 된다. 이 점은 평원에 사는 사람들의 경우도 마찬가지이다.

이리하여 인류 역사상 첫 번째로 사회적인 커다란 분업, 즉 농업과 목축업의 분업이 일어났다.

그 뒤, 한층 더 발전된 생산력과 확대된 교환의 바탕 위에서 특별히 손재간에 능한 몇몇 사람들이 농업 생산에서 분리되며 두 번째 중대한 분업이 일어났다. 이들 손재간에 능한 사람이란 도기를 제작하는 도공, 목기를 제작하는 목수, 집을 짓는 토역꾼 등을 말한다.

분업의 확대는 거꾸로 교환의 발전을 촉진했다. 교환 수량이 점점 많아지고 그 규모도 갈수록 커지자 생산자와 생산자가 직접 만나서 교환하는 일은 이제 틈을 낼 수 없게 되었다. 이리하여 몇몇 전문적인 인재가 농업이나 목축업, 수공업 분야에서 떨어져 나와 장사로 생업을 삼게 되었다. 상업과 농업, 수공업의 분업을 촉진하는 세 번째 사회적인 거대한 분업이 일어난 것이다.

상인과 상업은 바로 이러한 역사적인 배경 속에서 정식으로 그 탄생을 알렸다.

1990년, 해외 고고학자들은 우즈베키스탄 남쪽의 어느 고분에서 기원전 1,700년에서 기원전 1,500년(대체로 하조夏朝 말기에서 상조商朝 초기에 해당하는) 사이에 제조된 비단옷 몇 조각을 발견했다.

이 발견은 한때 세상을 뒤흔들며 온 세계의 주목을 받았다. 그렇다면 고고학이 이룩한 이 발견은 우리에게 어떤 의미를 갖는가?

먼저 이 발견은 이런 비단 조각이 바로 중국인의 생산품이라는 사실을 알려준다. 옛날부터 전해 내려오는 이야기에 따르면 잠사의 방직 기술은 황제黃帝의 부인 누조嫘祖가 발명했다고 한다.

당시 퍼스트레이디였던 그녀는 양잠과 방직 기술을 발명한 뒤에 자기 기술을 보호해 달라는 특허를 결코 신청하지 않았다. 오히려 아무런 보상도 바라지 않고 백성들에게 가르쳤다. 비교적 권위 있는 연구에 따르면 적어도 5천 년 이전에 중국의 옛 선인들은 이런 기술을 잘 알아서 뽕나무를 심고 양잠을 하기에 적합한 지방을 선택하여 잠사 방직업을 발전시켰음은 물론 거의 몇 천 년에 이르는 동안 온 세계에서 그야말로 독보적인 솜씨를 발휘했다. 그러기에 우즈베키스탄에서 출토된 비단 몇 조각은 'Made in China' 상표가 붙은 수출품이었음이 분명하다. 이는 분명 의심할 여지가 없다.

다음으로 이 비단 조각은 기원전 1,700년에서 기원전 1,500년 사이에 제조되었으니, 중국에서는 하조 말기에서 상조 초기와 대체로 일치하는 시기이다. 이는 그 당시 중국 중원 내륙과 중앙아시아 사이에 이미 매우 오래된 실크로드가 존재했다는 뜻이다. 어떤 이는 실크로드가 지금으로부터 4천 년 전에 이미 개통되었다고 말한다. 일반적으로 알려졌듯이 한무제가 장건張騫을 서역으로 파견한 이후에야 개통된 게 결코 아니라는 말이다.

마지막으로 더욱 중요한 것은 '실크로드와 비단 조각'이 지금으로부터 3~4천 년 이전에 중국에서는 전문적인 상인이 출현했음은 물론 이들의 발자취가 유라시아 깊숙한 곳까지 이르렀음을 증명한다는 사실이다. 그곳은 시안西安에서 기차를 타고 몇 날을 달려야만 닿을 수 있는 곳이 아닌가! 산 넘고 물 건너며 멀고도 험난한 길을 지나 또 가없이 펼쳐진 사막을 건너 천신만고를 겪으며, 게다가 생명의 위험도 무릅쓰고 몇 필의 말이나 낙타에 의존하여, 더러는 타박타박 두 발에 기대어 실크로드로 나서서 저 멀고 먼 중원에서 비단 보따리를 중앙아시아까지 날랐으니, 이들이 바로 전문화된 인물이 아니겠는가? 그리고 돈을 벌며 이익을 얻는 것을 사명으로 삼는 전문적인 상인이 아니겠는가?

이런 고고학적인 발견을 바탕으로 이제 중요한 인물 몇 명을 이야기할 것이다. 또한 중국에서 전문적인 상인이 늦어도 하조 후기에는 출현했음을 알 수 있다.

이제 우리는 또 하나의 문제에 부딪힌다. 중국어에서는 기업을 경영하거나 장사를 하는 사람을 왜 하필이면 '상인商人'이라고 부르는가?

알고 보면, '상인商人'이라는 명칭은 상족商族이 이룩한 부락 및 뒷날의 상조商朝와 관계가 있다. 잘 알다시피 하조는 중국 역사상 첫 번째 노예제 왕조이다. 하 왕조 때 지금의 산둥성 서남부와 허난성 동부 일대에 부락이 하나 있었으니, 바로 이 부락의 이름이 '상商'이다.

상족 부락에서는 목축업이 비교적 발달하였다. 또 상족들은 장사에 아주 능했다. 그들은 걸핏하면 가축이나 모피 등의 생산품으로 주변 부락과 무역 거래를 했다. 장사를 하고 무역에 종사하며 동분서주 이리저리 뛰는 이들에게 대체 무엇이 가장 절박하게 필요했을까? 아마 교통수단이었을 것이다. 마침 상족 부락은 목축업이 발달했기에 이들은 잘 길들인 가축을 이용할 수 있었다. 역사에 기록된 '상토승마相土乘馬'나 '해작복우亥作服牛' 등의 고사는 이때쯤 생겼다.

'상토승마相土乘馬'는 무슨 뜻일까? 상토相土는 사람 이름으로, 그는 상족 부락의 수령이었다. 전하는 바에 의하면, 상토는 말을 훈련시켜 걸음을 대신하는 수단으로 만들었다. 사람이 말을 타는 일은 바로 상토가 시작했다. 게다가 말을 이용하여 물품을 운반할 수도 있게 했다. 상토의 이런 공로로 사람들은 그가 세상을 떠난 뒤에 마신馬神으로 그를 높이며 해마다 하늘 높고 물 맑은 가을이 되면 그를 위해 제사를 올렸다.

그럼 '해작복우亥作服牛'는? 왕해王亥라고도 불리는 해亥도 상족 부락의 수령이었다. 현대에 발견된 갑골문에 보이는 '핵核'이나 '해該' 등의 글자는 모두 왕해를 가리킨다. 왕해는 정말 대단한 인물이었다. 상족 부락의 역사에서 매우 중요한 위치를 차지했을 뿐만 아니라 오랜 중국 역사를 통틀어 대단히 뛰어난 영웅이다. 일설에 그는 말보다 훨씬 길들이기 힘든 소를 고분고분 말을 듣게 만들었다. 소를 이용하여 달구지를 끌게 만들었으니, 이것이 바로 '해작복우'이다.

어쩌면 이렇게 물을 친구도 있을 것이다.

"소가 어떻게 말보다 길들이기 힘들단 말입니까? 소는 사납지도 않은데다 참으로 온순하지 않습니까? 또 자발적이고 성실하게 일하는 이를 가리킬 때 황소 같다고 말하지 않습니까?"

맞는 말이다. 소는 확실히 성실한 면이 있다. 그러나 소가 성을 낼 때의 모습을 결코 잊어서는 안 된다. 스페인의 투우 경기를 보라. 소가 성이 나면 정말로 무섭다.

말이나 소를 길들여 이들을 물품 운송 수단으로 활용한 일은 정말로 위대한 발명이었다. 인류 역사에서 이 혁명적인 사건의 의의는 영국인 와트가 발명한 증기기관차에 못지않다. 말의 장점은 빠른 속도에 있다. 소는 비록 꾸물꾸물 느리긴 하지만 그 힘은 말보다 커서 실어 나를 수 있는 짐도 훨씬 많았다. 왕해는 소를 길들여서 달구지를 끌고 물품을 실어 옮길 수 있게 했으니, 차량을 움직일 수 있는 커다란 엔진을 장착한 것과 다를 바가 없었다. 이는 당시로 보면 참으로 선진적인 발명으로 교통 운송과 상업 발전에 기여한 바가 매우 크다.

그러나 왕해의 운명은 오히려 좋지 않았다. 그는 결국 상업에 종사하는 도중에 뜻밖의 재난을 입어 피살되었다. 게다가 그의 죽음은 끝내 전쟁을 야기했다. 이는 중국 역사상 가장 이른 시기의 문자 기록으로 남은 무역 전쟁이라고 할 수 있다.

여기에 짧은 이야기를 하나 덧붙인다.

왕해가 소를 길들인 뒤였다. 왕해는 채찍을 휘두르며 소가 끄는 달구지를 몰고 전국 각지를 돌아다니며 장사를 했다. 그는 달구지 가득 모피 따위의 생산물을 싣고 나가서는 다시 다른 곳의 생산물을 실어 왔다. 이리하여 그렇게 긴 시간이 지나지 않았지만 큰돈을 벌게 되었다.

언젠가 그는 달구지를 끌고 북쪽으로 황화를 건너 지금의 허베이성 중부 역수易水 유역으로 와서 장사를 했다. 이 일대는 북방의 유목민족인 적족狄族의 근거지였다. 당시 이 일대에서 활동하던 적족의 한 부락을 유역씨有易氏라고 불렀다. 유역씨도 얼마만큼의 무역을 했다. 그런데 무슨 까닭이었는지 알 수 없지만 왕해와 무역 충돌을 일으켰다. 유역씨의 우두머리는 왕해가 달구지를 몰고 오는 것을 보자 말할 수 없을 정도로 신비로움을 느꼈다. 지금까지 이런 물건을 본 적이 없었기 때문이다. 그는 또 왕해가 몰고 온 달구지에 돈이 될 만한 물건이 하나 가득 실린 것을 보자 그만 눈이 뒤집히고 말았다. 이놈을 없애고 재물을 차지해야지, 이런 마음이 솟구치자 겨레붙이를 규합하여 갑자기 습격을 감행했다. 그는 왕해를 처치하고 왕해가 몰고 온 달구지와 물건, 그리고 수행했던 노예까지 몽땅 빼앗았다.

왕해가 피살되었다는 비보가 전해진 상족 부락은 남녀노소 모두 헤어날 길 없는 슬픔에 빠졌다. 왕해는 그들을 이끌고 큰돈을 벌게 했던 지도자였기 때문이다. 왕해의 아들 상갑미上甲微은 참을 수 없는 분노를 안고 아버지의 원수를 반드시 갚겠다고 맹세했다. 그는 하백河伯이라 불리는 다른 부락민과 연합하여 군사를 이끌고 북으로 올라가서 유역씨 토벌에 나섰다. 몇 차례의 교전 끝에 드디어 유역씨를 대파하며 자기 아버지를 죽인 살인자인 유역씨의 우두머리를 때려죽였다. 그리고 유역씨 부락의 사람들을 모두 포로로 잡아와서 노예로 삼았다. 게다가 빼앗겼던 달구지와 물건들은 남김없이 되찾았다. 상족 부락과 유역씨 사이에 벌어진 이 전쟁은 중국 역사에 처음으로 기록된 무역 때문에 일어난 전쟁이다. 또 왕해는 중국 역사에 기록된 최초의 상인 이다.

왕해의 후손들은 그를 '고조高祖'로 높여 일컫는다. 상족 부락은 물론 상조의 모든 지도자들은 그를 성대하고 융숭하게 모시며 기린다. 한 차례의 제사에 3백 마리도 넘는 소를 잡을 때도 있다. 오늘날에 이 르러 허난성 상추商丘 인민들은 그의 조각상을 세워서 그의 공적을 기 리고 있다.

후세 사람들은 무슨 까닭으로 왕해를 성대하고 융숭하게 모시며 기릴까? 바로 '해작복우' 때문이다. 그는 소를 길들여서 달구지를 끌게 만들었다. 교통은 운수업에서 커다란 작용을 하게 마련이다. 춘추전국 시대에 이르러 철제 농기구를 사용함에 따라 소는 쟁기를 끌게 되었 다. 농업에 대한 활용도가 이렇게 커졌던 것이다. 이리하여 옛 조상들 은 휘황찬란한 농업 문명을 열었으니, 이는 바로 소갈이와 직접적인 관 계가 있다. 게다가 오늘날에 이르러 우리는 소가 쟁기를 끄는 모습을 두루 볼 수 있다. 이런 것들은 모두 왕해의 공적으로 돌릴 수 있다.

그런데 왕해는 이 커다란 공적을 어떻게 이룰 수 있었을까? 나는 왕해에게 참으로 소중한 두 가지 정신이 있었기 때문이라고 생각한다. 그것은 창의성과 용감성이다.

이른바 창의성이란 그가 소를 길들인 데서 찾을 수 있다. 이는 이 제까지 그 누구도 해본 적이 없는 위대한 행동이었다. 증기기관을 발명

그림 4. 왕해王亥 조각상

허난성河南省 상추시商丘市 화상문화광장華商文化廣場에 세워진 왕해 조각상. 대좌에 '화상 시조
왕해華商始祖王亥'라고 새겨져 있다. 인물은 기백과 도량이 넘치는데 안타깝게도 달구지가 없다.
달구지가 없으니, 중국 상업사에서 왕해가 차지한 지위와 특징을 구체적으로 보여줄 수 없어 안타깝다한 와트의 공적과 어깨를 겨루기에 모자람이 없다.

이른바 용감성이란 지금까지 어느 누구도 해본 적이 없는 일을 감히 시도했다는 것이다. 온갖 위험을 무릅쓰고 새로 만든 달구지를 끌고 장사에 나섰으니 이는 풍여馮如가 직접 만든 비행기에 몸을 싣고 시험 비행에 나선 일과 비견할 만하다.

왕해에게 이 두 가지 진정 고귀한 정신이 있었기에 사람들은 그를 우러러 추앙한다.

왕해의 7세손 탕湯이 우두머리였던 시절, 상족 부락의 세력은 더욱 강대해졌다. 당시 상족 부락은 상업 무역의 범위만 넓어진 게 아니라 농업과 수공업도 큰 발전을 이루었으며 상공업도 비교적 앞선 모습을 보였다.

상탕商湯의 영도 아래 상족 부락의 실력은 빠른 속도로 높아졌다. 그러나 상조는 하걸夏桀의 잔학한 통치 아래 날로 부패하며 몰락의 길을 걷기 시작했다. 하걸은 역사상 그 이름이 널리 알려졌는데, 훗날 상주왕商紂王과 함께 폭군의 전형이었기 때문이다.

하걸이 막 왕좌에 올랐을 때, 수많은 부락이 더 이상 하조夏朝에 무릎을 꿇지 않고 잇달아 독립의 깃발을 올렸다. 그러자 하걸은 모든 병력을 동원하여 전쟁을 마구 일으키며 동정서벌로써 자기의 권위와 무력을 과시했다. 힘이 없는 몇몇 부락은 그를 당해내지 못하고 금은보화와 미녀들을 그에게 바칠 수밖에 없었다. 하걸은 금은보화는 물론 미녀까지 얻게 되자 이제 다시는 전쟁에 나서지 않고 온종일 궁중에서 주색에 빠지며 지냈다.

하걸은 왕궁 안에 커다란 인공호수를 팠다. 그러나 그 안에 물을 채우지 않고 술을 가득 채운 다음 주지酒池라고 이름을 붙였다. 이 주지는 엄청나게 넓어서 작은 배를 띄울 수 있었다고 한다. 게다가 하걸은 성 밖에 행궁을 지었는데, 그 넓이가 사방 십여 리, 중간 높이가 열 길 남짓한 요대瑤臺를 세웠다. 이것들은 모두 새하얀 옥돌로 쌓았다. 하걸은 돈을 함부로 마구 쓰며 백성들을 괴롭혔다. 결국 백성들은 도탄에 빠져 원성이 하늘을 찌를 정도였다. 백성들은 하걸을 뼈에 사무치도록 미워했다. 어느 날, 요대에 오른 하걸은 대지를 굽어보며 우쭐거렸다.

"짐은 천상의 태양이라, 높고 높은 곳에서 영원히 부귀영화를 누리리라."

하걸의 이 말을 듣고도 백성들은 공개적으로 말 한 마디 꺼내지 못하고 그저 남몰래 저주만 할 따름이었다.

"저놈의 해는 언제 죽으려나, 내 차라리 저놈과 함께 죽으리라."

상탕은 하걸이 민심을 얻지 못하자 자기 세력을 은밀히 불리며 하걸을 제거할 계획을 세웠다. 그는 인덕을 널리 베풀며 백성들의 넓은 지지를 얻었다. 수많은 부락에서 모두 그를 추대했던 것이다.

여기서 특별히 눈여겨보아야 할 점은 상탕은 정치와 군사적인 수단 이외에도 무역 전쟁의 수법을 썼다는 사실이다. 무역으로 하조의 힘을 꺾었던 것이다. 하걸의 궁성 안에는 각지에서 긁어모은 미녀들이 일만 명이 넘었다고 전해진다. 하걸은 그녀들에게 모두 몸에 비단옷을 걸치고 화려하고 아름답게 치장하도록 했다. 일만 명은 엄청난 숫자이다. 더욱 중요한 것은 이 미녀들 하나하나가 일 년 내내 옷 한 벌만 입고 오가지 않았다는 점이다. 춘하추동 계절은 바뀌게 마련이니, 여름에는 여름옷이, 겨울에는 겨울옷이 있어야 했고, 봄과 가을에도 옷이 따로 필요했다. 그러기에 이들 미녀들은 모두 적어도 몇 벌의 옷이 필요했을 것이다. 아니 몇 십 벌이 필요했을지도 모른다. 이 젊은 여자들만 해도 몇 십만 벌의 옷이 있어야 했으니 고급 비단의 수요는 대단하여 가격이 날로 올랐다.

상탕은 이런 좋은 기회를 놓치지 않고 자기 부락의 부녀자를 동원하여 초과근무를 하면서까지 한 벌 한 벌 고급 비단옷을 지어 상조에 팔았다. 여기에 더하여 각지에서 골라서 사온 진귀한 금은보화도 상조에 팔았다. 교역을 할 때에는 다른 것 대신 오로지 사람에게 필요한 먹을거리를 대가로 요구했다.

이런 방식의 무역 전쟁은 실제로 훌륭한 효과를 거두었다. 별로 길지도 않은 시간 안에 하조는 식량 부족 사태를 맞았고 나라 곳간도 텅텅 비었다. 그러나 상탕의 물자는 여유롭고 풍족해졌으며 부락은 강성해졌다.

상탕은 하를 멸할 시기가 도래했다고 판단했다. 기원전 1,600년, 그는 친히 병사를 이끌고 나아가서 하조를 멸하고 상조를 세웠다.

상조가 선 뒤 600여 년, 상업 무역은 장족의 발전을 이루었다.

상조는 뒷날 다시 주周에게 무릎을 끓었다. 이때 상조 사람들은 위로는 왕공 귀족에서부터 아래로는 보통 백성에 이르기까지 모두 주왕조의 노예가 되었다. 상조에 충성을 바쳤던 신하와 젊은이들, 그 중에서도 왕공 귀족들은 사치스럽고 안일한 생활에 익숙했을 뿐 농사도 지을 줄 몰랐으며 수공 기술도 없었기에 그저 조상 대대로 내려온 오랜 전통에 따라 장삿길로 접어들어야만 했다. 이리하여 장사를 하며 사는 것이 상조에서 충성을 바쳤던 신하와 젊은이들이 맡아야 할 주요 직업이 되었다. 주왕조에서 상품을 사고파는 것을 직업으로 하는 이는 거의 모두 상조에서 넘어온 사람이었다.

원래 상인은 상족의 사람이나 상조의 백성을 가리켰던 말이다. 이는 한나라 사람을 '한인漢人'이라 일컫고, 당나라 사람을 '당인唐人'이라 일컬으며, 송나라 사람을 '송인宋人'이라고 일컫는 것과 같다. 그러나 상조가 건립되기 이전은 말할 것도 없고 상조가 멸망한 뒤에도 상족 출신의 사람들은 주로 상업을 직업으로 한데다 상업 기술도 높았기에 오랜 세월이 지나면서 상인은 물건을 사고파는 사람의 대명사로 변했다. 오늘날 장사로 먹고사는 이는 모두 '상인'으로 통칭한다.

이것이 바로 중국어에서 '상인商人'이라는 명사가 생기게 된 유래이다. 그러기에 지금도 교환에 쓰이는 물품을 '상품商品'이라 부르고, 전문적으로 이 일에 종사하며 돈을 버는 직업을 일러 '상업商業'이라고 일컫는 것은 모두 '상인'이라는 낱말에서 온 것이다.

요컨대, 상인, 상품, 상업이란 말은 모두 상조와 직접적인 역사적 연원을 가지고 있다.

앞에서 달구지를 몰고 장삿길에 나섰던 왕해에 대한 이야기가 있었다. 또한 하조와 무역 전쟁을 벌인 상탕에 대해서도 이야기했다. 이들은 모두 부락의 우두머리였거나 대중과는 동떨어진 곳에서 사는 노예제 사회의 통치자였다. 그러나 사회 발전에 따라 사회의 하층에서 생활하던 몇몇 소상인들도 새로운 역사가 준 찬스를 놓치지 않고 재능을 드러내며 솜씨를 과시하기 시작했다. 이들이 이제 상인이 나라를 다스리는 새 시대를 열게 된다.

商賈智慧

제 2 장 나라를 다스린 상인

오늘날 산시성에는 황하의 지류인 위수渭水가 흐르고 있다. 상나라 말엽인 어느 날, 희끗희끗한 머리카락에 새하얀 수염의 노인이 이 강변에서 낚시에 온통 정신을 집중하고 있었다. 일흔 살은 됨직한 이 노인이 낚시를 하는 방법은 참으로 특이했다. 다른 이들이 하는 낚시는 낚싯바늘이 모두 구부러졌지만 이 양반 손에 들린 낚싯바늘은 오히려 바늘처럼 곧았다. 게다가 사람을 놀랍고도 의아스럽게 만드는 것은 낚싯바늘에 아무런 미끼도 달지 않았다는 점이다. 이런 곧은 낚싯바늘에 미끼도 달지 않은 낚시를 물속으로 드리우지 않고 외려 허공에 드리운다는 것이 더욱 놀라운 점이었다. 여기에 그치지 않고 입으로는 쉬지 않고 이렇게 중얼거렸다.

"목숨을 건 놈은 걸리리라!"

이 노인이 바로 훗날 전설적인 인물이 된 강자아姜子牙이다.

이 이야기는 『사기』 속 「화식열전」에 기록되어 있다. 「화식열전」이 사마천이 상공업에 종사한 인물이나 기업을 경영한 CEO에 대하여 전문적으로 기록한 전기라는 것은 잘 알려져 있다. 사마천은 이 글에서

52명의 인물을 우리에게 소개한다. 이 인물 가운데 사마천이 가장 앞에 놓은 이가 바로 강자아이다.

강자아는 중국에서 지명도가 가장 높은 큰 정치가이다. 그러나 사마천은 그 이름을 칭송하고 드높일 상인의 전기를 기록한 「화식열전」에 강자아를 첫 인물로 내놓았다. 도대체 무슨 이유 때문이었을까? 그리고 강자아가 상공업과 무슨 관계가 있다는 말인가?

1
강태공의 비밀

강자아의 이름은 강상姜尙, 자아는 그의 자이다. 또 그의 조상이 일찍이 여呂라는 지방에 봉해졌던 적이 있었기에 여상呂尙이라고도 부른다. 옛 사람들은 지명을 성으로 삼은 경우가 많았던 것이다.

강자아를 말하면 사람들이 가장 먼저 머릿속에 떠올리는 것은 '강태공의 낚시, 원하는 놈은 걸린다.'는 고사이다. 강자아는 한 판에 대어를 낚아 올렸으니, 바로 주족周族 부락의 우두머리 희창姬昌이었다. 이 희창이 뒷날의 주문왕이다. 이때부터 강자아는 주문왕 및 주문왕의 아들 주무왕周武王을 보좌하여 상왕조를 무너뜨리고 주왕조를 세웠다. 이것이 우리가 알고 있는 일반적인 상식이다.

그런데 강자아는 주문왕과 도대체 어떻게 친분을 맺게 되었을까? 역사에서는 서로 다른 주장들이 존재한다. 사마천의 『사기』는 세 가지 견해를 기록으로 남기고 있다.

첫 번째 주장은 우리가 너무나 잘 알고 있는 '강태공의 낚시, 원하는 놈은 걸린다.'는 이야기이다. 『사기』「제태공세가齊太公世家」에는 '강자아가 일찍이 나이마저 많은데다 곤궁으로 실의에 빠지자 물고기를 낚을 기회를 이용하여 주문왕을 만나 계속 그의 쓰임을 받았다.'는 이야기가 실려 있다.

두 번째 주장은 강자아는 젊은 시절 학문을 널리 섭렵한 인재로서 일찍이 상왕조 때 벼슬을 한 적이 있고, 심지어 주왕紂王 곁에서 일을 볼 정도로 중앙의 간부였다는 것이다. 그러나 강자아는 주왕이 달기妲己를 총애하며 포학무도한 행동으로 조정을 부패의 구덩이에 빠뜨리자 분연히 벼슬을 버리고 강호를 가까이하며 열국을 주유했다. 그러나 이르는 곳마다 그를 알아주는 이가 없자 결국은 주문왕을 찾았다는 것이다.

세 번째 주장은 강태공이 원래 평민으로서 해변에 은거하고 있었다는 것이다. 주문왕은 유능한데다 재덕이 출중하고 사리에 밝았다, 상의 주왕은 이를 시기하여 맥리麥里라는 감옥에 몇 년 동안 그를 가두었다. 몇몇 강호의 호걸들이 주문왕이야말로 천하에 만나기 힘든 재덕이 대단한 인물임을 알아차리고 그를 감옥에서 구출할 계획을 세웠다. 이렇게 훌륭한 인물이 오랫동안 감옥에 갇혀 있다는 사실이 너무도 안타까웠던 것이다. 이 호걸들 가운데 강자아도 있었다. 강자아를 포함한 이들 호걸들은 수많은 미녀와 금은보화를 모아서 주왕에게 올렸다. 주왕은 희색이 만면하여 주문왕을 풀어주었다. 이 일이 있고 나서 강자아는 주문왕을 따르게 되었다는 것이다.

사마천은 이 세 가지 주장을 다 기록한 뒤 바로 이어서 '강자아가 주문왕에게 의탁한 이야기는 참으로 많아서 그 견해도 다르지만, 그가 뒷날 주문왕이나 주무왕의 스승으로 일했다는 사실은 모두가 일치한다.'고 일렀다.

다시 말하자면, 사마천이 『사기』를 쓸 때, 강자아가 어떻게 주문왕을 인식했는지에 대하여 적어도 세 가지 견해가 전해오고 있지만 도대체 어떤 것이 맞을까? 사마천도 정확한 판단을 내리지 못하고 그저 간단하게 이런 견해들을 기록하는데 그쳤을 따름이다.

그렇다면 세 가지 주장 가운데 어떤 것이 그런대로 사리에 맞는 걸까? 필자는 첫 번째 '낚시' 이야기를 믿고 싶다.

이 견해를 많은 이들이 모두 알고 있을 뿐만 아니라 사마천도 이 견해를 제일 앞에 내놓았으니, 사마천도 그 가능성이 가장 크다는 것을 설명했다고 보아야 한다. 더욱 중요한 것은 필자도 이 견해가 강자아의 경력과 가장 부합한다고 믿는다는 점이다.

강자아는 도대체 어떤 경력을 가지고 있었는가? 우선 '강태공의 낚시' 이야기를 살펴보아야 한다. 앞에서 3천여 년 전 위수 강가에 백발이 성성한 강자아가 손에는 특별이 제작한 곧은 낚싯바늘로 낚시질을 하면서 수없이 많은 호사가들의 눈길을 끌었다고 말한 바 있다.

사람들은 이런 모습을 보고 참으로 우스운 행동이라고 생각하며 한 마디씩 수군거렸다.

"저 양반 말일세, 미친 게 아니라 그냥 허파에 바람이 든 걸세."

그의 우스운 짓은 발이 없어도 빠른 속도로 퍼지기 시작하여 순식간에 이곳저곳으로 퍼지며 온 나라에 인기 있는 화제가 되었다. 이는 마치 오늘날 실시간 이슈 검색어 1위에 오른 것처럼 그 전파력이 상당히 강력했다. 소문이 얼마나 빨랐던지 이 일은 위수 일대에 모르는 이가 없을 정도였다.

위수 일대는 주족周族 부락의 근거지였다. 당시 주족 부락의 우두머리는 성은 희姬요 이름은 창昌, 곧 희창姬昌이었다. 그는 뒷날 주문왕이 된다. 주문왕은 참으로 현명한 지도자였다. 그는 상의 주왕이 잔인하고 난폭하며 도리에 어긋나는 짓을 마구 하는 것을 보자 적극적으로 세력을 불리며 인재를 널리 불러 모아 상왕조를 뒤엎을 준비를 착착 갖추어 나갔다.

주문왕이 인재를 널리 불러 모으는 방법은 다른 이들과 같지 않았다. 그는 단순히 내가 인재를 널리 모으고 있으니 재주 있는 이는 나에게 오라고 제멋대로 선전하지 않고 그 스스로 백성들 속으로 찾아들어가서 인재를 직접 만났다.

어느 날, 주문왕은 현명하고 유능한 인재를 바로 찾기 위하여 위수 강변으로 왔다가 곧은 낚시로 낚시질을 한다는 괴이한 노인이 있다는 말을 듣자 이 노인이야말로 보통 사람이 아니라는 확신이 들었다. 그는 어부들이 가리키는 곳으로 강자아를 찾아갔다. 주문왕은 강자아와 몇 마디 말을 주고받으며 그가 식견이 대단한 인물임을 알아챘다.

주문왕은 기쁨에 넘쳐 이렇게 말했다.

"제 할아버지께서 참으로 예사롭지 않은 성인이 우리가 선 이 자리로 올 것이라고 하셨소. 게다가 우리는 그의 덕에 힘입어 크게 번성할 것이라고 하셨소. 어르신께서는 분명 우리들이 밤낮으로 그리며 기다리던 바로 그 인물임에 틀림없소이다."

필자는 바로 이때 강자아가 '바로 제가 그 사람이외다!'라고 말했을 것이라고 생각한다. 이리하여 주문왕은 강자아를 책사로 모시고 '태공망太公望'으로 높여 불렀다. 이 말은 우리가 기대하던 어르신, 또는 우리에게 희망을 주는 어르신이라는 의미이다. 뒷날 사람들이 그를 일러 '강태공'이라고 부른 것은 바로 '태공망'이라는 호칭에서 비롯되었다.

강자아는 분명 높은 학식과 경륜을 지니고 있었을 뿐만 아니라 박학다재한 인재라는 데 의문의 여지가 없다. 그러나 주문왕이 간절하게 현인을 찾고 있었고 강자아도 주문왕에게 의탁할 작정이었다면, 강자아가 자천하여 나서며 주문왕을 직접 뵙기를 청할 수는 없었을까? 아니, 그러면 안 되었을까? 그는 왜 걸핏하면 강변으로 달려가서 곧은 낚싯바늘로 낚시질하는 따위의 괴상한 짓거리로 주문왕을 유인했을까?

이는 강자아의 신분은 물론 그의 젊은 시절 경력과도 깊은 관계가 있다.

강자아는 젊은 시절 무슨 일을 했는가? 적지 않은 문헌에서는 강자아가 평범한 백성으로 일찍이 상왕조의 서울 조가朝歌 등지에서 소규모로 장사를 했다고 한다. 게다가 소나 돼지를 잡은 허드렛일까지 했다고 한다.

예컨대, 굴원屈原은 「이소離騷」에서 '여망呂望은 칼을 휘둘러 가축을 잡다가, 주문왕은 만나 천거되었지.'[15]라고 노래했다. 여망은 바로 강

---

15 呂望之鼓刀兮, 遭周文而得擧.

태공을 가리킨다. 굴원의 이 구절은 강자아가 일찍이 소나 돼지를 잡는 인물로서 아주 뛰어난 재능에도 불구하고 뜻을 이루지 못했지만 주문왕에게 발탁되어 비로소 중요한 자리에 임용되었는 사실을 우리에게 알려준다. 굴원의 의견에 따르면, 강자아는 일찍이 백정이었다.

그러나 또 다른 자료를 보면 굴원의 견해와는 전혀 다르다. 「위료자尉繚子」에는 '태공망이 나이 일흔에 이르렀으나 아직도 조가朝歌에서 소 잡는 일을 업으로 삼았으며 맹진盟津에서는 식품을 파는 일로 생활을 했다. 일흔이 넘어도 임금의 쓰임을 받지 못하여 많은 이들이 그를 일러 미치광이라고 일렀다.'[16]고 했다. 이 견해에 따르면, 강자아는 조가에서 소나 돼지 잡는 일을 했을 뿐만 아니라 맹진에서는 노점을 차리고 물건을 팔며 먹고 살았다. 강자아가 이렇게 살아갈 때의 모습은 정상이 아니어서 제 정신이 아니었던 듯하다. 그러기에 사람들이 그를 일러 미치광이라고 했던 모양이다.

이 밖에도 『염철론鹽鐵論』「송현頌賢」에는 '태공은 가난했기에 물건을 등에 지고 조가에서 행상을 했다.'[17]는 기록이 있다. 아마도 황아장수였던 모양이다.

소나 돼지를 잡았어도 좋고, 노점을 차리고 물건을 팔았어도 괜찮고, 게다가 골목골목을 누비는 황아장수였어도 좋지만, 도대체 이 세 가지 견해 가운데 어느 것이 맞는 이야기인가? 우리도 확정하기 힘들다. 어쩌면 강자아는 이런 일들을 모두 해 보았는지도 모른다. 이런 일

---

16 太公望年七十, 屠牛朝歌, 賣食盟津, 過七十餘年而不主聽, 人謂之狂夫也.

17 太公貧困, 負販于朝歌.

들이 비록 약간의 차이는 있지만 총체적으로 말하자면 모두 작은 규모로 장사하는 사람이었다는 점에서 그 성격은 큰 차이가 없다.

강자아는 높은 학식과 경륜뿐만 아니라 박학다재한 인물이었다. 오늘날 우리가 생각하기에도 이렇게 큰 능력이 있으니 만약 조금이라도 애쓴다면 걱정도 없이 큰돈을 손에 쥐었을 것이다. 그러나 그는 무슨 까닭으로 오랫동안 거년스럽게 살았을까? 여기에는 객관적인 원인도 있고, 또 주관적인 원인도 있다.

객관적 원인부터 보자. 하상주夏商周 세 왕조는 모두 노예제 왕조로서 당시 상공업 방면에서 '공상식관工商食官' 제도를 실시했다. 이른바 '공상식관'이란 대규모의 수공업 상품 생산을 노예주였던 귀족들이 독점했으며, 대규모의 상업 무역도 노예주였던 귀족이 장악했으니, 실제로도 귀족만 재력으로 대규모의 상품 생산과 상업 무역을 경영할 수 있었다. 일반적인 평민 백성이 상공업에 종사하려면 오로지 두 가지 길밖에 없었다. 그 하나는 노예주였던 귀족에게 의탁하여 그들의 마음에 따라 움직이며 그들을 위해 돈을 벌어주는 도구가 되는 길이다. 또 다른 하나는 그들이 하찮게 여기는 소상인이 되어 보잘것없는 이익을 얻는 길이다. '공상식관'이 당시의 제도였기에 강자아의 능력이 아무리 대단해도 이런 사회제도를 바꿀 수는 없었다. 그가 그저 약간의 돈밖에 벌 수 없었던 까닭이 여기에 있다.

그러면 주관적 원인을 말해 보자. 강자아의 희망은 돈을 벌어 부자가 되는 데 있지 않았다. 오히려 원대한 정치적 포부를 품었다. 그는 정치에 투신하여 멋진 일을 하겠다는 생각을 줄곧 버리지 않고 있었다. 그러나 상왕조 말엽은 정치적인 암흑기였다. 위로는 어리석은 임금이 나라를 다스렸고 아래로는 간신들이 정권을 좌지우지했다. 강자아는 이런 어리석은 임금과 간신들 속에서 못된 짓을 하기 싫었다. 그 결과 백발이 성성해질 때까지 자기 재능을 펼칠 기회를 만나지 못하고 그저 민간을 떠돌며 가난에 찌들 수밖에 없었다.

강자아가 주문왕에게 의탁하는 과정에서 자신을 직접 추천하지 않고 곧은 낚싯바늘로 낚시하는 괴상한 짓거리를 벌인 것은 그의 경력과 무슨 관계가 있을까? 그 까닭은 대체로 두 가지로 볼 수 있다.

첫째, 그는 소상인 출신의 평민이었으며 외지에서 흘러온 인물이라 주문왕을 직접 만나게 해 달라고 청할 수 없었다. 따라서 곧은 낚싯바늘로 낚시하는 괴상한 방법으로 사람들의 눈길을 끌고 나아가서 이를 통해 주문왕의 관심까지 이끌어내려고 했다. 이는 전형적인 마케팅 전략으로 상인 출신의 강자아라면 이런 방법에 매우 익숙할 수밖에 없다. 오늘날 정보화 사회에서도 예상을 뛰어넘는 행동은 사람들에게 강렬한 자극을 주며 깊은 인상을 남기는 홍보 수단임은 물론 주요한 마케팅 전략이다. 예컨대, TV 화면에 등장한 애니메이션의 주인공인 두 꼬마가 몸을 흔들며 '금년 명절에는 선물을 받지 않을래요……'라고 노래하는 광고는 바로 강태공의 낚시와 일맥상통한다.

둘째, 강자아는 주문왕을 한번 시험할 필요가 있었다. 당시 사회에서는 주문왕이 현명한 선비를 예를 갖추어 존중하는 훌륭한 임금이라고 했다. 그러나 과연 그럴까? 강자아는 주문왕과 만난 적이 없으니 알 수 없었다.

옛날에 재능이 있는 이가 훌륭한 지도자를 만나는 일은 쌍방향 선택의 과정이었다. 이런 쌍방향 선택은 사실상 상거래와 다름이 없었다.

그림 5. 강태공의 낚시터

산시성陝西省 바오지시寶鷄市에서 동남쪽 40km 떨어진 반계磻溪 가에 있다. 남쪽으로는 진령秦嶺이,
북쪽으로는 위수渭水가 바라보인다. 오래된 측백나무가 짙푸르러 그 풍경이 자못 아름답다.
관광객을 불러들이기 위하여 낚싯대, 어람魚籃, 삿갓, 흰 수염 등 사진을 찍을 수 있는 도구가 있다.
이곳에 온 관광객은 낚고 낚이는 변증법을 생각할까?

그림 6. 봉신궁封神宮

산시성 강자아 낚시터 관광 벨트의 주요 경관 가운데 하나

군신 관계의 이런 본질에 대하여 뒷날 법가法家들의 인식은 참으로 투철했다. 예컨대, 『한비자韓非子』는 이렇게 정곡을 찌르는 말을 했다.

"신하는 목숨과 능력을 임금에게 바치고, 임금은 높은 감투와 두터운 봉록을 신하에게 준다. 임금과 신하 사이에는 부자 사이처럼 혈연의 관계로 맺어진 것도 없고 이해관계의 계산에 따른 서로 맞바꾸기의 결과만이 있을 뿐이다."

게다가 이런 견해도 있었다.

"여럿 가운데 뛰어난 짐승은 좋은 숲을 가려서 머물고, 훌륭한 신하는 주군을 가려서 섬긴다."

그렇다면 어떤 사람이 훌륭한 신하일까? 바로 재능도 있고 도덕성도 높으며 포부도 있어서 원칙에 어그러짐이 없는 인물이다. '훌륭한 신하'는 오로지 '훌륭한 임금'이라야만 따른다. 아무런 거리낌 없이 마음 내키는 대로 자신을 헐값에 팔지 않으며 누가 부른다고 하여 그냥 나아가는 일도 없다. 최대한 높은 가격으로 가능하면 훌륭한 고객에게 팔려고 한다. 이른바 높은 가격이란 높임을 받으며 중용된다는 뜻이다. 그리고 훌륭한 고객이란 '훌륭한 임금'을 가리킨다.

그렇다면 어떤 인물이 '훌륭한 임금'일까? '훌륭한 임금'을 드러내는 지표는 꽤 많을 수 있다. 그러나 인재의 가치를 알아주고 인재를 존중할 줄 아는 것은 다른 무엇보다 '훌륭한 임금'이 갖추어야 할 중요한 조건이다.

'훌륭한 신하'는 도대체 어떻게 해야 자신이 모실 주인이 인재를 존중하는 '훌륭한 임금'인지 알 수 있을까? 여기에는 관찰과 시험이 필요하다. 그리고 그 임금이 사람의 좋고 나쁨을 식별할 수 있는 능력이 있는지 살펴보아야 한다. 게다가 마음에 정성을 다하는지 여부도 꼼꼼히 따져야 한다. 제 눈으로 직접 살펴야 한다. 다른 사람이 하는 말을 그대로 믿어서는 안 된다.

강자아가 곧은 낚싯바늘로 낚시를 하며 걸리기를 바라는 자를 기다린 것은 무슨 멋을 부리려는 데 있었던 게 아니라 실은 제 몸값이 오르기를 기다리며 누군가가 협상해 오기를 바란 것이다. 한낱 일이 원 더 올라서 물질적인 대우가 나아지기를 기다린 것이 아니라 주문왕이라는 목표 고객이 물건을 알아보는지 살펴보며 시험하려는 데 있었다. 또 주문왕의 태도를 통하여 그에 대한 중시의 정도가 자기가 가진 재능 가치와 그 격이 맞는지 가늠하려는 데 있었다. 또 그의 재능을 펼칠 수 있는 공간이 마련될 수 있는지도 알아야 했다. 다시 말하면, 강자아는 주문왕이 결국 그가 이상으로 하는 군주인지, 자기를 팔아넘길 수 있는 진정한 고객인지 판단해야만 했다.

강자아는 소상인으로 비록 가난하게 살았지만 오랜 기간에 걸친 이런 경력은 그에게 풍부한 비즈니스 경력을 차곡차곡 쌓게 하며 독특한 비즈니스 지혜를 두루 갖추게 만들었음이 분명하다. 이런 풍부한 비즈니스 경험이나 그만의 독특한 비즈니스 지혜가 없었더라면, 강자아는 곧은 낚싯바늘로 낚시질을 하는 따위의 괴이한 짓거리를 벌일 생각조차 하지 못했을 것이다. 강자아가 벌인 이런 방법은 지혜가 넘치는 훗날의 정치가들에게도 큰 영향을 끼쳤다. 제갈량諸葛亮이 유비劉備의 삼고초려三顧草廬를 기다린 의도도 강자아와 판에 박히게 같지 않은가?

요컨대, '강태공의 낚시'에 얽힌 고사는 바로 자기의 총명과 재지를 팔아넘기려는 인물이 사람들의 눈길을 끄는 광고를 날린 뒤에 자기를 사줄 사람을 기다린 이야기이다. 게다가 자기를 사줄 사람의 이상이 자기와 맞는지 여부를 시험한 이야기일 따름이다. 이 이야기는 처음부터 끝까지 상인의 지혜를 그대로 내보였다.

그러나 강자아의 '원하는 놈은 걸려들리라.'는 판매 전략은 위험이 없었을까? 당연히 있었다. 주문왕이 사람을 볼 줄 몰랐다면, 그리고 낚시질 뒤에 숨은 뜻을 알아내지 못했다면, 강자아의 이 연극은 전혀 효과를 발휘하지 못했을 것이다. 혹은 주문왕이 현인을 간절하게 찾았다고는 하지만 그가 집안에 앉아서 인재가 찾아오기만을 기다리며 서민들 속으로 들어가서 훌륭한 인재를 찾지 않았다면, 강자아가 낚시질을 하고 있다는 정보는 주문왕의 귀에 들어가지 않았을지도 모른다. 그렇다면 강자아의 낚시는 주문왕을 낚지 못했을 것이다. 이렇게 볼 때, 강자아가 벌인 괴상한 짓거리는 계산 잘못이 아니잖은가?

확실히 이런 문제는 있다. 그러나 이것이 또 무슨 관계가 있는가? 강자아는 비즈니스 경험이 매우 풍부한 인물인데 어떻게 거래의 이치를 모를 수 있겠는가? 그가 쓴 방법이 효과를 보지 못했다면 다른 방법으로 바꿀 수도 있을 것이다. 만약 이 방법 저 방법 다 써 보아도 자기를 알아줄 멋진 주인을 만나지 못했다면, 그건 오로지 시장 형편이 좋지 않아서라고 말할 수 있다. 시장 형편이란 좋을 때도 있고 나쁠 때도 있음을 알아야 한다. 시장이 불황일 때에는 좋은 상품도 높은 가격으로 팔 수 없어서 인삼도 헐값으로 팔리게 마련이다. 시장 형편이 혼란스러울 때에는 쓰레기 주식도 하늘 높은 줄 모르고 치솟지만 오히려 실적이 좋은 우량주는 찾는 이가 없을 수도 있다. 최대한 노력을 했는데도 불구하고 자기를 사줄 사람을 만나지 못했다면 여전히 시장 상황이 형편없음을 뜻한다. 사람이 때를 만나지 못하고 물건은 제대로 쓰이지 못하게 된다. 이런 때에는 어려움을 알고 물러나든지, 아니면 슈퍼 은자隱者로서 저잣거리에 묻혀 지내야 한다. 이야말로 상인이 가진 커다란 지혜가 아니겠는가?

2
강태공의 창업

그러나 강자아의 운수는 그래도 괜찮았다. 그는 정치에 몸을 던질 뜻을 세웠다. 비록 이른 아침부터 저녁 늦게까지 헤맸지만 그가 마지막으로 다다른 시장 형편은 그래도 괜찮은 편이었다. 주문왕이라는 좋은 물건을 가려볼 줄 아는 멋진 주인을 결국 찾아냈기 때문이다.

주문왕은 강자아가 내놓은 말이나 계책을 빠지지 않고 받아들였으며, 강자아도 천하를 다스릴 만한 뛰어난 재간을 자랑하며 커다란 공을 세웠다. 사마천은 『사기』 「제태공세가」에서 이렇게 말했다.

"주문왕은 맥리의 감옥에서 풀려나 돌아온 뒤, 강태공과 더불어 남몰래 덕정을 베풀며 상왕조를 뒤엎을 모의를 진행했다. 그 계획은 용병의 권모술수와 기묘한 계책을 가지고 있었기에 후세에 용병의 이치 및 주왕조가 사용한 권모술수를 연구하며 모두 태공의 기본 책략을 받들며 따랐다. …… 천하의 제후 대부분이 주나라를 따른 것은 거의

가 강태공이 계책을 세워 이끈 결과였다."

주문왕이 세상을 떠난 뒤, 주무왕이 자리를 이어 받아 지도자의 위치에 올랐다. 그는 강자아를 '스승'으로 높이며 '상보尚父'라고 불렀다. 이런 호칭은 요즘말로 하면 '대부代父'와 큰 차이가 없으니, 주무왕이 강자아를 한없이 존중했다는 뜻이다.

뒷날 강자아는 주무왕이 상의 주왕紂王을 무너뜨리고 주周를 세우도록 보필했다.

만약 앞에서 나온 상왕조의 조상 왕해가 유사 이래 근거를 댈 만한 첫 번째 상인이라고 한다면, 강자아는 소상인의 신분으로 정치에 참여하여 계책을 내놓으며 큰 성공을 거둔 첫 번째 인물이라고 할 수 있다.

주왕조는 나라를 세운 뒤 '이친병주以親屛周'를 정책으로 삼았다. 이는 왕실의 친척이나 공신들을 각지의 제후로 분봉하여 제후국으로 삼아서 주 왕실을 보위하도록 하는 제도이다. 천자와 가까운 친척은 비교적 부유하면서도 전략적으로 중요한 지방에 분봉했다. 강자아도 공신으로서 분봉되었다. 그가 분봉된 지방은 어디일까? 영구營丘라는 곳으로 제후국의 이름은 제齊였다.

영구라는 곳은 바로 지금의 산둥성 린쯔臨淄로서 오늘날은 경제가 비교적 발달한 지방이다. 그러나 주왕조 초기에 이 일대는 대단히 외지고 궁벽했으며 황량하기 짝이 없는 곳이었다. 개발의 손길이라고는 닿지도 않은 낙후한 지역이었다. 사마천은 「화식열전」에서 이렇게 일렀다.

"태공망이 봉해진 영구는 땅덩어리는 모두 소금기가 있어서 농작물이 자라지 못했고 인구도 매우 적었다."

게다가 이곳이 다른 지방과 비교하여 다른 점은 지극히 외진 곳이어서 주왕조의 힘이 미치지 않는 곳에 있었다는 것이다. 주왕조는 단지 강자아에게 한 장의 위임장과 함께 경계선 하나를 둥그렇게 그린 지도 한 장을 건네며 이렇게 말했을 따름이다.

"여기를 이제 제齊라고 부를 것입니다. 이곳이 바로 대부님께서 수령이 되어 다스리실 영지입니다."

이뿐이었다. 명의상으로는 제나라를 강자아에게 봉했지만 실제로는 자기 자신의 힘으로 해결해야 했던 것이다.

결국 새로 탄생한 제나라는 여러 방면에서 하나부터 열까지 창업을 시작해야 했다. 강자아가 썩 좋은 곳을 분봉 받지 못한 것은 어쩌면 혈연관계를 중시하는 주왕조의 '종법제도宗法制度' 때문이었는지도 모른다. 강자아가 세운 공은 컸을지라도 주왕조의 집안이 아니었으니 어쩔 수 없이 뒷줄로 밀려날 수밖에 없었던 것이다.

어쨌든 이런 지위와 임무를 받은 강자아의 마음은 그렇게 즐겁지만은 않았을 것이다. 그는 '내가 세운 공이 이렇게 큰데도 불구하고 이렇게 외지고 후미진 곳을 주다니, 나를 푸대접하는 게 아닌가?'라고 생각했다. 그는 이렇게 생각하면서 한 가지 재미있는 에피소드를 남겼다.

강자아는 제나라 상구로 발걸음을 재촉할 때, 생각하면 생각할수록 풀이 죽고 기가 꺾이었다. 그리하여 도중에 어느 여관에 묵으면서 꾸물꾸물 며칠 동안 길을 나서려고 하지 않았다. 그리고 해만 지면 그대로 잠자리에 들곤 했다. 여관 주인이 이 모습을 보자 이렇게 말했다.

"기회란 얻기는 힘들지만 잃기는 쉽다고 하였습니다. 어르신께서 이렇게 편안하게 잠드시니 아마 봉지로 가는 길이 아닌 모양이지요. 늦으시면 아마 한 덩어리 땅도 없을지도 모릅니다."

이야말로 제 정신이 번쩍 들게 하는 말이었다. 강자아는 이 말을 듣자 침상에서 벌떡 일어나서 옷을 입은 뒤 수행원을 이끌고 한밤에도 불구하고 길을 나서서 날이 밝을 무렵 영구에 도착했다.

참으로 공교롭게도 당시에는 내이족萊夷族 우두머리가 병사들을 이끌고 들어와서 이 지방을 차지하려던 참이었다. 강자아는 아랫사람을 지휘하여 즉각 전투에 돌입했다. 한바탕 교전 끝에 이들을 물리치고 나서야 비로소 자기 땅 위에 입지를 굳힐 수 있었다.

그러나 강자아 앞에는 더 큰 시련이 기다리고 있었다. 황폐하기 짝이 없는 낙후된 경제의 모습을 바꿀 수 있는 방법을 최대한 빨리 찾아야만 했던 것이다. 이런 시련은 군사나 정치가 주는 시련보다 더욱 가혹했다.

그러나 강태공은 결국 강태공이었다. 강자아가 소상인이었던 시절, 스스로 돈을 벌며 살 길을 찾을 때, 그가 남긴 경영 실적이 만족스럽지 못했다고 깔보지 말라. 이제 나라의 최고책임자가 되어 국가 경제 발전을 이룰 때가 되자 그는 정말로 매우 뛰어난 능력을 발휘했다.

그렇다면 그는 제나라를 위하여 구체적으로 어떤 일을 했는가? 『사기』「제태공세가」에는 이런 기록이 있다.

"그곳 풍속에 순응하여 예의 제도를 간단하게 만들고 어업과 제염업을 바탕으로 상공업을 발전시켰다."

이런 정책을 썼다는 것은 분명 강자아가 객관적인 조건에 눈길을 주며 깊이 조사하고 분석한 결과에 따른 것으로 그의 상업 경력과 참으로 깊은 관련이 있다.

제나라의 토지는 소금기가 많아서 식량 생산에 적합하지 않았다. 그러했기에 경제는 낙후하고 인구는 적었다. 이런 자연 조건에서 억지로 농업 생산에 힘을 쏟았더라면 분명 현실에 부합하지 않았을 것이다.

그러나 어떤 일이든 양면성을 지니게 마련이다. 따라서 절대적으로 좋은 일도 나쁜 일도 없다. 바다가 가까워 염분을 품은 땅이 많다는 것은 식량의 생산과 발전에는 당연히 불리하지만 어업과 제염업의 발전에는 천혜의 조건을 제공했다.

더구나 바닷소금을 제조하는 기술은 다른 어떤 연안 지역보다 제나라가 훨씬 뛰어났다. 왜 그랬을까? 이곳이 바닷소금을 제조하는 기술을 가장 먼저 발명한 곳이기 때문이다. 동한東漢의 허신許慎은 『설문해자說文解字』에서 '옛적에 숙사宿沙가 처음으로 바닷물을 끓여서 소금을 만들었다.'고 말했다. 숙사宿沙는 숙사夙沙라고도 하는데, 전해오는 말에 따르면, 그는 염제 신농씨 때에 제후로서 활동 근거지가 바로 지금의 산둥성 교동반도膠東半島로써 바로 제나라의 세력 안에 있었다.

고대에 바닷소금을 만드는 방법은 이렇다. 먼저 바닷물을 보드라운 모래 위에 거듭 뿌려서 강한 햇볕에 쏘이고, 바닷물을 뿌리고 햇볕에 쏘이는 일을 여러 차례 반복하여 바닷물의 염분을 보드라운 모래 속에 엉기게 만든다. 그리고 다시 보드라운 모래를 바닷물에 넣어서 염분을 묽게 하여 고염苦鹽을 만든다. 마지막으로 장작불로 고염을 끓여서 소금을 얻는다.

숙사씨가 이런 기술을 발명했기에 뒷날의 소금장수들은 계속 숙사씨를 시조로 받들어 모신다. 청나라 때, 강소江蘇 지방의 소주蘇州와 태주泰州 등지는 회염淮鹽(회하淮河 유역에서 생산되는 소금)의 주요 생산지였음은 물론 도매 시장이 있던 곳이었다. 이곳에 운집한 소금장수들은 종묘를 세우고 숙사씨를 모셨다.

제나라는 지리적인 이점만이 아니라 기술적인 우위까지 차지하고 있었다. 그러기에 강자아는 바닷소금 생산에 큰 효과를 거둘 수 있었다.

소금은 사람이 살아가는 데 없어서는 안 될 필수품이었다. 돈이 있는 사람이든 돈이 없는 사람이든 사람이라면 소금을 먹어야 한다. 그래서 집집마다 소금이 있어야 했다. 하루 세 끼 끼니마다 소금이 있어야 했기에 소금 시장은 참으로 클 수밖에 없었다. 예로부터 소금 장사는 큰돈을 벌 수 있는 직업이었다. 돈이 있으면 상업 무역은 발전했으니 식량을 못 얻을까 걱정할 필요가 없었다. 그러기에 제염업의 발전이나 어업 생산은 나아가 상업 무역의 발전으로 이어졌으니, 이는 강자아가 제나라 경제를 일으켜 세운 주된 방법이었다.

자연 자원을 바탕으로 제염업과 어업 생산의 발전을 촉진시켰을 뿐만 아니라 강자아는 지역 실정에 맞게 구체적인 계책을 세움으로써 사람이 역할을 발휘하도록 하여 방직업을 발전시켰다. 『사기』「화식열전」에는 '태공은 여자들이 방적을 하도록 격려하고 기技와 교巧를 높이도록 있는 힘을 다해 제창했다.'[18]는 구절이 있다. 방직과 자수, 그리고 바느질이나 편직 따위는 모두 여성이 담당했다. 강자아는 제나라의 여성들을 널리 불러 모아 방직업의 발전을 도모했다. 게다가 여기서 특별히 주목할 만한 사실은 생산량만을 추구하는 데 그치지 않고 '기교技

巧'를 유달리 강조했다는 점이다. '기技'란 기술 수준을 높이는 것이요 '교巧'란 정교함을 추구하며 품질을 높이는 것이다. 사마천이 「화식열전」에서 말한 '극기교極技巧', 이 세 글자는 방직 기술과 생산품의 품질을 최고의 경지로 끌어올려 그 당시 최고수준에 이르게 했음을 알 수 있다. 제나라의 방직품이 이렇게 좋은데 소비자의 환영을 받지 못했을리 없다.

오늘날에도 산둥 지방의 자수와 편직 등 공예품은 여전히 앞서 있다. 중국 4대 자수품 가운데 하나가 바로 노수魯繡이다. 노수는 언제부터 시작되었을까? 3천 년 전 강자아 시대까지 거슬러 올라간다면 아무런 문제가 없을 것이다. 비록 강자아가 손수 자수를 놓았다고 볼 수 없을지라도 그가 세운 정책은 이런 기술을 촉진시키기에 충분했다.

강자아가 제나라 부녀들을 불러 모아 발전시킨 방직업은 전례가 없을 정도로 대단한 사업이었다. 그 이유는 무엇이었을까? 두 가지 원인 때문이었다.

첫째, 인류 사회가 모계 중심의 사회에서 부계 중심의 사회로 진입한 이후, 수많은 부녀자들은 주요 생산자의 대열에서 물러나야 했다. 당시 주요한 생산 활동은 수렵과 채집이었으며 농업이 그 뒤를 이어 발전했다. 이런 노동, 특별히 논밭에서 이루어지는 노동은 보다 굳센 체력을 필요로 했다. 이 점에서 당시 남자들은 태어날 때부터 우위에 있었다. 부녀자들은 뒤로 물러날 수밖에 없었다. 이들은 집안에서 실을

---

18 太公勸其女功, 極技巧.

잣고 베를 짜는 등 가사 노동에 종사하게 되었다. 이 때문에 부계 중심 사회는 경제적으로 먼저 남자는 앞에서 중요한 역할을 담당하고 여자는 뒤로 물러난다는 것, 그리고 남자는 농사짓고 여자는 길쌈을 했으니, 방직은 부업 생산으로 부녀자가 담당했다. 강자아는 제나라에서 방직업을 농업보다 훨씬 중요한 경제 부문으로 삼았다. 부업이 주업으로 바뀌었던 것이다. 또 아예 뒤로 물러나 있던 부녀자들을 동원하여 생산의 중심 세력으로 변화시켰다. 부업이 주업으로 바뀌고 조연 배우가 주연 배우가 되었으니, 이야말로 참으로 대단한 사업이 아닌가?

둘째, 부녀자들을 동원하여 발전시킨 방직업으로 사람의 주체적 능동성이 한껏 발휘되어 자연 조건의 한계를 효과적으로 극복했다. 제나라는 소금기를 머금은 땅이 많아서 씨 뿌리고 농사짓기에는 적합하지 않았다. 그러나 뽕나무나 삼 따위의 방직 원료 재배에는 아무런 지장이 없었다. 원료가 있고 사람이 있다면 방직업이 가능한 것이다. 방직업은 땅이 주는 한계뿐만 아니라 계절과 시간과 장소의 한계도 극복했다. 여름이든 겨울이든, 한낮이든 밤이든, 뜰에서든 아랫목에서든, 실을 자아서 베를 짤 수 있었으며, 수를 놓고 편직을 했다. 이로 인해 노동력의 이용 효율을 최대한도로 끌어올리며 발휘할 수 있었다.

적절한 정책 수립에 맞추어 백성들은 부지런히 일했다. 이렇게 십여 년에 걸쳐서 온 힘을 다하여 나라를 다스리자, 경제의 모습은 하늘과 땅도 뒤집힐 만한 변화가 일어났다. 『사기』「화식열전」의 기록을 한번 보자.

"강자아는 제나라 부녀자들의 방직과 자수, 그리고 재봉이나 편직 등의 생산을 격려하며 이들의 기술 수준은 물론 생산품의 품질까지 높이도록 하였다. 여기에 더하여 제염업과 어업의 생산과 무역에 힘을 쏟았다. 그 결과 다른 지방에 살고 있던 인민들이 제나라의 경제가 발달했다는 소식을 듣고 아이들을 데리고 잇달아 의탁해 왔다. 이 모습이 수레의 바퀴살이 굴대로 모여드는 것 같았다. 사방팔방에서 모여들었던 것이다. 제나라에서 생산된 제품은 온 천하로 팔려나가서 제후국의 인민들은 제나라에서 생산된 의복과 신발, 그리고 모자를 착용했으며 게다가 제나라에서 생산된 물고기와 소금을 먹었다. 동쪽 바다에서 태산 사이에 있는 제후들은 제나라가 소금에 전 황폐한 땅에서 이렇게 빨리 일어서는 모습을 보자 자기도 모르게 경건한 마음이 솟아 옷깃을 여미며 제나라로 찾아와서 무릎을 꿇으며 복종했다."

사람이 첫 번째 생산력이다. 여기서 특히 고대의 노동집약형 산업에서 사람이 차지하는 작용이야말로 참으로 크다는 것을 확인할 수 있다. 제나라의 경제가 자못 발전하자 사방팔방에서 인민들이 손에 손을 잡고 제나라로 몰려들었다. 그러자 제나라의 경제는 더욱 발달할 수밖에 없었다. 제나라는 이렇게 가난하기 짝이 없는 낙후한 나라에서 부유하고 강대한 나라로 탈바꿈했다.

강자아의 성공은 세 가지 면에서 더욱 돋보인다.

첫째, 구체적인 지역 실정에 맞게 장점은 살리고 단점은 피하며 버렸다. 중국의 경제사에서 주왕조는 농업 경제 발전의 주요 단계였다. 주족 부락은 매우 이른 시기부터 농업을 위주로 했다. 이 때문에 강자아가 상공업을 발전시킨 일은 더욱 훌륭하게 보일 수밖에 없다.

둘째, 상업과 공업을 병행하면서 생산을 했다. 상품 생산의 발전을 통하여 상업 무역의 발전을 이루었던 것이다. 강자아의 상업은 단순히 싸게 사서 비싸게 파는 게 아니라 상품 생산의 발달을 튼튼한 방패로 삼았다. 이런 실질적인 경제 발전을 바탕으로 삼고 물자와 자산의 증가를 조건으로 하여 무역의 발전을 꾀했다. 이야말로 상업 무역이 지속적으로 발전할 수 있는 튼튼한 기초가 되었다.

셋째, 새로운 기술을 탄생시키고 상품의 품질을 중시했다. 방직업에서 이런 특징은 더욱 두드러졌다.

강자아는 이런 방법을 이용해 제나라를 부강하게 만들었다. 사실 이런 경험은 언제 어디에서도 틀림없이 효과를 거둘 수 있는 성공의 법칙이다.

소상인 출신으로서 강자아는 자기만의 독특한 상업적 지혜에 의지하여 한평생 두 가지 큰일을 해냈다. 그 하나는 주문왕과 주무왕을 도와 상왕조를 뒤엎고 주왕조를 세웠던 것이고, 다른 하나는 무려 8백 년이나 존재했던 제나라를 창건했을 뿐만 아니라 제나라가 부강할 수 있는 초석을 마련했다는 점이다.

이 두 가지 모두 천지를 개벽할 만한 위대한 업적이다. 게다가 이 일을 남들은 은퇴하여 물러날 나이가 훨씬 지난 때에 이루었다. 강자아를 한번 보라! 누가 감히 '소상인' 가운데 '큰 출세를 한 자'가 없다고 말할 수 있겠는가? 또한 창업의 무대는 젊은이의 것이지 노인이 다가갈 수 있는 무대가 아니라고 감히 말할 수 있겠는가?

강자아가 세상을 떠난 지 3백 년이 지난 뒤, 제나라에는 소상인 출신의 인물 하나가 자기의 총명과 재지에 의지하며 중국의 정치 무대에 등장하여 한껏 실력을 과시했다.

그는 누구인가? 그리고 어떤 일을 했는가?

商賈智慧

제 3 장 관포지교
管鮑之交

사람과 사람 사이에는 어떤 관계가 가장 단단할까? 오늘날 세상에는 재미있는 일화가 전해오고 있다.

"한 마을에서 태어나서 한 학교 다녔고요, 군대 생활도 같은 곳에서 했어요."

동창에 동향에 전우로 맺어졌다는 말이다. 아니면 지난 날 동고동락했다는 말이다. 이런 경우 흔히 좋은 친구로 맺어지기 쉽다.

중국 역사에서 춘추시대에 바로 이런 인물이 있었으니, 이들은 일찍이 친구로 같이 칼을 차고 싸움터에 나섰던 적이 있었다. 그런데 이들이 좋은 친구가 된 이유는 오히려 이들이 함께 장사를 했기 때문이었다.

그렇다면 이 두 사람은 누구일까? 중국 역사에 이름을 드날린 두 사람은 바로 너무나 유명한 관중管仲과 포숙아鮑叔牙이다. 두 사람의 관계는 중국 역사에 아름다운 이야기로 전해오며 '관포지교管鮑之交'로 칭송되고 있다.

관중은 춘추시대 전기에 큰 업적을 이루며 이름을 떨친 최고의 정치가로, 제나라 환공桓公을 무려 40여 년 보좌하며 그를 춘추 오패 가운데 첫 번째 패주의 자리로 올렸다. 사마천은 『사기』「화식열전」에서 '제후들을 여러 차례 모아 환공에게 맹세를 올리게 하며 천하를 완전히 통제했다.'고 이르며 관중을 칭송했다.

관중은 어떻게 이렇게 큰 업적을 올릴 수 있었을까? 말할 것도 없이 그가 가진 개인적인 재능의 탁월함을 먼저 꼽을 수 있다. 그러나 개인이 가진 역량은 결국 유한할 수밖에 없다. 이 경우 속담 하나가 훨씬 생동감이 있다.

"독불장군은 없다."

관중이 이처럼 큰 업적을 세울 수 있었던 것은 그의 친구 포숙아의 도움과 지지를 처음부터 끝까지 받았기 때문이다. 심지어는 포숙아가 없었더라면 관중도 없었다고 말할 수 있다.

그러나 관중과 포숙아가 제나라 환공이 패자가 되도록 도운 것은 훗날의 일이다. 그들은 젊은 시절 모두 정치에 투신하지 않고 여러 해 동안 장사를 했다.

1
세 가지 큰 시련

관중의 조상은 일찍이 귀족이었다고 한다. 그러나 관중 세대에 와서는 집안은 벌써 몰락한 뒤였다. 관중이 아주 어렸을 때 그의 아버지는 이 세상을 떠났다. 관중과 노모는 서로 의지하며 살아갔지만 생활은 어려움이 한두 가지가 아니었다.

포숙아와 관중은 고향이 같았다. 포숙아가 관중보다 두 살 많았으며 가정 형편도 관중보다 더 부유했다. 두 사람은 어렸을 때부터 어울려 장난을 치며 놀았으며 함께 공부도 했다. 그야말로 '께복쟁이' 친구요 '불알친구'였다.

관중과 포숙아는 왜 장사를 하려고 했을까? 사마천은 『사기』「화식열전」에서 '가난하면 부유하기를 바라니, 농사짓는 일은 수공업만 못하고, 수공업은 또 장사하는 일만 못하다. 부녀자가 베를 짜고 수를 놓는 일은 저잣거리에서 전을 펴고 장사를 하여 돈을 버는 것보다 못하다. 상공업에 종사하는 일은 당시 가난한 이들이 가난을 벗어나 부자가 되는 지름길이었다.'라고 말했다. 관중의 집안은 달그랑달그랑 밥그릇 소리만 들릴 정도로 째지게 가난했기에 이런 형편을 벗어나기 위해서 포숙아와 함께 장삿길로 뛰어들며 동업을 하게 되었다.

'관중과 포숙아의 다정한 교제'가 '관포지교'라는 고사성어로 굳어질 수 있었던 것은 어린 시절부터 맺어온 두 사람 사이의 정이 바탕이 되었기 때문도 '불알친구'였기 때문도 아니었다. 이보다는 두 사람이 함께 동업을 하는 과정에서 세 가지 큰 시련을 이겨낼 수 있었기 때문이다.

그렇다면 이 세 가지 큰 시련이란 무엇일까?

첫 번째 시련은 '이익 더 많이 차지하기'이다.

『사기』「관안열전管晏列傳」에는 관중의 회상 한 도막이 기록되어 있다.

"내가 이전에 가난하던 시절, 일찍이 포숙아와 함께 장사를 한 적이 있다. 장사로 남은 이익을 나눌 때 내가 언제나 더 많이 가지고 갔다. 그러나 포숙아는 내가 재물을 탐낸다고 여기지 않았다. 내가 가난했음을 알았기 때문이다."[19]

'더 많이'라는 말은 수량도 많지만 횟수도 많았다는 뜻이다. 결국 관중은 더 많이 먹고 더 많이 차지하려는 마음이 있었던 것이다.

관중의 이런 태도를 보고 어떤 사람이 이제 더 이상 가만히 두고 볼 수는 없는 일이라며 포숙아에게 이렇게 말했다.

"관중을 한번 보게나, 매번 저렇게 이익을 더 차지하는데, 정말 의리 없는 놈일세!"

포숙아는 오히려 빙긋 웃으며 말했다.

"자네는 모르네. 관중은 집안이 가난한데다 노모까지 모시고 있네. 그래서 내가 더 많이 가지라고 일렀네."

포숙아는 관중이 밉살스러울 만큼 재물을 탐낸다고 결코 생각하지 않았다. 오히려 그를 정말로 잘 이해했다. 집안이 가난하기 때문에 더 많은 돈이 필요하다고 생각했던 것이다.

경제사를 연구하는 학자들에 따르면, 관중과 포숙아 두 사람이 벌인 사업은 중국 역사에서 문헌에 기록된 최초의 합작 기업이다. 오늘날 매우 보편화된 주식회사는 바로 이런 합작 모형에서 발전한 것이다.

합작은 중소 상인이 가장 널리 사용하는 경영 방식이다. 사람들은

---

19 吾始困時, 嘗與鮑叔賈, 分財利, 多自與, 鮑叔不以我爲貪, 知我貧也.

왜 이런 방식을 널리 사용하는가? 그 목적은 크게 두 가지이다. 첫 번째는 자본력을 높여서 경영 규모를 확대할 수 있기 때문이다. 개인이 가진 돈은 한정적이기 때문에 자그마한 규모의 장사밖에 할 수 없다. 그러나 여럿이 합작을 하면 큰돈을 모아 사업 규모를 확장할 수 있다. 두 번째는 경영에서 오는 위험을 줄일 수 있기 때문이다. 혼자서 사업을 하면 돈을 벌거나 손해를 보아도 모두 자신이 책임져야 한다. 그러나 합작을 하면 위험을 분산시킬 수 있다. 왜 그럴까? 예를 들어, 장사하는 데 100만 원의 밑천이 필요하다고 하자. 만약 나 홀로 장사를 한다면 벌어들인 돈은 모두 내 이익으로 차지할 수 있다. 그러나 일단 밑지게 되면 이 100만 원이 모두 날아가 버릴 수 있다. 장사란 벌기만 하고 밑지는 경우가 없을 수 없다. 위험과 수익이 함께 존재한다. 위험을 줄이기 위하여 합작이 필요한 법이다. 예컨대, 두 사람이 함께하면 나는 50만 원만 내고 다른 사람도 50만 원만 내면 된다. 그리고 이익이 나면 함께 누리고 손해가 나도 함께 짊어진다. 돈을 벌면 이익을 나누게 된다. 그러나 일단 밑진다면, 그것도 밑천까지 다 넘어진대도 손실은 50만 원만 보면 된다. 두 사람이 위험을 나누어 갖기 때문이다.

구체적인 정황으로 미루어 볼 때, 관중과 포숙아는 출자뿐만 아니라 동업자로 함께 일했던 것으로 보인다. 이를 경제학의 용어로 말하자 '노동과 화폐 자본의 연합'으로 이루어진 합작이라고 할 수 있다. 그러나 포숙아가 관중보다 경제적 조건이 나았기 때문에 포숙아가 내놓은 자본금이 훨씬 더 많았을 가능성이 높다. 당연히 관중이 내놓은 자본금은 훨씬 더 적었을 가능성이 높다. 아니 어쩌면 한 푼도 내놓지 못했을 수도 있다. 이런 상황에서 돈을 벌었다면 일반적인 관례에 따르더라도 포숙아가 대부분을 차지해야 마땅할 것이다. 적어도 조금이라도 더 많이 차지해야 할 것이다. 그러나 결과는 관중이 끈덕지게도 억지를 쓰며 언제나 더 차지하려고 했다.

이런 일이 보통 사람에게 일어났다면 일찌감치 참지 못할 것이다. 참더라도 한두 번이지 계속되었다면 분명 끝까지 참지 못할 것이다.

왜 참지 못할까? 이치는 참으로 간단하다. 사람들이 합작을 하려는 것은 자금의 규모 확대가 아니라 더 많은 돈을 벌기 위해서이다. 또한 경영 위험을 줄이며 손실을 조금이라도 적게 하려는 데 있다. 그렇지 않다면 혼자 사업을 벌여도 전혀 상관이 없다. 왜 다른 사람과 합작을 하려는가? 그러나 지금은 돈도 많이 벌지 못했을 뿐만 아니라 오히려 손해만 더 많다.

그러나 포숙아는 참았다.

장사를 하면서, 포숙아는 관중이 이익을 더 많이 차지해도 참고 견뎠을 뿐만 아니라 깊이 이해하기까지 했다. 이것이 바로 '관중과 포숙아의 다정한 교제'에서 겪은 첫 번째 시련이었다.

이제 우리는 '관중과 포숙아의 다정한 교제'에서 겪은 두 번째 시련을 보자. 그것은 바로 '갈수록 깊이 빠지는 수렁'이었다.

이 시련도 여전히 두 사람이 합작으로 장사를 할 때 발생했다.

사마천의 기록에 따르면, 관중은 이렇게 말했다.

"내 일찍이 포숙아를 위해 일을 했지만 결과는 그를 더욱 곤궁하게 만들었다. 그러나 그는 결코 내가 어리석다고 생각하지 않았다. 그는 객관적인 조건 때문이라는 것을 알고 있었던 것이다."

'일을 꾸미는 것은 사람이 할 바이지만 일이 이루어지는 것은 하늘에 달렸다.'는 말이 있다. '하늘'은 무엇인가? 바로 때이며 기회이다. 때란 때로는 이로울 수도 있지만 불리할 수도 있다. 때가 불리하면 사람도 자기 힘으로 어떻게 할 수가 없다. 포숙아는 이런 이치를 잘 알고 있었기에 관중을 깊이 이해하며 함부로 나무라지 않았다.

관중은 그가 포숙아에게 한 일이 무엇인지 말하지 않았다. 그러나 그의 일이 포숙아를 더욱 곤궁에 빠뜨렸다면, 우리는 대체로 돈과 물건을 관리하는 일이었다고 미루어 짐작할 수 있다. 그러니까 여전히 장사와 관련이 있다.

관중이 포숙아를 도와 장사를 했지만, 그가 아무리 잘 하려고 해도, 하면 할수록 포숙아는 가면 갈수록 밑천을 더욱 잃었다. 그런데도 포숙아는 그의 무능을 원망하지 않고 오히려 그를 더욱 깊이 이해했다. 이는 보통 사람이라면 하기 어려운 일이다. 이것이 두 번째 만난 커다란 시련이었다.

'관중과 포숙아의 다정한 교제'에서 만난 세 번째 큰 시련은 '도붓장수로서 받은 수모'이다. 이 시련은 그래도 두 사람이 동업을 한 일과 관계가 있다.

『설원說苑』「복은復恩」 에는 관중이 일찍이 했다는 말 한 마디가 기록으로 남아 있다.

"일찍이 나와 포숙아가 물건을 등에 지고 다니며 남양에서 장사를 할 때, 나는 저잣거리에서 세 번이나 수모를 당했다. 그러나 포숙아는 나를 겁쟁이라고 생각하지 않았다. 이는 장차 내가 큰일을 할 사람이라는 것을 그가 알았기 때문이다."

외지에서 온 사람이라고 그곳 사람들이 여러 차례 텃세를 하며 수

모를 주었지만 울분을 억누르고 참으며 승강이를 벌이지 않았던 모양이다. 그러자 누군가 함부로 의견을 내놓았다.

"관중, 저 양반은 정말 겁이 많아서 책임질 일이 생길까봐 두려운 모양이오. 결기라곤 하나도 없는 못난이외다!"

그러나 포숙아는 결코 그렇게 생각하지 않았다. 그는 관중이 겁이 많아서 두려움에 떠는 게 아니라 눈앞에서 일어나는 작은 손해를 참으며 장차 큰일을 도모할 사나이라고 생각했다.

이런 일 외에도 관중은 그와 포숙아 사이에 있었던 갖가지 일화를 하나로 매듭지었다. 예컨대, 관중은 일찍이 세 차례 감투를 썼지만 세 차례 파면되었다. 어떤 이가 관중은 너무 무능하여 아무리 엎치락뒤치락하여도 이제는 한평생 벼슬하기는 글렀다고 지껄였지만 포숙아는 그가 아무런 재간이 없다고 생각하지 않았다. 때를 만나지 못했다고 생각했다. 게다가 그를 알아줄 훌륭한 지도자를 만나지 못했다고 생각했다.

또 다른 일화도 있다. 관중은 일찍이 몇 차례나 전투에 참가한 적이 있다. 그는 적진으로 돌격할 때면 언제나 가장 뒤쪽에 섰다. 그러나 물러날 때에는 제일 앞쪽에 섰다. 게다가 도망칠 때면 토끼보다 재빨랐다. 그러자 곁에 있던 사람들이 수군거렸다.

"관중은 정말로 죽음을 두려워하는 비겁한 겁쟁이란 말이야."

그러나 포숙아는 그가 죽음을 두려워하는 겁쟁이라고 생각하지 않았다. 집안에 노모가 계시기에 만일 그가 뜻밖에 잘못되면 누가 노모를 봉양할까 걱정하기 때문이라고 생각했다.

벼슬자리에 올랐다가 감투를 빼앗기고 전쟁터에서는 소극적인 이런 일들이 '관중과 포숙아의 다정한 교제'에 시련이기는 했지만 우리가 보기에 가장 심각하고 가장 큰 시련은 결국은 장사와 관계된 세 가지 일이다. 즉 이익 더 많이 차지하기, 갈수록 깊이 빠지는 수렁, 그리고 도붓장수로서 받은 수모이다. 이 세 가지가 '관중과 포숙아의 다정한 교제'에서 가장 심각하고 가장 큰 시련이라고 하는 까닭은 벼슬이니 전투니 하는 것들은 모두 다른 사람의 일이지만 장사를 하면서 벌어진 몇 가지 사건은 모두 포숙아 자신과 결부된 이익으로써 가장 직접적인 관계를 갖기 때문이다.

또 이 일은 모두 관중이 스스로 말한 것이기에 당연히 믿을 수 있는 사실이다. 이런 이야기를 들으면서 관중이 정말로 비열하다고 생각할 수 있을까? 이런 일들을 만약 보통 사람의 눈으로 본다면 관중은 아무 쓸모없는 못난이일 뿐이다. 그러나 오직 한 사람 포숙아만이 이것저것 다 이해하고 참았으니, 결국 그의 이런 불명예스러운 행동에도 까닭이 있으며 용서할 수밖에 없는 정황이 있다고 믿었던 것이다.

그렇다면 무슨 까닭으로 포숙아의 안목은 다른 사람과 달랐을까? 설마 포숙아가 옳고 그름도 가릴 줄 모르고 선과 악도 구별할 줄 모르는 바보란 말인가? 그렇지 않다.

관중은 제나라 환공을 보좌하여 마흔 해에 이르도록 상국相國의 자리에 있으면서 '중부仲父'라 불리며 높임을 받았다. 관중이 세상을 떠나기 바로 앞서서 환공은 문안을 온 자리에서 이렇게 물었다.

"이렇게 병환이 깊어서 뜻밖의 일이 일어나면 중부께서 맡으셨던 자리는 누구에게 맡기면 좋겠습니까?"

관중은 입을 다물고 아무 말도 하지 않았다. 환공은 다시 물었다.

그림 7. 관중管仲의 무덤

산동성山東省 쯔보시淄博市 린쯔구臨淄區 치링가도齊陵街道 북산서촌北山西村에 있다. 남쪽으로
우산牛山이 둘렀고 북쪽으로 치하淄河에 접했다. 현재 관중기념관이 이 무덤 부근에 새로 세워졌다

그림 8. 관중기념관管仲記念館

"포숙아라면 되겠습니까?"

관중은 이렇게 대답했다.

"포숙아는 정인군자로서 도덕과 품격이 참으로 고결합니다. 설령 천승의 대국을 공짜로 주더라도 바른 이유가 없다면 그는 받지 않을 것입니다. 그러나 포숙아는 상국을 담당하기에는 결코 적합하지 않습니다. 왜냐하면 그는 나쁜 일이나 나쁜 사람을 원수처럼 증오하기 때문입니다. 어떤 사람이 용서받지 못할 잘못을 한 번이라도 저지르면 평생 마음에 담아두고 잊지 못하는 성격입니다. 물이 너무 맑으면 물고기가 모이지 않고 사람이 너무 살피면 따르는 무리가 없다고 하였습니다. 포숙아는 훌륭한 인물이기는 하지만 포용력이 크지 않기에 상국의 자리에 오른다는 것은 그 자신에게도 이롭지 않습니다."

관중이 내린 이런 평가로 볼 때, 포숙아는 옳고 그름이 분명하고 나쁜 일이나 나쁜 사람을 원수처럼 증오하는 인물이었다. 그렇다고 자신의 감정만을 드러내며 원칙을 멀리하는 인물은 아니었다. 이런데도 그는 무슨 까닭으로 관중을 이렇게 너그럽게 받아들일 수 있었을까?

포숙아가 관중을 너그럽게 이해할 수 있었던 근본 원인은 관중의 본질을 깊이 알고 있었기 때문이다. 그가 보기에 관중의 비열한 짓은 그저 표면적인 모습일 뿐이었다. 본질적으로 관중은 재물을 탐하지 않았을 뿐만 아니라 죽음도 두려워하지 않았으며 나아가서 결코 무능하지도 않았다. 관중이 그렇게 비열하고 그렇게 겁이 많게 보이는 것은 아직도 때를 만나지 못했기 때문이라는 것이다. 언젠가 때를 만나면 세상을 뒤흔들 멋진 사업을 해낼 수 있다고 포숙아는 생각했다.

포숙아는 처음부터 끝까지 일관되게 관중을 이해하고 관중을 믿었기에 관중도 뒷날 이렇게 매우 감격적인 말을 했다.

"나를 낳은 이는 부모님이지만 나를 알아준 이는 포숙아이다!"[20]

포숙아를 자기 인생의 지기로 여긴 이 말은 『사기』「관안열전」에 기록으로 남아 있다.

관중이 소상인 출신이라면 포숙아도 소상인 출신이 아닌가? 관중이 소상인이었던 시절 땅속에 묻힌 금이었다면, 포숙아도 비록 소상인이었지만 남다른 안목을 지닌 인물이었다. 그는 관중이야말로 거대한 성장 잠재주로서 장차 천하를 다스릴 걸출한 인재임을 정확히 꿰뚫고 있었다. 때가 되어 상황이 호전되기만 하면 위세 당당한 인물로 떠오를 수 있다고 생각했다.

그러기에 '관포지교'라는 고사는 관중이 얼마나 대단하고 얼마나 위대한지가 아니라 사실상 포숙아의 너그러움과 안목을 말하는 것이다.

사마천은 이 점을 꿰뚫고 있었기에 이렇게 말했다.

"세상 사람들이 '관포지교'를 입에 올리는 것은 관중의 재덕을 칭찬하려는 데 있다기보다 오히려 포숙아의 인재를 알아보는 안목을 칭찬하려는 데 있다."

이 역시 『사기』「관안열전」에 기록된 말이다. 만약 관중을 천리마라고 한다면, 포숙아는 백락伯樂이다. 천리마는 자주 만날 수 있지만 백락은 그렇지 않으니, 백락이야말로 정말 대단하지 않은가! 이제 우

---

20 生我者父母, 知我者鮑子也.

리는 상인이 물건만 볼 줄 안다고 생각해선 안 된다. 인재를 식별할 줄 아는 그들의 능력이야말로 보통 수준을 훨씬 뛰어넘기 때문이다. 포숙아는 이런 점에서 대표적인 인물이다.

이리하여 관중과 포숙아, 상인 출신의 이 두 사람은 서로를 이해하고 너그럽게 안아주고, 서로를 믿고 도우며 중국 역사상 모든 좋은 친구를 대변했고 그 본보기가 되었다. 오늘날, 사람들은 둘 사이의 관계가 친근하여 서로를 알아주는 좋은 친구를 말할 때면 '관포지교'를 떠올린다. 그러나 관중과 포숙아의 친구 관계는 장사를 하는 과정에서 몇 가지 시련을 넘으며 비로소 만들어진 것이다.

2
친구를 뜻하는 중국어 '붕우朋友'의 본뜻

사실상 '관포지교'만이 장사와 관계있는 게 아니라 친구를 뜻하는 중국어 '붕우朋友'라는 낱말도 애초에 담겨진 뜻은 장사와 관계가 있다.

그러면 틀림없이 이상하게 생각할 사람이 있을 것이다. '붕우'란 '단짝'이나 '의리로 뭉친 사나이'를 뜻하지 않는가? 사람과 사람 사이의 친분이 좋은 것을 가리키는 '붕우'가 어떻게 장사와 관계가 있다는 말인가?

'붕우'라는 낱말의 본뜻은 분명 장사와 관계가 있다. 믿을 수 없다면 옛날 글자 몇 개를 먼저 살펴보자.

갑골문의 '붕朋'자를 한번 보라. 이 글자는 상형문자이다. 바닷가에서 나온 조개껍질을 하나로 꿴 모습이다. 이런 조개껍질로 무엇을 했는가? 바로 가장 이른 시기의 돈으로 이런 조개껍질을 '패貝'라고 불렀다. 왜 하나로 꿰었을까? 편리한 휴대를 위해서였다.

상나라 때에는 화폐의 수량을 '붕朋' 단위로 계산했다. 바닷조개 다섯 개를 한 꿰미로, 두 꿰미를 좌우 양쪽에 나누어 매달아서 합하면 모두 열 개가 되는데, 이것이 한 '붕朋'이었다. 그러니까 '붕'의 최초의 뜻은 바로 두 꿰미의 돈이었다.

돈으로 물건을 팔고 돈을 벌어들였다. 그리고 돈으로 물건을 사기도 했다. 그러기에 돈을 가지고 가는 곳마다 물건을 팔고 사는 사람이 있었으니, 바로 상인이다. 금문金文에서 상인의 '상商'자를 어떻게 썼는지 한번 살펴보기로 하자.

금문 상商

금문에서는 이 '상商'자도 상형문자이다. 연구에 따르면, '상商'자는 한 사람이 약간의 '붕朋'을 메고 나아가서 장사를 하는 모습이다.

금문 상商

금문에서 이 글자는 어떤 사람이 '붕朋'을 가득 메고 뱃머리에 서 있고, 그 곁에는 또 한 사람이 배를 젓는 것처럼 보인다. 그들이 돈을 가지고 온 세상을 골골샅샅 돌아다니며 오가는 것이 바로 장사가 아니면 다른 무엇이겠는가?

그러기에 한 연구에 따르면 이 몇 글자들은 모두 가장 이른 시기의 '상商'자였다. 상인은 바로 '붕朋'을 가지고, 다시 말해 돈을 가지고 장사를 하는 사람이다. 그러기에 '붕우朋友'에서 '붕朋'은 처음부터 장사와 관련되어 함께 존재했던 것이다.

그렇다면 '우友'자는 처음에 어떤 의미였을까?

갑골문 우友

마쉬룬馬敍倫의 연구에 따르면, 갑골문에서 보이는 '우友'는 한 사람의 왼손과 또 다른 한 사람의 오른손이 서로 합한 모습이다. 합하여 뭘 할까? 우리 조상들이 서양인처럼 만났을 때 악수를 하며 서로 사이 좋음을 드러내려는 것은 설마 아닐 것이다. 이것은 물건의 교환을 상징한다. 한 손은 돈을 내고 다른 손은 물건을 받는다. 다시 말하면 장사를 한다는 뜻이다.

그러니까 '붕朋'과 '우友', 두 글자를 합치면 바로 '가진 것으로써 없는 것을 바꾼다.'는 말이다.

'붕朋'이 없으면, 다시 말해 돈〔貝〕이 없으면 '우友'가 될 리 없다. 곧 교역이 이루어질 수 없으니, '우友'를 이룰 작정이라면 반드시 '붕朋'이 있어야 한다.

여기까지 말하고 보니, 또 다른 문제에 부딪치게 된다. '붕朋'의 본뜻이 두 꿰미의 돈이요 '우友'의 본뜻이 사고파는 장사라면, 이 두 글자를 합친 '붕우朋友'가 우리가 말하는 사이가 없이 밀접하게 상호 합작하며 서로 신뢰하고 돕는 동반자의 뜻으로 나타난 건 무슨 까닭일까?

그 의미는 대체로 두 가지 실마리를 따라서 발전했다.

첫 번째 실마리는 원래 글자의 표면상의 의미로, '붕朋'은 두 꿰미의 돈이 하나로 합쳐진 것인데, 그 가운데 한 꿰미가 없으면 '붕朋'은 불완전해진다는 것이다. 이 때문에 친밀하여 격의가 없으며 하나라도 모자라면 될 수 없다는 의미를 파생시켰다.

두 사람, 또는 두 사람 이상이 함께해야 비로소 '붕우'가 된다. 한 사람이 제 홀로 겅둥거리면 '붕우'라고 할 수 없다.

그렇다면 '우友'는? '우友'의 본뜻은 사고파는 장사이다. 곧 가진 것으로써 없는 것을 바꾼다는 말이다. 두 개의 물건을 일단 바꾸면, 내

것은 네 것이 되고, 네 것은 내 것이 된다. 내 것은 네게 쓸모 있고, 네 것은 내게 쓸모 있으며, 이렇게 서로 깁고 도우며 이익과 혜택을 주고 받는다는 뜻으로 파생되었다.

다시 말해, '붕朋'과 '우友'라는 두 글자는 각각 틈 없는 친밀함과 서로 돕는다는 의미를 가지고 있다. 이것이 첫 번째 실마리라고 할 수 있다.

두 번째 실마리는 '붕朋'이 돈이요 '우友'가 사고파는 장사라면, 어떤 거래든지 먼저 값을 흥정해야 한다는 것이다. 사는 사람과 파는 사람 쌍방이 수량과 가격을 놓고 의견에 일치를 보아야 한다. 그러나 이와 동시에 사는 사람과 파는 사람 쌍방 사이에 기본적인 신뢰 관계가 형성되어야 한다.

왜 쌍방 사이에 신뢰가 있어야 하는가?

예컨대, 내 돈으로 네 물건을 살 때, 만약 내가 내놓을 돈이 가짜라고 네가 두려워한다면, 너는 내게 물건을 팔려고 하지 않을 것이다. 그리고 거래는 성립되지 않는다. 또 나는 네가 내게 건넬 물건에 문제가 있다고 걱정한다면 이 역시 거래는 성립되지 않는다.

돈을 건네는 일과 물건을 받는 일은 대부분의 경우 이 두 동작이 동시에 발생하는 일은 결코 없다. 대부분 돈을 먼저 건넨 뒤 물건을 넘겨받거나 물건을 먼저 받은 뒤 돈을 건네게 된다. 이것이 바로 일종의 신용을 바탕으로 한 거래 관계이다. 이런 거래 관계에서는 서로 사이에 신뢰가 반드시 보증되어야 한다.

다른 예로, 내가 돈을 건네는데 네가 시치미를 뚝 떼며 물건을 내주지 않을까 두려워하거나 네가 내준 물건을 가지고 내가 고개를 돌리고 오리발을 내밀며 돈을 주지 않을지 모른다고 걱정한다면, 이 경우에도 거래를 성립시킬 방법이 없다.

그러기에 거래를 할 때 양쪽의 상호 신뢰는 어떤 거래에서나 가장 기본적인 선결 조건이 된다. 이렇게 볼 때, '붕朋'과 '우友', 두 글자가 하나로 합쳐져서 서로가 신뢰한다는 뜻을 가지게 되었다.

요컨대, '붕朋'과 '우友'는 원래 돈으로써 물건을 사고판다는 원시적인 뜻에서 출발하여 뒷날 좋은 동반자라는 새로운 뜻으로 파생되었다. 그리고 좋은 동반자란 격의 없이 친밀하여 서로 돕고 신뢰한다는 의미이니 바로 위에서 말한 두 가지 실마리를 통하여 발전된 것이다.

이 말의 뜻이 변화 발전하는 과정에서 물건을 파는 사람, 더욱이 전문적으로 각지를 돌아다니며 장사하는 것을 직업으로 하는 상인은 신용을 소중히 여기며 성실하게 경영할 수 있는지 여부가 매우 중요한 작용을 한다는 것을 알 수 있다. 남쪽 난징南京에서 북쪽 베이징北京에 이르기까지 물건을 파는 사람이 물건을 사는 사람보다 훨씬 영리하다. 물건을 파는 사람은 일반적인 구매자나 평범한 소비자보다 상품의 원가나 품질에 대하여 훨씬 잘 알고 있다. 아무튼 거래를 하는 쌍방의 정보는 비대칭적이다.

그런데 전문적으로 장사에 매달리며 돈을 벌어 생활을 하는 상인이 성실하게 경영하지 않고 아예 사기를 치고 남을 교묘하게 속이며 돈을 벌려고 한다든지, 돈을 벌기 위하여 품질이 떨어진 가짜를 진짜처럼 하면서 자기의 이익을 다른 사람의 고통 위에 두는 일을 거리낌 없이 한다면, '붕우'라는 글자에서 좋은 동반자라는 의미를 생성해낼 수 있을까? 분명 불가능하다. 사람을 곤경에 빠뜨리며 해치려는 사람을 그 누가 친구로 삼겠는가?

훗날, 상품 교환의 발전에 따라 거래를 하는 쌍방의 신뢰 관계는 계약이나 저당, 서로 관계되는 법률 제도로 보장하는 한편, 다른 한편으로는 신뢰와 성실한 경영을 소중히 여기는 상도덕과 상업 윤리로 지탱했다. 여기에서 후자가 참으로 중요한 작용을 한다.

'붕우朋友'라는 글자는 나중에 오직 좋은 동반자라는 뜻만 남기고 돈으로 거래한다는 원래의 의미는 사람들의 머릿속에서 잊혀졌다. 이러한 변화의 배후를 보면 바로 우리 조상들이 상인과 상업은 신뢰를 소중히 여기며 신뢰할 만한 가치가 있다고 여겼기 때문이다.

신뢰와 성실한 경영을 소중히 여긴다는 원칙은 중국에서는 매우 오래된 상업 윤리요 상도덕이라고 말할 수 있다. 그렇다면 얼마나 오래되었을까? 중국어의 수많은 낱말의 형성처럼 오래되었다고 보아야 한다. 예컨대, 공자가 살던 시대에는, '붕우朋友'가 현재와 완전히 같은 의미를 가지고 있었다. 공자는 일찍이 '멀리서 벗(朋)이 찾아오니 이 또한 즐겁지 아니한가?'[21], '친구(友)을 위해 일을 하면서 마음을 다하지 않겠는가?'[22]라고 말했다. 그러기에 신뢰와 성실한 경영을 소중히 여기는 일을 위배했다면, 이는 조상들의 전통적인 미덕을 등지는 일일 뿐만 아니라 법률도 용납하지 않는 일이라고 말할 수 있다. 결국 바위를 옮겨 제 발을 내리치고 하늘도 땅도 노하며 외톨토리가 될 게 분명하니 참된 친구도 가질 수 없을 것이다.

---

21 有朋自遠方來, 不亦樂乎?
22 爲友謀而不忠乎? 그러나 원문은 爲人謀而不忠乎로 되어 있다.

'관중과 포숙아의 다정한 교제'가 '관포지교'가 될 수 있었던 것은 두 사람의 상인이 서로 이해하고 서로 신뢰했기 때문이다. 그리고 '붕우'가 '친구'가 될 수 있었던 것은 사람과 사람 사이에 서로 이익과 혜택을 주고받으며 신뢰할 만한 가치가 있었기 때문이다.

3
인재에 투자하기

포숙아가 오랜 기간에 걸친 살핌을 통하여 현상을 꿰뚫고 자기만의 혜안으로 본질을 들여다보며 관중을 거대한 잠재력을 가진 다크호스로 확신했다면, 관중도 자기만의 혜안과 정치가로서의 원대한 통찰력, 상인으로서의 투자 기교를 바탕으로 제나라 환공의 잠재 가치를 간파했다.

무슨 말일까?

훗날, 관중과 포숙아는 장사를 그만두고 제나라의 수도로 와서 벼슬을 했다.

당시 제나라는 이공釐公이 통치하고 있었다. 이공은 아들 셋을 두었다. 맏아들부터 작은아들까지 차례로 제아諸兒, 규糾, 소백小白이었다. 맏아들인 제아는 진즉 태자로 책봉되었다. 이공은 관중과 또 다른 관리 소홀召忽에게 둘째아들 공자 규의 스승이 되도록 하고, 포숙아는 공자 소백의 스승이 되도록 안배했다.

포숙아는 소백이 나이도 어린데다 그 어머니도 일찍 세상을 떠났고 아무도 도와줄 이가 없기에 앞으로 왕위에 오를 수 있는 차례가 돌아오지 않으리라고 생각했다. 이리하여 포숙아는 병을 핑계로 집안에 들어박혀 이 일을 맡지 않으려고 했다.

관중과 소홀이 포숙아를 찾아와서 이렇게 물었다.

"어찌하여 나라님께서 내린 이 일을 맡지 않으려 하오?"

포숙아는 이렇게 대답했다.

"옛 어른들이 아비가 아들을 제일 잘 알고 나라님이 신하를 제일 잘 안다고 말씀하셨소. 지금 나라님께서 나의 무능을 잘 알고 있기에 소백의 스승 자리를 내게 맡긴 게 아니겠소? 나는 힘만 들고 공이란 세울 길 없는 일을 하기 원하지 않소. 그래서 나서지 않을 작정이오."

소홀은 성격이 매우 솔직했기에 포숙아의 이 말을 듣자 이렇게 내질렀다.

"잘 하셨소. 하실 생각 없으시면 하지 마시오. 내 나라님 만나서 그대가 병으로 곧 세상 떠나게 생겼다고 말하리다. 그러면 나라님께서 더 이상 강요하진 않을 것이외다."

그러나 관중은 고개를 저으며 말했다.

"안 될 일이오. 우리는 모두 이 나라의 관리로서 나라를 위해 온힘을 다 바쳐야 하오. 이것저것 제 입맛에 맞는 것만 골라서 할 수는 없소. 다시 처음으로 돌아가서 말하자면, 앞으로 누가 나라님 자리에 오를지는 아무도 모르오. 나와서 자리를 맡는 게 좋을 것이외다."

소홀이 다시 입을 열었다.

"제아가 맏이로서 앞으로 자리에 오를 가능성이 가장 크오. 그 뒤를 이으면 마땅히 규의 차례요. 그러니까 소백이야말로 가능성이 가장 낮소. 이제 우리 세 사람이 규를 떠받는 게 가장 좋을 것 같소이다."

관중이 또 고개를 저으며 말했다.

"그렇지 않소. 지금 제나라 사람들은 모두 규의 어머니를 미워하고 있소. 이 때문에 규에 대한 인상도 좋은 편이 아니오. 소백은 어머니도 없이 외롭고 처량한 처지에 놓여 있기에 사람들이 오히려 그를 동정하고 있소. 제아는 비록 맏이긴 하지만 몸가짐이 바르지 않소. 앞으로 일어날 일은 누구도 알아맞히기 힘들 것이외다. 그러니 우리 중 한 사람이 소백을 보좌하는 것이 좋을 것이오."

포숙아는 관중의 의견에 따라서 소백의 스승이 되었다. 관중과 소홀은 규의 스승 자리를 담당했다.

관중은 그래도 포숙아에게 다시 한 번 소백을 보좌하는 데 온 마음을 다하고 온 힘을 다 기울일 것을 당부했다. 만약 그렇게 하지 않으면 그의 신임을 얻지 못하고, 신임을 얻지 못하면 아무리 말해도 효과를 발휘하지 못할 것이라는 말도 덧붙였다. 결국 두 마음을 품지 말라는 뜻이었다.

게다가 관중은 포숙아와 남몰래 가만히 약속했다.

"앞으로 공자 규든 소백이든 누가 나라님의 자리에 올라도 우리 두 사람은 서로를 밀어야 하네."

뒷날 사태는 과연 관중이 예측했던 대로 전개되었다. 제아가 왕위에 올랐던 것이다. 그러나 제나라의 양공襄公이 된 그는 드러내놓고 방탕한 생활을 하며 사납고 잔인하게 국정을 이끌었다. 그러자 제나라 정국은 불안으로 뒤숭숭해졌다. 관중은 소홀과 함께 공자 규를 보호하며 노魯나라로 몸을 피했다. 그리고 포숙아는 소백을 보호하며 거莒나라로 몸을 피했다.

- 양공의 뻔뻔스럽고 황음한 생활과 흉악하고 잔인한 태도는 급기야 나라를 내란으로 몰아넣었고, 그 혼란스러움 속에서 양공은 피살되었다.

포숙아는 소백과 함께 제나라로 돌아가기 위하여 발 빠르게 행동했다. 관중은 제자인 공자 규를 왕위에 앉히기 위하여 소백의 발걸음을 제지하기로 했다. 관중은 도중에 그들을 가로막고 소백을 향하여 갑자기 화살을 날렸다. 그러나 다행스럽게도 화살은 요대에 맞았기에 소백은 목숨을 건질 수 있었다. 소백은 바로 왕위에 올랐으니, 바로 제나라 환공桓公이다.

이때, 포숙아는 관중과의 약속을 어기지 않았다. 더구나 관중이야말로 나라를 다스리며 경영하는 데 뛰어난 재능을 가진 인재라는 것을 잘 알았기에 온힘을 다하여 관중을 환공에게 추천했다. 환공도 역시 대단한 정치가였다. 그는 과연 과거의 맺힌 원한을 깨끗이 잊어버리고 한번 만나자 그저 웃으며 대할 뿐이었다. 관중이 자기를 향해 날렸던 화살을 문제 삼지 않고 상국相國으로 임명했던 것이다.

포숙아는 관중 아래에서도 기꺼이 한마음으로 힘을 보태며 환공을 보좌하여 한차례 패자의 위치에 오르게 만들었다.

환공, 관중, 포숙아, 이 세 사람이 함께 패업을 달성할 수 있었던 것은 진정 얻기 힘든 몇 가지 요소가 작용했기 때문임을 알 수 있다.

우선, 관중의 주도면밀하고 원대한 계획이 중요했다. 만약 그 전에 관중이 포숙아에게 환공의 스승 자리를 맡으라고 권하지 않았더라면 그 뒤에 일어난 이야기는 없었을 것이다. 관중의 일 처리 방식은 말할 것도 없이 정치가로서의 주도면밀함과 앞날을 내다본 치밀함이 있다. 그러나 이는 또 '달걀을 한 광주리에 다 담지 말라.'는 투자 전략과 일치하지 않는가? 장사나 투자에서 가장 중요한 원칙은 위험에 빠지지 않으려면 밑천을 다 걸고 한 곳에 승부수를 던지지 말아야 한다는 것이다. 시장의 형세는 그 변화를 헤아릴 수 없기에 어느 누구도 어떤 상품의 가격이 상승할지 하락할지 예측할 수 없다. 분산 투자로 여지를 남겨두는 것이 바로 위험을 방지하는 가장 필요한 길이요 돈을 버는 멋진 방법이다. 그러면 장차 어떤 상품의 가격이 급등해도 어쩔 줄 모르며 당황하지 않을 것이다.

'달걀을 한 광주리에 다 담지 말라.'는 말은 상인의 지혜이다. 관중이 장사를 하던 시절, 그다지 큰 이익을 거두지는 못했으며 적지 않게 고생을 했다고는 하지만, 그래도 그는 풍부한 장사 경험에다 상인으로서의 독특한 지혜까지 풍부하게 쌓았다. 게다가 그는 이런 지혜를 정치에 성공적으로 적용했다.

그 다음으로 중요한 일은 환공이 뛰어난 재능과 큰 포부로 인재를 아끼며 일찍이 자신에게 화살을 날린 원수였던 관중의 손을 잡고 화해했다는 사실이다. 이것도 사실 보통 사람이라면 하기 힘든 일이다.

그러나 가장 중요한 일은 포숙아가 사람을 잘 알아보고 추천했다는 사실이다. 포숙아가 관중과의 약속을 지키는 데 그치지 않고 나랏일을 중히 여길 줄 알았다는 사실을 주목해야 한다. 그는 자기 재능이 관중보다 못하다는 것을 잘 알았으며 제나라의 발전을 위해서는 관중과 같은 뛰어난 인재가 반드시 필요하다는 것을 잘 알았기에 온힘을

그림 9. 포숙아鮑叔牙의 무덤

중국 옛 상인의 지혜

다하여 환공에게 추천하며 관중에게 품은 적의를 없애라고 설득했다. 이는 정말로 쉽지 않은 일이다. 역사상 적지 않은 이들이 현명하고 능력 있는 인물을 시기하고 질투하지 않았던가! 자기보다 능력이 출중한 인물을 보면 공연히 쓰러뜨릴 방법을 생각하고, 더군다나 자신이 이미 승리를 손아귀에 넣은 상태에서, 혹은 관중이 나라님의 원수였던 때에 포숙아가 만일 얼굴을 싹 돌리며 관중을 제거하려고 마음먹었다면, 이는 식은 죽 먹기였을 것이다. 게다가 지난날의 깊은 우정을 생각하여 관중을 죽음으로는 몰아넣지 않더라도 정치권력 밖으로 밀어내려고 했다면 그것도 결코 어렵지 않았다. 그러나 포숙아는 그렇게 하지 않았다.

우리는 훗날 대상이었던 여불위呂不韋의 이야기를 잘 알고 있다. 그는 곤경에 처한 진秦 나라의 공자 이인異人이 왕위에 오르도록 큰 재물을 들여 도왔다. 그리고 결국 여불위는 일인지하 만인지상의 승상이 되었다. 이야말로 참으로 성공한 투자였다.

사실 포숙아는 처음부터 끝까지 변함없이 관중을 지지했으니, 이 또한 참으로 성공한 투자가 아니었던가? 포숙아의 이런 투자는 한 치의 손해도 없었을 뿐만 아니라 끝까지 커다란 보답을 받았다. 사마천은 '포숙아는 관중을 천거한 뒤 기꺼이 관중 아래에서 일했다. 그의 아들은 세세대대로 제나라의 봉록을 받아 누렸으니, 봉지를 받은 이만해도 십여 대에 이르며 이름난 대부의 자리에 있었다. 세상 사람들은 관중의 재덕보다 인재를 알아보는 포숙아를 칭찬했다.'[23]라고 일렀다. 포숙아가 많은 이들에게 존중과 호평을 받았으며, 그의 자손이 세세대대로 제나라의 봉록을 받아 누렸음은 물론 십여 대에 걸쳐서 봉지를 받으며 이름난 대부가 적지 않게 출현한 것은 바로 포숙아가 얻은 보답이었던 셈이다.

경제학에는 '인적 자본'이라는 매우 중요한 개념이 있다. 사람, 더구나 그 방면에 뛰어난 인재는 돈이나 물자보다 훨씬 중요한 자본이다. 미국의 경영학 대가 피터 드러커(Peter F. Drucker)는 이렇게 말했다.

"기업에는 진정한 자원이 오직 하나밖에 없으니, 그것은 바로 사람이다."

최고의 CEO였던 잭 웰치(Jack Welch)도 이렇게 말했다.

"인재야말로 기업 경영의 으뜸가는 임무이다."

현재 중국에서는 성공한 기업가 가운데 적지 않은 이들이 먼저 인재가 있어야 비로소 돈을 벌 수 있다고 생각한다. 그러기에 이렇게 말할 수 있다.

"투자는 자금이나 물질 자원을 운용하여 수익을 올리는 데에만 그쳐서는 안 된다. 인재를 배양하고 인재에게 도움을 주고 인재가 자기 능력을 발휘하도록 하는 모든 활동이 바로 투자이다. 아니 가장 중요한 투자이다."

이런 점에서 포숙아는 분명 선구자라고 이를 만하다.

일찍이 가난 속에서 갖은 어려움을 견디며 상업에 종사했던 경험이 있었기에, 관중은 경제 상황이 사람이나 사회에 미치는 중요성을 깊이 인식했다. 만약 그때 가난하고 어려운 처지에 놓여 있지 않았더라

---

23 鮑叔旣進管仲, 以身下之. 子孫世祿于齊, 有封邑十餘世, 常爲名大夫. 天下
不多管仲之賢, 而多鮑叔能之人也.

면, 관중은 얼굴 두껍게도 탐욕스러운 짓을 할 필요가 없었을 것이다. 그러기에 관중은 이런 명언을 남겼다.

"곳간이 가득하면 예절을 알고 의식이 족하면 영욕을 안다."

사마천도 『사기』에서 이 명언을 여러 곳에서 인용했다.

바로 이 때문에 관중은 환공을 보좌하여 제나라를 다스리는 동안에 경제발전과 부국강병을 첫 번째 대업으로 삼았다. 특히 농업 발전의 토대 위에서 강태공이 시작한 정책을 계승하여 공업과 상업의 발전에 힘을 쏟았다. 그의 업적 중 하나는 바로 사회의 구성원을 사士, 농農, 공工, 상商의 네 부분으로 나누고 이들을 각각 한 곳에 거주시켰다는 것이다. 이렇게 집단으로 거주하며 분업을 하도록 만들었다. 관중이 이런 정책을 시행하게 된 주된 목적은 장기적으로 형성된 사회적 분업을 안정시킴으로써 이들을 전문화된 방향으로 발전시키고 기술 수준을 높이는 데 있었다. 오늘날의 시각에서 이런 직업의 고정화는 분명 경직된 면이 있지만 이천육칠백 년 전에는 오히려 대단히 선진적이었다. 전통적인 경제 속에서는 생산 기술과 경영 기교가 대부분 축적된 경험에 의존하기 때문에 서로 같은 직종을 가진 이들이 함께 집단으로 거주하는 것은 훌륭한 사회적 기술을 교육하는 환경 조성에 유리할 뿐만 아니라 생산 경험의 계승과 전파에도 유리하다. 관중이 사, 농, 공, 상의 직업 구분을 줄곧 사용하여 따르기 시작한 이래 오늘에 이르러서도 이런 분류 방식이 여전히 사용되고 있다.

관중이 살던 때에 사, 농, 공, 상은 단지 직업의 분류일 뿐 계급적인 차별은 전혀 없었다. 사士라는 말은 일찍이 하층 귀족을 가리켰으나 뒤에 와서는 주로 지식인을 가리켰다. 관중은 공업과 상업에 종사하는 이들과 원래는 귀족에 속했던 사士를 나란히 놓았으니, 이는 공업이나 상업에 종사하는 이들의 사회적 지위가 그래도 비교적 높았음을 암시한다. 그러나 상앙商鞅이 변법을 시행한 뒤부터 농업을 중시하고 상업을 억제하는 정책에 따라 사, 농, 공, 상의 지위는 점차 차별을 보이기 시작했다.

그렇다고 해도 사, 농, 공, 상 사이에 넘어설 수 없다거나 업종을 바꿀 수 없다는 말은 결코 아니다. 현실 속에서도 상인이 선비가 되고 선비가 상인이 되는 상황은 수없이 많았던 것이다. 관중과 포숙아가 바로 상인에서 선비가 된 예 아니겠는가?

오늘날 우리는 지식도 풍부하고 학문도 넘치는 상인을 일컬어 '유상儒商'이라고 한다. 이렇게 본다면, 역사상 선비 겸 상인이었던 이를 '유상'이라고 말할 수 있다. 그러나 유가에서 자란 상인이야말로 가장 표준이 되고 가장 정통성을 가진 '유상'이라고 할 수 있다. 실제로 유가의 창시자인 공자도 진정 이름난 큰 상인으로서 역사상 가장 정통성을 가진 '유상'인 자공을 길러 냈다.

그렇다면 역사상 가장 정통성을 가진 '유상'은 대체 어떤 인물이었고 다른 상인과는 대체 무엇이 달랐을까?

商賈智慧

제4장 유상儒商

자공子貢

1
부유하지만 예의 발랐던 인물

춘추시대, 진陳나라와 채蔡나라에서 초楚나라로 가는 큰 길 위에 한 무리의 선비 차림새를 한 이들이 길가 빈터에서 군인들에게 겹겹이 둘러싸여 있었다.

이 일대는 마을이라고는 보이지 않는 인적이 드문 황량한 들판이었다. 군인들은 저마다 칼을 뽑아 들고 활을 당겨든 흉악한 모습이었다. 그러나 겹겹이 둘러싸인 선비들은 하나같이 기진맥진한 모습으로 우왕좌왕이었다. 벌써 여러 날을 겹겹이 둘러싸여 곤경에 빠진데다 양식은 물론 물마저 끊긴 상태였던 것이다. 거의 대부분이 배고픔으로 눈동자가 풀어졌고, 더 심한 이는 일어설 수조차 없었다.

그러나 그 가운데 예순 살이 좀 넘은 스승처럼 생긴 양반은 오히려 태연자약하면서도 느긋하고 단호했으니, 요즈음 유행하는 말로 한다면 참으로 태산이 무너져도 눈도 깜빡하지 않을 정도였다. 날마다 예전처럼 강의하며 책을 읽었으며 거문고 타며 노래까지 불렀던 것이다.

그러나 책을 읽고 노래하는 것이 배를 불리진 못했으니, 제자인 몇몇 젊은 친구들은 이러쿵저러쿵 원망이 대단했다. 비교적 급한 성격에 마구 화를 내는 이들도 있었다.

이때, 비교적 그럴 듯하게 차려입고 제법 재치 있게 생긴 이가 벌떡 일어서더니 이렇게 말했다.

"이렇게 시간만 보내는 건 아무래도 좋은 방법이 아닙니다."

그는 금은붙이에다 비단 같이 돈이 되는 물건을 몸에 지니고 그들을 둘러싼 군대의 두목을 은밀히 찾아갔다. 그리고 그에게 약간의 돈을 건네고 포위망을 뚫고 걸음을 빨리했다.

그는 뭘 하려고 했을까? 설마 다른 사람의 재물을 가지고 혼자 도망가려는 생각을 한 건 아니었을까? 물론 아니었다. 그는 건들건들 뒤도 돌아보지 않고 부근의 마을로 뛰다시피 걸음을 옮겼다. 그리고 자기가 가지고 간 금은보화를 그곳 백성들에게 내놓고 양식과 물로 바꾸어 가지고 돌아왔다. 그는 먼저 스승인 듯한 어른에게 밥을 차려 올린 뒤 다른 선비들에게도 배불리 먹게 만들었다.

그러고 나서 비교적 그럴 듯하게 차려입고 제법 재치 있게 생긴 이 양반은 겹겹이 둘러싸인 포위망을 뚫고 초나라로 달려가서 그들을 겹겹이 둘러싼 군대를 몰아내 달라며 소왕昭王에게 파병을 요청했다. 곤경에 빠졌던 이들 선비들은 이제 위기를 벗어나 그들이 가려던 초나라에 이르렀다.

이들 무리 속에 있었던 스승인 듯한 인물이 바로 공자였다. 그리고 곁에 있던 젊은이들은 공자를 모시고 열국을 주유하던 제자들이었다. 그리고 비교적 그럴 듯하게 차려입었으며 그래도 제법 똑똑하게 생긴 인물은 바로 공자의 마음에 꼭 들었던 제자 자공子貢이었다.

앞에서 공자는 중국 역사상 가장 이른 시기의 사립대학교 총장이라고 말한 바 있다. 그는 규모도 대단하게 3천 명이나 되는 학생을 불러 모았다. 사립대학은 국가의 재정 지원이 있을 리 없다. 그렇다면 공자는 학교 경영에 필요한 경비를 어디서 조달했을까? 또 공자는 수레를 이끌고 열국을 주유했는데, 여관에서 잠도 자고 밥도 먹어야 했을 것이다. 잠자고 밥 먹을 돈은 또 어디서 나왔을까?

알고 보면 공자의 교육 사업에 크게 협찬한 이는 바로 자공이었다. 자공은 공자의 수제자로서 크게 성공한 상인이었다. 사마천은 『사기』「화식열전」에서 이렇게 밝혔다.

"공자가 세상에 이름을 널리 알리게 된 것은 자공이 알게 모르게 도왔기 때문이다."[24]

따라서 공자가 당시 세상에 이름을 널리 드날릴 수 있었던 것은 바로 자공의 도움과 깊은 관계가 있었다.

이번에도 공자가 겹겹이 둘러싼 포위망을 뚫고 나올 수 있었던 것은 바로 자공이 힘쓴 덕택이었다. 만약 자공이 이리저리 뛰어다니며 양식과 물을 구해오지 않았거나 초나라로 달려가서 구원병을 요청하

---

24 使孔子名布揚于天下者, 子貢先後之也.

지 않았더라면, 공자가 당한 위기는 어떤 결말이었을지 참으로 알 수 없다.

자공이 포위망을 뚫은 이 이야기는 『사기』와 『공자가어孔子家語』 같은 책 속에 기록으로 남아 있다. 예컨대, 『공자가어』 「재액在厄」의 기록은 다음과 같다.

"공자께서 진과 채 땅에서 곤경에 빠졌다. 따르던 이들도 이레 동안 밥 한 끼 먹을 수 없었다. 자공은 값나가는 물건을 몸에 지니고 가만히 포위망을 뚫고 나가서 마을사람을 찾아 쌀로 바꾸니 모두 한 섬이 되었다."[25]

이런 자료에 따르면, 우후이吳慧 교수가 편집을 맡은 『중국 상업통사』에서 언급한 대로 공자도 제자들과 함께 장사를 했음이 분명하다. 열국을 주유하는 도중에 상품까지 곁들여 가지고 다니면서 상업활동을 했던 것이다. 필자는 이런 견해가 상당히 일리 있다고 믿는다. 이렇게 보면, 공자도 장사를 했던 사람이다. 그리고 이 일을 구체적으로 담당했던 인물은 십중팔구 자공이었다.

자공은 위衛나라 사람으로 이름은 단목사端木賜이며 자공은 그의 자이다.

자공은 공자보다 서른한 살 어리다. 『주례周禮』에서 남자는 '스무 살에 관례를 치르고 비로소 성인으로서의 예의를 배우기 시작한다.'라고 일렀다. 이런 견해에 따른다면, 자공이 공자를 따르며 공부를 시

---

25 厄于陳蔡, 從者七日不食, 子貢以所賣貨, 竊犯圍而出, 告糴于野人, 得米一石焉.

작한 시기는 스무 살 이후, 그러니까 공자의 나이 쉰 살이 넘었을 때였다.

자공은 공자의 문하로 들어가기 이전에 이미 크게 성공한 상인이었다. 사마천의 『사기』 「화식열전」을 보면 자공이 조曹나라와 노魯나라 등을 오가며 국제 무역이라는 큰 장사를 했음을 알 수 있다. 공자의 제자 3천 명 가운데 현자賢者만 해도 72명이나 되었는데, 자공이 첫손 꼽히는 대부호였다는 기록이 있다.

자공은 국제 무역을 통하여 대체 무엇을 사고팔았을까? 역사에는 이에 대한 명확한 기록이 없다. 그러나 몇 가지 흔적으로 미루어볼 때, 보석 장사를 했을 가능성이 높다.

『논어』 「자한子罕」에는 대화 한 도막이 기록되어 있다.

자공이 말했다.

"여기에 아름다운 옥이 하나 있는데, 이것을 상자 속에 넣어둘까요, 아니면 물건을 알아보는 장사꾼에게 팔아넘길까요?"

이 말에 공자께서는 이렇게 말씀하셨다.

"팔아야지! 암, 팔아야지! 나도 여기서 물건을 알아보는 이를 기다리고 있느니라."[26]

이런 대화를 나누게 된 배경에는 공자가 오랫동안 벼슬을 하지 않

---

26 子貢曰 : "有美玉于斯, 韞匵而藏諸? 求善賈而沽諸?" 子曰: "沽之哉! 沽之哉! 我待賈者也!"

자 마음을 졸이던 제자들 가운데 적지 않은 이들이 나서서 그에게 권했지만 듣지 않았다는 사정이 있다. 이때, 바로 자공이 앞으로 나서며 공자에게 권했던 것이다. 자공은 다른 이들과는 달리 아름다운 옥을 들고 나와 이야기를 풀어 나갔던 것이다.

자공은 스승께서 벼슬을 하지 않으려는 게 아니라 자기를 알아주는 주인을, 그것도 높은 값으로 사줄 주인을 기다리고 있음을 분명히 알고 있었다. '값이 오를 때를 기다려 판다.'는 뜻의 '대가이고待價而活'라는 성어는 바로 위의 한 도막 대화에서 탄생했다. 이 대화를 통해 우리는 공자가 장사에 대하여 상당히 전문적임을 알 수 있다.

어느 날, 자공이 공자에게 이렇게 물었다.

"군자가 옥玉을 귀히 여기고 민珉을 천하게 여기니, 이는 무슨 까닭입니까? 설마 옥은 적고 민은 많기 때문일까요?"[27]

『순자荀子』「법행法行」에 나오는 말이다. 민珉은 겉으로 보기에는 옥玉처럼 보이지만 옥이 아니다. 민과 옥은 겉으로 보기에는 다른 점이 없다. 그러나 옥과 민의 가격은 그 차이가 대단히 크다. 왜 그럴까? 자공은 물건이 귀하면 값이 비싼 것은 바로 수요와 공급에 따른 결과라고 보았다.

자공은 걸핏하면 보석 이야기를 꺼냈다. 이는 자공이 보석에 대하여 전문적인 바탕을 가지고 있었음을 설명한다. 그러기에 그가 했던 국제 무역은 보석 장사였을 가능성이 매우 높다.

---

27 君子所以貴玉而賤珉者, 何也? 爲夫玉之少, 而珉之多邪?

자공은 두뇌 회전이 빠르고 말솜씨가 대단했다. 뿐만 아니라 대단히 학구적이었다. 『논어』에는 공자와 제자 사이에 묻고 대답한 대화가 상당히 많다. 특히 그 가운데 공자와 자공이 나눈 대화가 가장 많다. 어떤 통계에 따르면, 『논어』에 자공의 이름이 모두 37번이나 나온다고 한다. 이는 여러 제자 가운데 으뜸을 차지하는 숫자이다.

자공은 말솜씨가 대단한데다 문제에 대한 가르침을 청하기를 즐겼기에 어떤 경우에는 공자마저 그의 물음에 말문이 막혀 머뭇거릴 때가 있었다. 『사기』「중니제자열전仲尼弟子列傳」에는 이런 구절이 있을 정도이다.

"자공은 말솜씨가 좋아서 공자도 걸핏하면 그의 말에 대하여 반박했다."

자공이 만약 오늘날의 웅변대회에 참가했다면 당연히 우승했을지도 모른다.

공자의 지도를 받으며 자공은 수없이 많은 삶의 이치를 깨달았다.

예컨대, 자공은 장사를 하여 돈을 벌기 이전에는 비교적 빈궁한 생활을 했던 것 같다. 그러나 장사를 하면서 그는 가난을 벗어나서 부자가 되었다. 자공은 가난뱅이와 부자라는 두 가지 인생 체험을 모두 겪었기에 가난할 때와 돈이 넉넉할 때에 어떤 생활 태도를 가져야 하는지 깊이 생각할 수 있었다. 그가 깊이 생각해 얻은 결론은 '가난할 때에도 열등감에 빠지지 않을 것이며 굽실거리며 다른 사람의 비위를 맞출 필요가 없고, 또 돈이 넉넉하다고 잘난 체 우쭐거리며 다른 사람을 능멸해서는 안 된다.'는 것이었다.

자공은 자신의 이런 생각에 대하여 대단히 만족했다. 만족했을 뿐만 아니라 자기 자신도 이렇게 행동했다. 어느 날, 그는 자기의 생각에 대하여 공자에게 가르침을 청했다.

"선생님, 가난해도 다른 사람에게 굽실거리지 않고, 돈이 있어도 다른 사람에게 교만하게 굴지 않는다면, 어떻습니까?"

그러자 공자는 이렇게 대답했다.

"괜찮구나! 하지만 가난해도 도를 좇아 즐기고 부유해도 예를 따라 좋아하는 것만은 못하느니라."

가난하지만 굽실거리지 않고 부유하지만 교만하지 않은 것은 당연히 훌륭한 일이다. 그러나 가난하지만 진리를 추구하기에 게으르지 않고, 돈이 많지만 자기의 도덕적 수준을 의식적으로 높이며 예의를 좇아 배우기를 좋아하는 것만 못하다는 말이다. 그러나 가난한 이들 가운데 적지 않은 이들이 먹고 살기에 궁하여 어쩔 수 없이 머리를 숙이고 허리를 굽히는 일이 얼마나 많은가? 훗날의 도연명陶淵明처럼 쌀 다섯 말 때문에 허리를 굽히지 않은 이도 없는 것은 아니지만 대부분의 사람들은 이렇게 하기가 어려운 게 사실이다. 관중의 '곳간이 가득하면 예절을 알고 의식이 족하면 영욕을 안다.'라는 말은 바로 가장 기본적인 도리를 이른다. 사람은 존엄을 유지하고 체통을 지키며 살려고 한다. 그러나 기본적인 경제 조건이 결핍되었을 경우에는 대부분 이 말은 무책임하고 과장되게 들린다.

부유하면서도 오만하지 않기란 더욱 쉽지 않다. 대부분의 사람들은 주머니가 두둑해지면 몸의 여러 부위에 변화가 발생한다. 어깨에 힘이 들어가고 배는 불뚝 튀어나오고 성깔은 퉁명스러워지고 눈은 높아진다. 돈 있는 사람이, 더구나 벼락부자가 겸손하게 처신하는 일은 얼마나 어려운가!

그러나 공자가 '가난하지만 굽실거리지 않으며 부유하지만 오만하지 않은 것'보다 '가난해도 도를 좇아 즐기고 부유해도 예를 따라 좋아하는 것'이 낫다고 말한 까닭은 전자가 강조하는 바는 사람의 외적 행동, 곧 다른 사람에 대한 태도이지만, 후자가 강조하는 바는 사람의 내적 수양이기 때문이다. 사람의 내적 수양은 끊임없는 노력으로 높여질 수 있는 것이다. 유가에서는 '자신을 수양해야만 남을 편안하게 할 수 있다.'라고 한다. 사람은 자신의 도덕적 수양의 제고에 따라 자연스럽게 사람과 사람 사이의 관계를 훌륭하게 이끌 수 있다는 말이다. '수신修身, 제가齊家, 치국治國, 평천하平天下'라고 했다. '수신'이 앞자리를 차지하고 있다. '수신'이 제 위치를 잡으면 다른 모든 것도 해결될 수 있다는 의미이다.

그러나 내적 수양의 기본이 결핍된 채 '가난하지만 굽실거리지 않으며 부유하지만 오만하지 않는다면' 이는 단지 거짓 꾸밈이요 허세일 뿐이다. 왜냐하면 그것은 속마음에서 우러나는 자발적인 행동이 아니기 때문에 오히려 상당히 큰 고통을 안겨줄 것이다. 심지어는 위선적일 수도 있다.

스승의 말을 들은 자공은 큰 깨달음이 밀려오는 듯 눈앞이 환해졌다. 내적 수양이 더욱 중요하고 더욱 근본적임을 깨달았을 뿐만 아니라 덕행을 위한 수양은 끝이 없다는 것을 알았다. 그리고 사람에게 수양이란 앞으로 끊임없이 추구해야 된다는 사실도 깨달았다. 그는 이렇게 말했다.

"선생님, 『시경』에서 말한 '여절여차如切如磋 여탁여마如琢如磨'란 바로 도덕적 수양은 정말로 끊임없이 성실하고 세밀하게 다듬어야 된다는 뜻이군요."

공자는 자공의 수준이 점점 향상되는 모습을 보자 정말로 기뻤기에 이렇게 치켜세웠다.

"자공아, 이제 너와 더불어 시경을 말할 수가 있겠구나! 지난 일을 알려주니 앞으로 올 일을 아는구나!"[28]

옳거니! 자공, 자네와 함께 이제 시경을 논할 수 있겠네. 한 가지를 알려주면 열 가지 이치를 알 수 있으니 말일세, 이런 뜻이겠다.

사실 크게 성공한 부자 자공은 일찍이 자신이 훌륭하다고 여기며 우쭐대고 뽐내었다. 더구나 처음에는 공자의 학문도 안중에 두지 않았을 뿐만 아니라 공자에게 배우는 일을 중시하지도 않았다. 그가 공자를 깊이 존경하고 사모하기까지는 하나의 과정을 직접 겪었다. 동한의 왕충王充은 『논형論衡』 「강서講瑞」에서 이렇게 말했다.

"자공은 공자를 모신 지 한 해가 되자 자신이 공자보다 낫다고 여겼다. 두 해가 지나자 공자와 같다고 생각했다. 세 해가 되자 자신은 공자에게 미칠 수 없다는 것을 알게 되었다."[29]

공자의 가르침을 받은 지 3년이 지나자 자공은 그제야 자신이 공자에 비하면 한참 멀었다는 것을 깨달았다. 공부하면 할수록 공자의 사상이 정말로 넓고 깊다는 사실을 깨달았던 것이다.

---

28 賜也, 始可與言詩已矣! 告諸往而知來者也! 『논어』 「학이學而」에 나오는 구절이다.

29 (子貢)事孔子一年, 自謂過孔子; 二年, 自謂與孔子同; 三年, 自知不及孔子.

그는 일찍이 다른 사람에게 이렇게 말한 바 있다.

"계단을 밟고 오르면 하늘에 오르지 못하는 것처럼 공자님께는 미칠 수가 없습니다."[30]

『논어』「자장子張」에 나오는 말이다. 공자의 수준은 이를 수 없으니, 이는 마치 하늘에 오를 수 있는 방법이 없다는 말이다.

자공의 변화가 반영하는 바는 바로 학문을 사랑하는 지식인으로서의 상인이 보인 진보이다.

자공은 공자의 도덕과 문장을 숭배하는 데 그치지 않고 공자에 대하여 자못 깊은 애정까지 가지고 있었다. 공자가 세상을 떠난 뒤, 제자들은 공자의 무덤 곁에서 예의에 따라 3년 동안 시묘를 했다. 3년이 지나자 제자들은 함께 모여 한바탕 크게 곡을 하고 서로 인사를 나눈 뒤 뿔뿔이 흩어졌다. 그러나 오직 자공만은 슬픈 마음이 끝이 없어 다른 동문들이 다 떠난 뒤에 다시 돌아와서 공자 무덤 곁에 자그마한 집 한 칸을 겯고 혼자 그곳에 머물며 3년을 다시 시묘했다. 그러니까 자공은 모두 6년 동안 스승의 무덤을 지킨 셈이다. 오늘에 이르러서도 산둥山東 취푸曲阜에 있는 공자의 무덤 곁에는 세 칸짜리 집이 있다. 그 바깥쪽에는 비가 하나 서 있는데, 이런 글이 적혀 있다.

"자공여묘처子貢廬墓處"

당시 자공이 시묘를 하며 머물던 자그마한 집은 벌써 사라지고 흔적조차 남지 않았다. 지금 있는 이 몇 칸짜리 집은 뒷날 사람들이 이

---

30 夫子之不可及也, 猶天之不可階而升也.

그림 10. 자공여묘처子貢廬墓處

자공子貢이 이렇게 외지고 황량한 무덤 곁에서 홀로 3년을 더 머무른 일은 스승에 대한 두터운 정과 깊은 존경심이 없었다면 상상하기 힘들다. 자공의 정신세계의 풍요로움은 그의 물질적인 부유함 못지않았으니 '부유하지만 예의 발랐던 인물'의 모범으로 전혀 손색이 없다. 필자가 직접 촬영했다.

그림 11. 자공수식해子貢手植楷

취푸曲阜의 공자 묘원 입구에는 온갖 풍파를 다 거치며 생명을 잃은 나무 한 그루가 있다. 그 곁에 세운 돌비석에는 '子貢手植楷'라는 글귀가 새겨져 있다. 전하는 말에 따르면, 자공이 스승의 거상居喪 중에 있을 때 해수楷樹 한 그루를 무덤 곁에 심었다고 한다. 그러나 안타깝게도 훗날 이 나무는 번개를 맞아 불에 타 오늘날 보는 것처럼 험상궂은 모습으로 남았다. 필자가 딸아이와 함께 공림孔林에 가서 직접 촬영했다.

일을 기념하기 위하여 다시 세운 것이다.

공자도 자공을 매우 좋아했다. 어느 날, 공자가 자공에게 이렇게 물었다.

"너와 안회 가운데 누가 더 나은가?"

안회顔回는 공자가 가장 좋아하는 제자였다. 그런데 자공에게 스스로 안회와 견주게 했다. 이는 공자도 어떤 면에서 두 제자를 서로 그 바탕을 견줄 만하다고 여겼기 때문이다. 그런데 자공은 오히려 겸손하게 대답했다.

"제가 어찌 안회와 견줄 수 있겠습니까? 안회는 하나를 들으면 열을 알지만 저는 하나를 들으면 둘을 알 뿐입니다."

이 이야기는 『사기』「중니제자열전」에 나온다.

공자 자신은 두 제자를 이렇게 비교했다.

"안회의 학문이나 도덕은 거의 나무랄 데가 없지만 줄곧 가난하게 살고 있다. 그러나 자공은 운명의 안배에 귀 기울지 않지만 장사를 하며 시세를 추측하는 데 자주 적중하고 있다."[31]

『논어』「선진先進」에 나오는 이야기이다. 안회는 기대대로 성취를 거두었지만 가난을 벗어나지 못했다. 자공은 천명에 복종하지 않았지만 장사로 큰돈을 벌어 부자가 되었다. 시장 형세를 언제나 정확하게 예측했던 것이다. 이 말 속에 은근히 드러나는 것은 안회가 겪는 가난에 대한 안타까움과 자공의 상업적 재능에 대한 높은 평가이다.

---

31 回也其庶乎, 屢空. 賜不受命而貨殖焉, 億則屢中.

2
유상儒商의 지혜

오늘날 우리는 일반적으로 지식이 있는 상인을 유상儒商이라고 부른다. 자공은 공자의 가르침을 직접 받은 상인이기에 마땅히 유사 이래 가장 완전한 유상이라고 할 것이다. 그렇다면 역사상 가장 진정한 유상이라 할 자공은 다른 상인과 무엇이 달랐을까?

유상 자공의 수준을 멋지게 보여주는 일화가 있다. 이 이야기 속에서 자공은 노나라의 이익을 보호하기 위하여 국제 관계의 입장에서 국제 무역상으로서의 탁월한 재능을 충분히 발휘했다. 그는 마케팅의 기교를 통쾌하기 그지없을 정도로 발휘하여 여러 나라 사이의 전쟁을 잇달아 선동함으로써 춘추시대 후기의 국제 정치 구조를 바꾸었다.

전후사정은 이러하다.

제나라에는 전상田常이라는 대부가 권력을 움켜쥐고 있었다. 그는 벌써 몇 차례나 제나라 임금에게 봉지를 늘려 달라고 요구했지만 만족할 만한 결과를 얻지 못했다. 그러자 그는 제나라에서 반란을 일으키려고 음모를 꾸몄다. 그러나 그는 국가 대신들인 고씨高氏, 국씨國氏, 포씨鮑氏, 그리고 안씨晏氏 등의 반대에 부딪칠까 두려워 제나라의 군대를 소집하여 비교적 약한 노나라를 공격하려고 했다. 이것은 대외 전쟁에서 승리를 거머쥐며 자신의 지위를 높임으로써 반란을 성공적으로 이끌려는 기도였다.

공자는 노나라 사람이다. 그러기에 공자는 이 소식을 듣자 매우 애를 태우며 여러 제자들을 부른 뒤 이렇게 일렀다.

"노나라는 내 조국일세. 조국이 이렇게 위기를 맞고 있는데, 너희들 가운데 누가 용감하게 나설 텐가?"

자로子路가 나섰다.

"제가 가겠습니다!"

공자는 고개를 저었다. 이어서 자장子張, 자석子石 등이 나서겠다고 자원했지만 공자는 역시 승낙하지 않았다. 이때, 자공이 앞으로 나섰다. 공자는 그를 한번 쳐다보더니 고개를 끄덕이며 말했다.

"그래, 자네가 간다니 됐네."

이리하여 자공은 위급한 상황에 처한 스승의 명령을 받고 노나라를 구하는 중대한 임무를 짊어졌다. 그렇다면 자공은 어떻게 일을 처리했을까?

자공은 아예 노나라에 머무르지 않았다. 그는 먼저 제나라로 달려갔다. 그리고 전상을 만나 이렇게 말했다.

"어른께서 노나라를 칠 작정이라는 소식을 들었습니다. 하지만 그건 엄청나게 잘못된 생각입니다!"

전상이 급히 물었다.

"그건 또 무슨 까닭이오?"

자공은 이렇게 대답했다.

"노나라는 참으로 다루기 힘들 것입니다. 노나라 수도의 성벽은 나지막한데다 약하고 해자垓字는 또 좁은데다 얕습니다. 게다가 노나라 임금은 미련한데다 어질지도 않습니다. 더구나 노나라 대신들은 거짓스럽고 무능합니다. 또한 백성들은 전쟁을 두려워합니다. 이런 나라는 싸워서 누르기가 불가능합니다. 어른께서는 차라리 남쪽의 오吳 나라를 쳐야 할 것입니다. 오나라는 성벽이 높은데다 두텁고 해자도 넓은데다 깊기까지 합니다. 또 병사 숫자도 굉장히 많은데다 장비도 우수합니다. 게다가 대신들은 현명하고 재능도 뛰어납니다. 이런 나라가 쳐서 누르기에 가장 쉽습니다!"

이 말을 듣자 전상은 화를 발끈 내며 이렇게 꾸짖었다.

"그대는 허파에 바람이 들었소? 쉬운 것을 어렵다고 말하고 어려운 것을 쉽다고 말하니, 내가 그렇게 어리석단 말이오? 그대는 대체 무슨 꿍꿍이요?"

자공은 당황하거나 서두르지 않고 침착하게 말했다.

"너무 조급할 것 없습니다. '안에 걱정이 있는 자는 강한 자를 공격하고, 밖에 걱정이 있는 자는 약한 자를 공격한다.'는 말이 있습니다. 지금 어른의 걱정은 안에 있는 줄로 알고 있습니다. 어른께서 몇 차례나 봉지를 늘려 달라고 요구했지만 뜻을 이루지 못한 것은 바로 몇몇 대신들이 인정하지 않았기 때문이 아닙니까? 어른께서 노나라를 친다면 노나라를 무릎 꿇리기란 참 쉬울 것입니다. 그러나 노나라를 쳐서 이긴 뒤에는 어떤 뒤탈이 따를까요? 이 점을 어른께서는 생각해 보신 적이 있는지요?"

전상이 물었다.

"무슨 뒤탈이 있단 말이오?"

자공은 이렇게 대답했다.

"노나라를 무릎 꿇리면 제나라에게는 비록 도움이 될는지 모르지만 어른께는 오히려 대단히 불리할 것입니다. 노나라를 누르고 나면 제나라의 땅덩어리가 불어나서 임금께서는 더욱 우쭐거릴 테고 대신들은 승리가 이렇게 쉽다는 걸 알고 이권 다툼에 힘을 쏟을 것입니다. 사람들은 임금이 교만하면 방자하여 못할 일이 없고, 신하가 교만하면 권력을 두고 다툰다고 했습니다. 이렇게 본다면, 지금 어른께서는 위로는 자신의 처지도 모르고 우쭐대는 임금이 계시고, 아래로는 승냥이처럼 잔인한 대신들이 있으니, 큰일을 할 생각은 말아야 될 것이며 그저 발을 붙이기도 어렵다는 걱정만 해야 될 것이외다."

전상은 가만 생각해 보니 자공의 말이 일리가 있는지라 이렇게 물었다.

"그렇다면 오나라를 치면 무슨 이익을 얻을 수 있겠소?"

자공이 입을 열었다.

"오나라를 치면 분명 실패할 것입니다. 그러나 나라는 실패했지만 어른께는 외려 가장 멋진 이익이 돌아옵니다. 일단 실패하면 제나라 대신들의 힘이 줄어들 터이고 임금은 고립될 게 분명하기 때문입니다. 바로 그때, 제나라가 믿을 데라곤 바로 어른뿐이겠지요!

이 말을 듣자 전상은 기분이 정말 좋았다. 그러나 염려되는 점도 없지 않았다.

"제나라 군대는 벌써 노나라를 향해 출발했는데, 지금 방향을 바꾸어 오나라를 치게 한다면 마땅한 명분이 없지 않소? 또 내가 아무런 까닭도 없이 오나라를 쳤다가 패배의 책임도 온전히 나 혼자 져야 하는 게 아니오?"

자공이 받았다.

"걱정하지 마시기 바랍니다. 제게 방법이 있습니다. 어른께서는 군대를 잠시 멈추어 기다리며 노나라를 치지 않도록 조처하시기 바랍니다. 그러면 제가 오나라로 가서 노나라를 지키고 제나라를 치라고 권하겠습니다. 그러면 어른께서는 어쩔 수 없이 방어에 전념할 수밖에 없으니 설령 패하더라도 어떤 책임도 질 필요가 없을 것입니다."

듣고 보니 맞는 말인지라 전상은 자공의 의견을 받아들였다. 맙소사, 사리사욕에 눈이 어두우면 이성을 잃을 때도 있다더니, 자공의 이런 생각은 오늘날 봐도 어색하기 짝이 없다. 그러나 전상은 이 말을 듣고 이치에 딱 들어맞는다고 생각했다. 그 까닭은 머릿속에 온통 개인적인 이익으로만 가득했기에 나라에 끼칠 뒤탈을 조금도 생각하지 않았다는 데 있다. 그러기에 극단적으로 자기 이익만 챙기는 자는 분명히 저능아이다. 그의 지위가 아무리 높고 그의 권력이 아무리 막강해도 바보 멍청이와 다를 바가 없다. 이런 자는 걸핏하면 남에게 흔들리게 마련이다.

자공은 이제 제나라를 떠나 남쪽 오나라로 갔다. 이때, 오나라의 임금은 그 이름도 유명한 부차夫差였다.

자공은 오나라의 서울 소주蘇州에 와서 오나라 임금 부차를 만나서 이렇게 입을 열었다.

"왕도王道를 행하는 이는 다른 나라를 없애지 않고, 패도覇道를 행하는 이는 강대한 적수를 두지 않는다고 합니다. 지금 제나라는 노나라를 멸망시키고 곧 이어 오나라와 패권을 놓고 어깨를 겨루려고 합니다. 저는 대왕을 생각하니 참으로 큰 걱정이옵니다!"

이 말에 부차는 급히 물었다.

"어쩌면 되겠소?"

자공은 이렇게 대답했다.

"방법이 있긴 합니다. 바로 대왕께서 병사를 이끌고 나가서 노나라를 구하시고 제나라를 치는 것입니다. 노나라를 구하시면 대왕께서 명성을 드날리게 되시고 제나라를 무릎 꿇리면 대왕께 큰 이로움이 있습니다. 그 이유는 약하고 힘이 없는 노나라는 지금 멸망당할 위기에 직면했기 때문입니다. 대왕께서 출병하시어 노나라를 구하신다면 위험에 처한 이를 도와주고 곤경에 빠진 이를 구제하는 의로운 일이 아니겠습니까! 이 세상 어느 누가 대왕의 의로움을 공경하며 높이지 않겠습니까? 이제 대왕께서는 그 훌륭한 명성을 천하에 드날릴 수 있을 것입니다. 제나라는 비록 강하고 크지만 까닭 없이 약하고 힘없는 나라를 업신여기기에 사람의 마음을 얻지 못했습니다. 도리에 어긋나는 일을 했기에 도움을 구할 수도 없을 것입니다. 그러니 바로 지금이야말로 제나라를 무릎 꿇릴 수 있는 좋은 기회입니다. 그래서 노나라를 구하시고 제나라를 치시라는 것입니다. 이것이 바로 명분은 망해가는 노나라를 살리는 데 있고 실상은 강대한 제나라를 약화시키는 데 있으니 지혜로운 이라면 의심할 리 없습니다. 쓰러져가는 노나라를 구하니 훌륭한 이름을 얻을 수 있고, 강대한 제나라를 약화시키니 실제적인 이로움을 얻을 수 있다는 말입니다. 이는 지혜로운 이라면 의심할 필요 없는 멋진 방법입니다!"

이어서 자공은 이렇게 분석했다.

"북방의 강국은 제나라와 진晉나라입니다. 만약 오나라가 제나라를 무릎 꿇리면 반드시 그 승세를 몰아 진나라를 향해 맞서며 싸움을 걸어야 할 것입니다. 그러면 진나라는 진심으로 승복할 터이고 대왕께서는 바로 천하를 제패하게 됩니다!"

부차는 진즉부터 천하를 제패할 야심을 품고 있었기에 자공의 그 럴 듯한 말에 대단히 기뻤다. 그는 이제 손뼉까지 치며 소리 높였다.

"맞는 말이오! 내 벌써부터 제나라가 거만하고 횡포하게 굴며 다 른 이를 업신여기는 모습에 눈꼴이 시렸던 차외다! 그러나 지난 날 나 에게 무릎을 꿇었던 월왕越王 구천勾踐이 원수를 갚겠다며 와신상담하 고 있으니, 그놈이 복수할까 걱정이외다. 내 먼저 월나라를 쳐서 뒤탈 을 없애고 나서 제나라를 꾸짖을 작정이오. 그대는 어떻게 생각하오?"

이에 자공은 이렇게 대답했다.

"월나라의 힘은 노나라와 별반 차이가 없습니다. 하지만 제나라는 오나라보다 강대합니다. 만약 대왕께서 재빨리 손을 보지 않으신다면 제나라는 노나라를 멸할 터이고, 그러면 그 힘이 더욱 커질 것입니다. 동시에 대왕께서는 위급하고 어려운 상황에 처한 이를 돕는다는 깃발 을 들고 감히 제나라와 겨루지 못하고 오히려 약하고 작은 월나라를 치게 되니, 이는 약자를 괴롭히고 강자를 두려워하는 일이 아니겠습니 까? 멋진 기회를 놓치는 데 그치지 않고 명성마저 못쓰게 만드는 일이 아닐 수 없습니다. 만약 대왕께서 뒤탈이 염려되신다면 제가 월나라로 가서 그들에게 대왕의 출정에 따를 군사를 보내달라고 권하겠습니다. 그래도 대왕께서는 걱정이 되십니까?"

부차는 크게 기뻐하며 자공을 월나라로 보냈다.

월왕 구천은 자공이 온다는 소식을 듣고 도로를 깨끗하게 청소하 고 친히 성 밖까지 그를 맞으러 나아갔다. 그리고 손수 수레를 몰아 자공을 영빈관으로 모셨다.

"제가 있는 이곳은 개명되지 못한 외진 곳인데 선생께서 어인 일로 몸소 오셨습니까?"

월왕 구천의 말에 자공은 이렇게 입을 열었다.

"저는 방금 오나라 임금께 노나라를 지원하며 제나라를 토벌하시라고 권했습니다. 그러나 그분께서는 그렇게 하고 싶지만 뒤탈을 염려하고 있습니다. 바로 월나라가 뒤에서 당신을 보복할까 걱정이었습니다. 그분께서는 먼저 월나라를 철저하게 손본 뒤 다시 북쪽으로 군사를 돌릴 작정이라고 말씀하셨습니다. 보아하니, 이제 월나라는 치명적인 재난을 맞이할 수밖에 없습니다!"

구천이 말했다.

"제가 감히 어떻게 복수할 마음을 먹겠습니까?"

자공은 찬웃음을 보내며 말했다.

"만약 복수할 마음이 없는데도 다른 사람에게 의심을 받는다면, 이야말로 참으로 어리석은 일입니다. 만약 복수할 마음이 있는데 다른 사람에게 발각되었다면 이는 분명 실패할 것입니다. 일을 실행하지도 않았는데 정보가 샜다면, 이야말로 위험한 일입니다. 이야말로 큰일을 하는 데 크게 피해야 할 일이 아니겠습니까!"

이 말을 듣자 구천은 두려움으로 온몸에 식은땀이 흘렀다. 그는 얼른 일어나더니 자공에게 머리를 조아리며 큰절을 올렸다.

"어쩌면 좋을지 선생께서 말씀해 주시기 바랍니다."

자공은 이렇게 일렀다.

"오나라 임금은 사람됨이 흉포하여 신하와 백성들이 모두 참을 수 없는 지경에 이르렀습니다. 잇단 전쟁으로 병사와 백성들의 원성이 도처에 자자합니다. 오자서伍子胥는 훌륭한 신하였지만 바른 소리로 진언을 하다가 목숨을 잃었습니다. 백비伯嚭는 자기 이익만 챙기는 소인배이지만 오히려 중용되고 있으니, 이는 바로 나라가 망할 징조입니다. 만약 대왕께서 오나라 임금의 제나라 정벌을 지지하신다면, 오왕은 대왕 걱정을 하지 않을 것입니다. 오왕이 출병하여 북으로 올라가기만 하면, 이기든 지든 오나라의 세력은 약해질 수밖에 없습니다. 바로 대왕께 기회가 오는 것입니다!"

그런 뒤 자공은 이제 진나라로 갔다. 그리고 오나라와 제나라가 이제 곧 전쟁을 벌일 것이니 오나라가 일단 전쟁에서 승리하면 분명 진나라를 칠 것이다. 진나라는 중원의 패자이기 때문에 부차는 자신이 패자가 되기 위하여 반드시 진나라를 치게 되어 있다고 말했다. 이어서 준비를 단단히 해야 한다고 힘주어 권했다. 이렇게 한 바탕 유세를 펼친 뒤에 자공은 노나라로 돌아와서 공자에게 보고를 올렸다. 그런 뒤 시국의 변화를 앉아서 기다렸다.

구천은 과연 자공이 올린 계책대로 행동했다. 그는 문종文種을 시켜 부차에게 보물을 한 보따리 올렸다.

"대왕께서 이제 곧 천하의 패자가 될 것인즉, 우리 월나라는 앞당겨 대왕의 성공을 축하합니다."

게다가 군사 몇 천 명을 보내 부차를 따라 출정시켰다.

부차는 뒷걱정이 사라지자 과연 기세도 드높게 제나라 토벌에 나섰다. 그리고 노나라 정벌에 나섰던 제나라 군대를 크게 무찔렀다. 부차는 이제 크게 우쭐거리며 승리의 기세를 몰아 진나라로 진군했다. 진나라는 자공의 말을 듣고 벌써 대비했던지라 황지黃池에서 부차에게 큰 패배를 안겼다.

월왕 구천은 이 소식을 듣자 기회를 놓치지 않고 배후에서 오나라를 기습했다. 부차는 이 보고를 접하고 허둥지둥 되돌아와서 구천과 교전을 벌였다. 그러나 세 차례의 접전에서 모두 패하며 오왕은 구천에게 살해되었다. 이로부터 구천은 동남 지역의 패자가 되었다.

자공의 이 유세는 중국의 외교사에서 크게 성공한 사례로 평가받는다. 『사기』「중니제자열전」은 이렇게 기록했다.

"자공의 이번 외교 행위는 노나라를 온전하게 보호했으며, 제나라를 큰 재앙에 빠뜨렸다. 또 오나라를 멸망케 했으며, 진나라를 강대국으로 만들었고, 월나라가 패권을 차지하도록 했다. 자공의 이 외교 행위로 십 년 안에 여러 나라의 형세와 배치를 완전히 타파했으니, 다섯 나라에 모두 커다란 변화를 일으켰다."[32]

오늘날 우리의 눈으로 보아도, 자공은 노나라를 온전히 보호하며 지키기 위하여 이렇게 많은 나라끼리 잇달아 전쟁을 일으키도록 하였으니, 이것이 그렇게 아량이 있는 일이었을까? 사실 맹자孟子는 일찍이 『맹자孟子』「진심하盡心下」에서 '춘추시대에는 의로운 전쟁이라고는 없었다.'[33]고 일렀다. 그러기에 아량이 있고 없는가의 문제는 존재하지 않았던 것이다. 당시 형세를 볼 때, 이런 전쟁의 발발은 단지 시기의 문제일 뿐이었다. 자공의 유세는 전쟁을 앞당겼을 따름이다.

---

32 子貢一出, 存魯, 亂齊, 破吳, 强晋, 而覇越. 子貢一使, 十年之中. 使勢相破, 五國各有變.

33 春秋無義戰.

자공은 여러 나라가 잇달아 전쟁을 일으키게 만듦으로써 노나라를 위기에서 구해냈다. 표면상으로 보면, 자공이 의지한 것은 세 치 혀의 놀라운 말재주이지만, 실제로 보이지 않게 작용한 것은 누가 뭐래도 자공의 능숙한 국제 무역 기교였으며, 여기에 더하여 공자가 길러낸 유상의 높은 소질이요 수준이었다.

　　그렇다면 자공의 국제 무역 기교와 유상의 높은 수준은 어떤 방면에서 드러났는가?

　　먼저, 국제적인 시야이다. 자공은 노나라 문제를 노나라 문제만으로 논하지 않았다. 그는 노나라 문제를 국제적인 큰 배경에서 보았다. 그런 뒤, 그는 상업 경쟁 중에 항상 사용하는 '차도살인借刀殺人'의 책략을 응용하여 외부의 힘을 빌려 쓰며 교묘하게 재앙의 근원을 다른 데로 이끎으로써 목적을 달성했다.

　　또 하나는 당대에 일어나고 있는 여러 사태에 대한 통찰이다. 자공은 공자를 모시고 열국을 주유하기 십여 년, 그는 이르는 곳마다　만났던 각국의 왕공 귀족들과 하나같이 교분을 텄다. 게다가 자공은 보석 장사를 했다. 그의 고객은 분명 거의가 돈도 있고 권세도 누렸던 왕공과 귀족이었을 것이다. 이는 자공이 각국의 정치 상황에 대하여 분명한 이해를 하는 데 바탕이 되었다. 실제로 어떤 장사를 하든지 먼저 알아야 할 것은 고객의 요구이며 그 요구에 맞추는 것이다. 또한 정치 상황에 대한 깊은 이해이다. 정치와 경제는 떼려야 뗄 수 없는 관계를 가졌기 때문이다. 역사상 성공한 기업가는 거의 모두 정치에 대하여 고도의 감각을 가지고 있었으며 아울러 상당히 예리한 정치적 두뇌도 함께 가지고 있었다. 이런 점에서 자공이야말로 대표적인 성공한 상인이다.

세 번째는 이익으로 상대방을 유인했다는 점이다. 무슨 까닭으로 그렇게 많은 왕들이 하나같이 모두 자공이 내놓은 의견을 믿으려고 했을까? 그것은 자공이 인간의 본성에 대하여 대단히 깊은 인식을 가졌기 때문이다. 인간은 본래 자기 이익을 도모한다. 자기 이익을 도모하는 일은 태어날 때부터 가진 본능이다. 물론 적지 않은 이들이 자기 이익보다는 남의 이익을 앞에 두고, 자기 이익은 돌보지 않은 채 특별히 남의 이익을 돌보는 품성을 갖고 있기도 하다. 이런 인물은 참으로 존경할 만하다. 그러나 대부분의 사람들은 자기의 이익을 앞세우기에 자기에게 유리하지 않으면 몸을 사리며 이익이 없는 곳에는 아예 간여하지도 않으려고 한다. 사마천은 「화식열전」에서 이런 명언을 남겼다.

"온 세상 사람들이 모두 이익을 향해 왁자지껄 달려오고, 또 이익을 향해 우르르 달려간다."[34]

천하의 모든 이들이 자기의 이익을 최대한 늘리기 위해 바삐 뛰어다닌다는 말이다. 자공은 성공한 상인으로서 훨씬 더 인간의 이런 본성을 깊이 인식할 수 있어야 했다. 그러기에 그는 각 나라의 군주를 찾아 유세할 적에 먼저 그들의 입장에서 그들 자신의 이익에서 출발했으며 그들의 이기심을 끓어오르게 만들었다. 게다가 그들의 이기심을 교묘하게 이용했다. 또한 그들이 자기 의견을 따르면 최대한의 이익을 얻을 수 있다는 믿음을 가지게 만들었다.

---

34 天下熙熙, 皆爲利來; 天下攘攘, 皆爲利往.

마지막으로 이름난 인물의 제자였다는 점이다. 같은 말이라도 어떤 사람의 입에서 나온 말이냐에 따라 그 영향력은 다르다. 자공은 공자의 수제자였다. 이런 신분이라면 그 자체가 바로 대단한 호소력을 가진다. 수많은 제후국의 군주들이 공자의 주장을 받아들이지 않고 그를 중용하기를 원하지 않았지만 공자의 도덕이나 문장은 대단히 존중했다. 게다가 자공은 공자를 따르며 공부하기 여러 해, 계통에 따라 규범에 맞는 교육을 받았기에 매우 높은 자질과 수양을 갖추었음은 물론 행동거지가 우아했으며 점잖고 예의 발랐다. 그리고 능숙하여 막힘이 없는 말솜씨에 말투도 결코 평범하지 않았다. 그의 의견이 가진 설득력과 신뢰도는 아무래도 보통 상인과는 비교가 되지 않았다.

공자의 문하에서 학업을 마친 뒤, 자공은 먼저 위衛나라로 가서 몇 년 동안 벼슬살이를 했다. 얼마 뒤, 벼슬살이를 그만두고 예전에 했던 일을 다시 시작하면서 영향력이 대단한 국제 무역 상인이 되었다. 『사기』「화식열전」에는 이런 말이 있다.

"자공은 네 마리 말이 이끄는 수레에 비단이랑 상품을 가지고 가서 제후들과 교분을 맺었다. 이른 곳마다 대등한 예로써 그를 맞지 않는 군주가 없었다."[35]

'상호간에 대등한 지위나 예의로써 대하다.'라는 뜻을 지닌 '분정항례分庭抗禮'라는 고사성어는 바로 여기에서 나왔다. 이 말은 본래 주인과 손님이 만날 때, 뜰의 양쪽에 따로 서서 마주하며 서로 예의를 행

---

35 子貢結駟連騎, 束帛之幣以聘享諸侯, 所至, 國君無不分庭與之抗禮.

한다는 뜻이다. 그러니까 양쪽이 동등한 자격으로 대한다는 말이다. 자공은 호화롭기 짝이 없는 수레를 무리로 이끌고 제후국 사이를 빈번하게 드나들며 그곳의 명성과 권세가 대단한 관리들과 서로 오가며 교분을 맺었다. 그가 이르는 곳에서는 나라님도 그와 대등한 입장에서 예를 갖추었으니, 이로써 한낱 유상인 자공의 명성과 위세가 얼마나 대단했는지 알 수 있다.

자공은 가는 곳마다 장사를 하는 외에도 한 가지 중요한 일을 했으니, 이는 바로 있는 힘을 다하여 자기의 은사를 널리 알렸다는 것이다. 그는 공자의 도덕적인 품격이 얼마나 고상한지, 그리고 공자의 사상과 학식이 얼마나 넓고 심오한지 등을 알리는 데 온 힘을 기울였다. 사마천은 '공자의 명성을 온 세상에 널리 알리는 데 자공의 홍보가 큰 역할을 했다.'고 말했다. 자공은 공자가 살아 있을 때에는 경제적인 도움을 제공했으며, 공자가 세상을 떠난 뒤에는 여전히 최선을 다해 그의 언행과 행적을 널리 알렸다.

『사기』「중니제자열전」에 따르면, 훗날 자공은 '집안에 천금을 쌓아 두었으며, 제나라에서 세상을 마쳤다.'[36]고 한다.

예로부터 훌륭한 스승에게서 뛰어난 제자가 나오고, 뛰어난 제자는 또 훌륭한 스승을 만들어 냈다. 공자와 자공의 경우도 이와 다르지 않았다. 이 과정에서 공자는 스승이 되었을 뿐만 아니라 자공의 덕을 보았지만 자공도 큰 덕을 입은 인물이다. 여러 해에 걸친 공부로 자

---

36 家累千金, 卒終于齊.

공은 도덕이나 학식, 능력에서 전혀 딴 사람이 되었다고 할 만큼 큰 발전을 이루었다. 그는 부유했지만 오만하지 않았으며 가진 것이 그렇게 많아도 예에 어긋나는 행동을 하지 않을 정도가 되었던 것이다. 게다가 공자의 제자 가운데 간판이 될 만한 수제자로서 상업 경쟁 중에 보인 국제적인 영향력과 호소력, 그리고 무형의 자산도 돈만 아는 보통의 상인과는 견줄 수가 없다.

무슨 까닭으로 그 많은 군주들이 자공과 대등한 입장에서 예를 갖추어 대했으며 그를 상객으로 모셨을까? 그 주된 원인은 마땅히 자공의 종합적인 면모에서 나왔다고 보아야 할 것이다. 그가 가진 돈이나 예사롭지 않은 당당함 때문은 결코 아니었다. 단순히 돈만 있고 고상한 도덕이나 훌륭한 교양도 없고 인격도 온전하지 않다면 진정으로 다른 사람의 존경을 받을 수 없는 법이다. 왜냐하면 이 세상에서 돈은 매우 중요하지만 결코 만능이 아닐 뿐만 아니라 모든 것을 공정하게 처리할 수 있는 것도 아니기 때문이다.

역사상 정말로 진정한 유상이었던 자공은 그의 훌륭한 인격이 있었기에 그가 살았던 시대에도 모든 사람에게 두루두루 존경을 받았을 뿐만 아니라 훗날의 역대 왕조를 거치며 상인들의 모범으로서 우러름을 받았다.

지난 날, 적지 않은 상점 안에는 이런 대련이 걸려 있었다.

陶朱事業, 端木生涯(도주사업, 단목생애)

經商不讓陶朱富, 貨殖當屬子貢賢(경상불양도주부, 화식당속자공현)

이 대련에서 '단목端木'은 바로 자공이다. 자공의 이름이 단목사端木賜이기 때문이다. 그렇다면 '도주陶朱'는 누구일까? 그리고 '도주'에게는 상업에 관한 어떤 이야기가 있을까?

商賈智慧

1
계연지책計然之策

　무협소설을 좋아하는 사람이라면 적지 않은 무협소설의 줄거리나 복잡하게 얽힌 원한과 연적 등이 모두 무림의 비적秘籍 한 권을 둘러싸고 전개된다는 것을 알고 있다. 『구음진경九陰眞經』이니 『규화보전葵花寶典』이니 『무목유서武穆遺書』같은 무림의 비적을 손에 넣기만 하면 어떤 사람이든 하나같이 당대에 첫손 꼽히는 무공을 이루며 무림에서 독보적인 존재로서 온 세상을 휩쓸 수 있다는 것이다.

　역사상 이렇게 기이한 책이 있었다. 비록 사람들에게 손꼽히는 무공을 세우도록 가르칠 수는 없었지만 큰돈을 벌어 부자가 되는 길로 이끌 수 있었다. 어떤 나라가 이 책을 손에 넣으면 부강하고 강성해질 수 있었으며, 개인이 이 책을 손에 넣으면 천하제일의 부자가 될 수 있었다.

이 기이한 책의 이름은 무엇일까? 바로 『계연지책計然之策』이다. 『계연지책』에 의하여 부강하게 된 나라는 춘추시대 월越나라였다. 그렇다면 『계연지책』에 의하여 천하에 제일가는 부자가 된 이는 누구일까? 일찍이 월왕 구천을 도와 오나라의 부차를 멸망시키도록 만든 큰 정치가 범려范蠡이다.

그날, 월왕 구천은 오왕 부차에게 참패를 당하고 회계산에서 겹겹이 포위되어 나라가 망할 지경이었다. 부차에게 무릎을 꿇고 투항하라는 압박을 견디지 못한 구천은 처자를 데리고 오나라로 가서 오왕 부차를 위해 말을 기르고 끌며 3년이나 종살이를 했다. 오왕 부차의 비위를 맞추기 위하여 구천은 부차의 똥까지 맛보아야 했다. 그야말로 이보다 더 큰 치욕이 없을 정도였다. 월왕 구천은 풀려난 뒤 말 그대로 와신상담하며 나라를 강하게 만들기 위하여 마음을 가다듬고 기운을 냈다. 십 년이나 온 국민과 함께 나라를 강하게 만들기 위하여 애쓴 결과 마침내 실패를 승리로 전환시키며 자기보다 몇 배나 강한 오나라를 철저하게 눌렀다. 결국 오왕 부차는 제 목숨을 스스로 끊을 수밖에 없었다. 그 뒤, 구천은 군사를 지휘하며 북쪽으로 올라가서 춘추시대 마지막 패자가 되었다. 소금에 절인 물고기가 되살아난 듯 지난날의 패배를 딛고 승리로 이끌도록 가르친 것이 바로 『계연지책』이다.

사마천은 『사기』 「화식열전」에 이 이야기를 기록했다.

"예전에 월왕 구천이 회계산에서 겹겹이 둘러싸여 곤경에 빠지자 범려와 계연計然을 임용했다."[37]

그리고 『계연지책』에 따라 "십 년 동안 나라를 다스리자 나라는 부강해졌다. 마침내 강력한 오나라를 무너뜨리고 중원에서 무력의 위

중국 옛 상인의 지혜

세를 드날리며 이른바 '오패五覇' 가운데 하나가 되었다."[38]고 덧붙여 기록하고 있다.

범려는 초楚나라 사람으로 고향은 완宛이라는 지방이다. 범려는 젊은 시절 도가 사상의 영향을 깊이 받았기에 대단히 자유분방했으며 거리낌이 없었다. 당시 초나라에는 문종文種이라는 벼슬아치가 있었다. 문종은 완이라는 지방에서 벼슬살이를 할 때 범려를 알게 되었다. 문종도 정치적인 재능이 대단한 인물이었다. 그는 범려가 비록 겉으로는 자유분방하고 거리낌이 없었지만 사실상 당대에는 견줄 만한 이가 없을 만큼 대단한 인재로서 온갖 지혜가 넘치는 인물이라는 것을 알았다. 범려와 문종, 이 두 총명한 인물은 서로 아끼며 마침내 서로 거스를 수 없이 가까운 친구가 되었다. 훗날, 문종은 범려와 함께 월나라의 초청을 받아 함께 벼슬살이를 하게 되었다. 월왕 구천이 어려움에 빠졌을 때, 범려와 문종은 처음부터 끝까지 충성을 다하여 그의 곁을 따르며 한마음으로 힘을 합치고 계략을 짜내어 마침내 월왕 구천이 패배를 벗어나 승리를 움켜쥐며 패자가 되도록 도왔다. 뒤이어 월왕 구천은 범려를 상장군으로 임명했다.

범려는 이렇게 큰 공을 세우고 이름을 떨치며 이 시대 신하로서 최고의 자리에 올랐지만 많은 이들이 상상도 할 수 없는 행동을 보였다. 그는 높은 벼슬자리와 두터운 봉록을 그대로 버리고 용감하게 물러나서 완전히 새로운 인생의 길을 찾아 나섰다.

---

37 昔者, 越王勾踐困于會稽之上, 乃用范蠡, 計然.
38 修之十年, 國富. 遂報强吳, 觀兵中國, 稱號五覇.

『사기』「화식열전」은 이렇게 기록하고 있다.

"범려는 월왕이 회계산에서 당했던 치욕을 설욕하도록 도운 뒤, 장탄식을 하며 이렇게 말했다.

'계연의 책략은 일곱 가지가 있는데 월나라에서는 그 가운데 겨우 다섯 가지만 쓰고도 뜻을 이루었다. 나라 다스리는 데 효과를 보았으니 나는 이것을 집안 다스리는 데 쓰리라.'"[39]

범려는 월왕 구천이 승리하며 치욕을 씻는 데 도움을 준 뒤 길게 탄식하며, '아! 계연의 책략은 모두 일곱 가지, 월나라는 그 가운데 다섯 가지밖에 쓰지 않고도 오나라를 멸하며 기를 폈지. 이렇게 계연의 책략이 한 국가를 크게 성공할 수 있도록 만들었는데, 내 어찌 이것으로 우리 집의 가업을 일으키지 않으랴!'라고 말했다.

범려가 떠나려고 하자 월왕 구천은 아무래도 이해할 수 없었다. 그리하여 그는 범려에게 이렇게 말했다.

"우리 월나라 모든 대부들이 가장 존경하는 이가 바로 그대, 그리고 우리 월나라 백성들이 가장 고마워하는 이도 바로 그대요. 짐도 그대를 더욱 중용하려고 마음먹고 있는데, 그대는 짐을 떠나 멀리 가려 하오? 설마 하늘이 우리 월나라를 버리는 건 아닌가? 이제 짐은 그대에게 이렇게 말하고 싶소.

그대가 짐을 떠나지 않고 이곳에 남는다면 이 나라를 분할하여 그대와 함께 천하를 누릴 것이며, 그대가 기어코 이곳을 떠나기로 고집을

---

39 范蠡旣雪會稽之恥, 乃喟然而嘆曰 : '計然之策七, 越用其五而得意. 旣已施于國, 吾欲用之家.'

중국 옛 상인의 지혜

부린다면 그대의 처자식은 목을 내릴 수밖에 없소!"

그러나 범려는 이미 마음을 굳혀 조금도 움직이지 않았다. 그는 금붙이와 귀중품을 서둘러 수습한 뒤 아내와 아이, 그리고 하인 몇 명만 데리고 집을 떠났다. 그날 밤, 정말 보잘것없는 자그마한 배에 몸을 싣고 바람 가득 안은 배를 몰아 북쪽을 향해 쏜살같이 달려갔다. 범려는 자기 아내와 아이들을 곁에 두었음이 분명하다. 그러나 이 배 안에 전설 속의 여인 서시西施가 함께 있었는지는 알 수 없다.

범려는 줄곧 북쪽으로 향해 상공업이 자못 발달한 제나라로 와서 마지막에는 해변에 자리를 잡았다. 그리고 자기의 성과 이름을 기괴하기 짝이 없는 글자로 바꾸었으니, 바로 '치이자피鴟夷子皮'였다.

'치이자피'는 무슨 뜻인가? '치이鴟夷'라는 두 글자는 옛날에 두 가지 의미로 사용되었다. 그 하나는 가죽으로 만든 새 모양으로 생긴 배를 뜻했으니, 다시 말하자면 가죽 뗏목이었다. 또 다른 뜻은 가죽으로 만든 술을 담는 기구였다.

범려는 왜 이렇게 기괴한 이름을 택했을까? 역사적으로 두 가지 견해가 있는데, 그 가운데 하나는 다음과 같다.

오나라의 대신 오자서伍子胥는 벌써 여러 차례 오왕 부차에게 월왕 구천의 보복을 예방해야 한다는 진언을 올렸는데, 결과적으로 이것이 부차의 화를 돋우었다. 부차는 그만 오자서에게 보검 한 자루를 내리며 스스로 목숨을 끊도록 압박했다. 오자서는 세상을 떠나기에 앞서서 분하고 비통한 마음을 누르지 못하고 이렇게 말했다.

"내 죽은 뒤, 내 눈알을 도려내어 동쪽 성문 위에 걸어 두시오. 월나라 군대가 쳐들어오는 모습을 내 눈으로 직접 보고야 말겠소!"

이 말을 들은 부차는 버럭 화를 내며 이렇게 명령했다.

"아무것도 못 보게 만들겠노라! 오자서의 주검을 '치이鴟夷'에 담아 강물에 던져 넣어라!"

여기서 말하는 '치이'가 바로 가죽으로 만든 자루를 가리킨다. 따라서 범려가 자기 이름을 '치이자피'라고 한 것은 자신도 죄를 짓고 망명한 인물이라는 뜻이다.

또 다른 견해는 이렇다.

치이란 가죽으로 만든 술을 담는 기구이다. 사용할 때에는 숱한 물건을 받아들일 수 있지만, 사용하지 않을 때에는 말아서 가슴에 넣을 수도 있다. 그러니까 범려가 이런 이름을 택한 것은 나아갈 때 나아갈 수 있고 물러설 때 물러설 수 있으며 실의했을 때에는 잘 참을 수 있고 득의했을 때에는 자신의 포부를 잘 펼칠 수 있다는 뜻이다.

오늘날 어떤 학자는 다른 관점을 제시했다. 바로 '치이자피'는 제나라의 아주 오래된 상호라는 것이다. 범려는 제나라로 온 뒤, 오늘날 기업을 인수하여 합병하는 것처럼 앞으로 할 장사의 편의를 위하여 이런 상호를 사들인 뒤 자기 이름으로 만들었다는 것이다.

어쨌든, '치이자피'는 범려가 제나라로 온 다음에 지은 새 이름이다.

범려는 식구들을 이끌고 제나라 바닷가에서 황무지를 개간하여 씨를 뿌리며 어렵고 힘든 새 일을 시작했다. 범려는 스스로 씨를 뿌려 식량 생산을 하는 외에도 바닷가의 어업과 소금 자원을 이용하여 무역 활동을 펼쳤다. 모든 가족들이 근면하게 일한 덕분에 불과 몇 년 만에 범려는 큰돈을 벌었다.

『사기』「월왕구천세가越王勾踐世家」에는 범려가 '바닷가에서 농사를 지으며 고통과 어려움을 겪으며 부자가 함께 살림을 일구었다. 그곳에 산 지 오래지 않아서 수십 만 냥이나 되는 재산을 모았다.'[40]는 기록이 있다. 범려는 부지런히 일하며 수십 만 냥이나 되는 가산을 쌓았던 것이다.

범려가 일군 새로운 사업은 맨주먹으로 집안을 일으킨 것이나 다름이 없었다. 아예 백지 상태에서 시작했기 때문이다. 그가 이렇게 짧은 기간에 수십 만 냥이나 되는 큰돈을 모을 수 있었던 것은 먼저 그와 온 가족이 괴로움을 참고 열심히 일했기 때문이다. 그러나 바닷가의 토질은 척박하고 소금기운도 심각할 정도였기에 농업 생산을 위한 조건은 비교적 좋지 않았다. 그러기에 범려가 경영한 사업은 주로 그 지방의 어업과 염업 자원을 이용하여 상품을 생산하며 상업 무역을 전개했을 가능성이 높다.

이런 상품 생산과 상업 무역에 종사하면서 범려가 의지한 것은 있는 힘을 다한 자신의 노력만은 결코 아니었다. 더욱 중요한 것은 그가 이론적인 지식을 바탕으로 운용했다는 점이다. 이론적인 지식이란 바로 『계연지책』이었다.

그렇다면, 월나라를 부강하게 만드는 데 그치지 않고 범려까지 빠른 속도로 부자가 되도록 만든 『계연지책』은 대체 어떤 기서일까? 이제 다시 한 번 살펴보자.

---

40 耕于海畔, 苦身戮力, 父子治産. 居無幾何, 致産數十萬.

『사기』「화식열전」에서는 '계연計然'을 모두 세 차례 언급한다. 첫 번째는 '예전에 월왕 구천이 회계산에서 겹겹이 둘러싸여 곤경에 빠지자 범려와 계연計然을 임용했다.'는 내용이다. 두 번째는 '계연이 이르기를'이고, 세 번째는 범려가 이르기를 '계연지책'이라는 내용이다.

'계연'이라는 두 글자는 무슨 뜻인가? 역사상 수많은 견해가 있었지만 오늘날에도 결론을 내지 못하고 있다. 하지만 대체로 두 가지 의견이 있다.

우선 계연이 사람의 이름이라는 주장이다. 그렇다면 누구의 이름일까? 의견 차이가 너무 크다. 어떤 이는 계연이 범려의 스승으로 본래 성은 신辛이요 이름은 연硏, 그리고 자는 문자文子라고 말한다. 계연은 북방 사람으로 그 조상은 일찍이 진晉나라로 도망을 온 공자公子였다고 한다. 계연은 뒷날 남방의 월나라로 건너왔다. 계연은 장사에 매우 높은 수완을 발휘했으며 지모가 뛰어나서 범려가 그를 스승으로 삼았다. 동한 때에는 이런 장사와 이재에 밝은 사람을 가리켜 '연상심계硏桑心計' 또는 '연상심산硏桑心算'이라고 일렀다. 이 낱말에서 '연硏'이 가리키는 것이 바로 '계연'이다. 그리고 '상桑'이 가리키는 것은 한나라 무제 때 재무 처리에 밝았던 상홍양桑弘羊이다. 또 어떤 이는 계연이 범려의 스승이 아니라 실제로는 범려와 함께 월왕 구천을 보좌했던 대부 문종이라고 말한다.

두 번째는 계연은 사람의 이름이 아니라 서적의 이름이라는 주장이다. 만약 서적이라면 당연히 지은이가 있어야 한다. 그렇다면 이 서적의 지은이는 대체 누구일까? 이것도 의견 차이가 매우 크다. 어떤 이는 이 서적을 쓴 이가 범려라고 생각한다. 또 어떤 이는 월왕 구천이 패배를 딛고 승리하기 위하여 월나라에 참모 그룹을 조직하여 범려의 지도를 받으며 『계연지책』을 완성했다고 본다. 그러니까 계연은 바로 이 참모 그룹의 집단 연구의 결과가 된다.

요컨대, '계연'이 사람 이름이든 서적 이름이든 의견이 매우 분분하다. 자료가 거의 없어서 어쩌면 영원히 해결할 수 없는 문제일지도 모른다. 그저 글을 통해 논쟁을 벌이다가 끝낼 수밖에 없을 것이다. 지금도 명확하게 가름하지 못하고 있다.

그러나 '계연'이 어떤 의미이든, 『계연지책』은 결국 범려가 장사를 하면서 근거를 삼았던 이론적 지식이었다. 따라서 『계연지책』을 한 권의 서적으로 본다고 해도 크게 문제될 것은 없다.

그렇다면 『계연지책』은 어떤 기발한 계략과 교묘한 계교를 말하고 있는가?

『계연지책』의 온전한 판본은 이미 실전되었다. 『사기』의 「화식열전」 속에는 이 서적의 주요 사상이 일부 남아 있다. 그 주요 사상은 대체로 두 가지 내용을 담고 있다.

첫 번째로 '나라를 부강하게 만드는 방법'이다. 여기에서는 나라에서 식량 시장을 관리하는 방법을 이야기한다. 그 요점은 나라에서 매매 평가를 통하여 식량 시장 가격의 안정을 유지하는 데 있다.

두 번째로 '집안을 경제적으로 넉넉하게 만드는 방법'이다. 바로 상업 경영으로 집안을 부유하게 만드는 방법이다. 이 부분의 내용은 상업의 원칙 세 가지로 귀결된다.

첫 번째 원칙은 '가물 때는 배를 준비하고 큰물이 날 때는 수레를 준비하라.'[41]이다.

『계연지책』은 첫머리를 이렇게 시작하고 있다. '지투즉수비, 시용즉지물知鬪則修備, 時用則知物.' 싸워야 하는지 아는 자는 마땅히 전쟁 준비를 더욱 강화해야 하고, 언제 어떤 물건을 써야하는지 아는 자는 상품 유통을 안다는 뜻이다. 격렬한 시장 경쟁 속에서 승리를 거머쥘 작정이라면 훌륭한 상품을 사전에 준비해야 한다. 소비자가 급히 필요할 때까지 기다릴 수는 없다. 시장에 물자가 부족할 때 급하게 물품을 들여와서는 안 될 일이다. 준비를 잘 하려면 어떤 상황에서 소비자가 어떤 상품을 필요로 하는지 사전에 알아야 한다. 소비자가 무엇을 요구하는지와 그 상품이 어떤 특징을 가지고 있는지 반드시 알아야만 소비자의 요구를 만족시킬 수 있다.

이런 배경 속에서 『계연지책』은 매우 중요한 상업의 원칙을 내세웠다. '旱則資舟, 水則資車, 物之理也(한즉자주, 수즉자거, 물지리야).'가 바로 그것이다. 가뭄이 크게 든 해에는 이듬해 일어날 수해를 생각하여 앞당겨 미리 훌륭한 배를 준비해야 되고, 큰물이 지난 뒤에는 큰물이 지난 이듬해를 생각해 미리 앞당겨 훌륭한 수레를 준비해야 한다는 말이다. 이런 이치로 여름에는 겨울에 입을 갖옷을 미리 준비하고, 겨울에는 여름에 입을 가느다란 베실로 짠 옷을 미리 준비해야 한다.

이런 원칙을 상업에서는 '대핍待乏'[42]이라고 한다. 다시 말해 시장 상황을 예측하며 미리 앞당겨 준비를 잘 한다는 뜻이다. 시장 상황은 변화가 무상하여 예측하기가 어렵고 멋지게 사업을 할 기회는 시간과

---

41 旱則資舟, 水則資車.

42 필요할 때를 대비해 준비한다는 뜻이다.

기회를 조금만 잃어도 금방 사라지기 때문에 앞당겨 미리 준비를 철저히 해야만 비로소 때맞춰 기회를 포착할 수 있음은 물론 시세가 자기에게 유리하게 다가왔을 때 허둥대지 않고 골고루 다 이룰 수 있다.

'가물 때는 배를 준비하고 큰물이 날 때는 수레를 준비한다.'는 상업에서의 '대핍待乏' 원칙은 중국의 상공업 역사에서 대단히 광범위하게 응용되었다. 예컨대, 중국 근대의 이름난 실업가로 사람들에게 '밀가루 대왕'이니 '무명실 대왕'의 별칭으로 불린 룽더성榮德生은 세상을 떠난 중국의 부주석 룽의런榮毅仁의 아버지이다. 바로 그는 '대핍'의 원칙을 대단히 높이 떠받들었다. 그는 '무릇 내가 경영하는 일은 이 원칙을 따랐다.'고 말했다.

『계연지책』에 있는 두 번째 원칙은 '값이 오를 때는 똥 버리듯이 내다 팔고, 값이 내릴 때는 금은주옥 취하듯이 사들여라.'[43]이다.

『계연지책』에서는 물가란 옛날부터 지금까지 언제나 파도처럼 높아졌다 낮아졌다 오르내림이 있었다고 말한다. 그러니, '값이 한껏 오르면 떨어지게 마련이고, 값이 한껏 내리면 오르게 마련이다.'[44]라는 뜻이다. 다시 설명하면, 물가 변동의 규칙이란 가격이 극한까지 오르면 반드시 떨어지고, 또 가격이 극한까지 내리면 반드시 오른다는 말이다.

상품의 매매에서는 가격이 오르내리는 리듬을 정확히 잡아내야 한다. 이 때문에 『계연지책』은 매우 중요한 상업 원칙을 내세우고 있다. 가격이 일정한 정도까지 올랐을 때는 상품을 똥 버리듯이 조금도 아

---

43 貴出如糞土, 賤取如珠玉.

44 貴上極則反賤, 賤下極則反貴.

까워하지 않고 마구 팔아버려야 한다. 반면에 가격이 일정한 정도까지 내렸을 때에는 상품을 금은주옥 취하듯이 조금도 머뭇거리지 말고 사들여야 한다.

세 번째 원칙은 '상품의 질은 완전하게 보존하고, 돈은 수중에 잡고 있지 말고, 가격이 오른 상품을 보물 취급하듯 쥐고 있지 말라.'[45] 이다.

상품의 질을 완전하게 보존하라는 말은 무슨 뜻인가? 바로 상업경영을 할 때 상품의 질에 엄격하게 주의를 기울여 상품을 완전하게 보존하고 유지해야 한다는 말이다.

그렇다면, 돈을 수중에 잡고 있지 말라는 말은 무슨 뜻인가? '무식폐無息幣'로 표현된 이 구절에서 '식息'은 '정체되다', '막히다'라는 의미이다. 따라서 돈을 손안에 정체시키지 말고 물 흐르듯이 쉬지 않고 유통시켜야 한다는 말이다. 옛적에 돈을 뜻하는 '전錢'은 '천泉'이라고도 했다. 샘물은 흘러 움직인다. 게다가 샘물은 흘러 움직여야만 모이고 더 많아져서 졸졸 흐르는 실개천이 되며 마침내 큰 강이 된다.

'상품의 질을 완전하게 보존하고', '돈을 수중에 잡고 있지 말고'라는 말에는 공통된 목적이 있으니, 바로 상품과 자금의 회전속도를 최대한 빠르게 하는 것이다. 이 목적에 도달하려면 반드시 '가격이 오른 상품을 보물 취급하듯 쥐고 있지 말아야 한다.' '가격이 오른 상품을 보물 취급하듯 쥐고 있지 말라.'는 말은 무슨 뜻인가? 절대로 욕심을

---

45 務完物, 無息幣, 無敢居貴.

부리지 말고, 가격이 오른 상품을 무슨 기이한 물건 취급하듯 움켜쥐고 있지 말고 가격이 상대적으로 이상적이면 과감하게 손을 털어야 한다는 뜻이다. 이렇게 하면, 상품이 가장 높은 가격에 팔리지 않아 표면적으로 약간의 손실을 입은 듯하지만, 자본의 유통 속도가 빨라지고 자본의 이용 효율도 높아져서 수익 수준에서 대단한 성과를 이루게 된다. 사실 시장의 빠른 움직임 속에서 최고가와 최저가를 모두 포착하기는 보통 힘든 게 아니다.

이것이 『계연지책』의 주요 내용이다. 여기서 『계연지책』이 말하는 바는 모두 상업 경영에 필요한 방법이라는 것을 알 수 있다.

계연이 어떤 사람인지 아니면 어떤 사람의 작품인지 분명하게 밝히긴 힘들어도 『계연지책』이 범려의 작품이라고 할 수는 없다. 범려의 경력으로 볼 때, 그는 월나라를 벗어나기 이전에 결코 장사를 한 적이 없었다. 그가 해본 적이 없는 상업 경영에 뛰어든 시기는 제나라로 도망을 와서 이름까지 치이자피로 바꾼 다음이었다. 상업 경영을 전혀 한 적이 없는 인물이 상업 경영에 필요한 방법을 말할 수는 없다. 그러므로 『계연지책』은 범려의 작품일 수 없다. 마찬가지로 계연이 문종일리도 없다.

『계연지책』이 범려의 작품이 아니라면 문종의 작품일 수도 없다. 그러나 월나라가 부강한 나라로 되었고 범려가 큰 부자로 된 것은 모두 『계연지책』을 이론적 기초로 삼았음은 전혀 의심할 바 없다. 이 때문에 『계연지책』이 책 제목이라는 점은 분명하다.

월나라는 『계연지책』의 원칙을 성실하게 활용했다. 예컨대, 월나라는 원수를 갚고 원한을 풀기 위하여 생산을 발전시키고 군비를 확충

하여 전쟁을 준비하는 일뿐만 아니라 인구의 증가가 절실히 필요했다. 인구의 증가는 주기가 매우 길고 준비도 미리 해야 했다. 이에 월나라는 『계연지책』의 가르침에 따라 출산 장려 정책을 시행했다. 남자가 스무 살이 되어도 장가를 들지 않거나 여자가 열일곱 살이 되어도 시집을 가지 않으면 그 부모에게 죄를 묻는 규정까지 만들었다. 또 나이 차가 너무 많으면 결혼을 못하게 하였다. 예컨대, 80세 먹은 이와 20세인 이는 결혼을 못하도록 했다. 만약 사내아이를 낳으면 나라에서 술 한 병과 개 한 마리를 상품으로 내렸으며, 딸아이를 낳으면 술 한 병에 돼지 한 마리를 상품으로 내렸다. 또한 쌍둥이를 낳으면 추가로 양식을 내려 격려했다. 만일 세쌍둥이를 낳으면 나라에서는 할머니 한 분을 보내어 돕게 하였다.

범려로 말하면, 『계연지책』의 가르침에 따라 성공한 상인이 되었으니, 이 점은 역사에서 분명한 기록으로 남아 있다.

2
도주陶朱의 경제 활동

범려는 『계연지책』의 가르침에 따라 자수성가하여 빠른 시간 안에 큰돈을 손에 쥐며 부자가 되었다. 게다가 그가 벌인 사업은 규모가 매우 커서 제나라 상류층 귀족들에게 적잖은 영향을 끼치며 이목을 집중시켰다.

어떤 귀족은 이렇게 제안하기도 했다.

"치이자피, 이 양반이 상업 경영으로 그렇게 성공했으니, 분명 나라도 훌륭하게 관리할 수 있을 거요. 이 양반을 재상으로 천거하는 게 옳을 것 같소."

귀족들은 이리저리 따져보며 의논을 하여 뜻을 함께했다. 혹시나 범려가 재상의 자리를 맡지 않을까 두려워하며 아예 사람을 직접 파견하여 제나라 재상의 공인公印을 범려의 집에 보냈다.

범려는 네모난 공인을 응시하며 한숨을 내쉬었다.

"자기 사업을 경영하며 천금을 손에 넣었고, 이제 재상의 벼슬까지 할 수 있게 되었으니, 한낱 평범한 백성으로 말하자면 벌써 인생의 정점에 이르렀다. 그러나 우러러 존경을 받는 이름을 오래도록 지니려면 이것도 결코 좋은 일이 아니다."

이리하여 범려는 제나라 귀족의 제의를 완곡히 물리치고 재상의 인장을 되돌려 주었다. 그리고 재산을 얼마만큼 분할한 뒤 몇몇 친구와 동네 사람들에게 따로따로 나눠주었다. 그런 뒤, 자신은 약간의 귀중한 재물만 가지고 남몰래 제나라를 떠나서 그가 일찍이 마음에 들어 눈여겨보았던 곳으로 왔다. 도陶라고 불리는 이 지방이 장사하는데 매우 적합한 곳이라고 생각했던 것이다.

도는 지금의 산둥성 딩타오현定陶縣 경내에 위치한 곳으로 춘추시대 후기에는 비교적 번화한 상업 도시였다. 범려는 도 지방이 천하의 중심으로 교통이 사통팔달하여 상업 경영으로 돈을 벌기에 이상적인 곳이라고 생각했다. 사방으로 오가는 물자가 여기로 모여들었기 때문이다.

범려

범려 일가는 바로 여기에 자리를 잡았다. 범려는 다시 이름을 바꾸었다. 치이자피를 버리고 스스로 주공朱公이라 칭했다. 옛 사람들은 어떤 사람을 부를 때 그가 살고 있는 지명을 이름 앞에 습관적으로 붙였다. 그래서 사람들은 그를 '도주공陶朱公'이라고 불렀다.

당시에 범려는 이름만 새로 바꾼 것이 아니라 사업도 또한 조용히 새로 시작했다. 그는 아이들과 함께 씨 뿌리고 밭을 갈았으며 가축을 길렀다. 동시에 그는 상업 무역을 전개했다.

말할 것도 없이 당시의 범려는 관직을 그만두고 사업에 뛰어들었던 서생이 아니었다. 그 동안 쌓은 풍부한 상업 경험뿐만 아니라 큰 성공을 한 경력이 있는 대상이었다.

그렇다면 이 시기의 범려에게는 『계연지책』의 이론이 불필요했을까? 그렇지 않았다. 『사기』에 기록된 자료로 볼 때, 이 시기에 범려가 벌인 상업 경영 활동은 여전이 『계연지책』의 이론을 실천하고 있다.

예컨대, 범려는 '대핍待乏'의 원칙을 더욱 중시하면서 일을 처리했으며, 빠른 자금 회전 속도도 특히 중시했다. 『사기』「월왕구천세가」에

그림 13. 범려호范蠡湖

저장浙江 자싱嘉興에 있는 '범려호공원范蠡湖公園'. 전하는 말에 따르면, 범려는 구천이 오나라를 멸하고
월나라를 다시 찾도록 보좌한 뒤 서시西施와 함께 호숫가에서 은거했다고 한다. 후세 사람들이 그를
그리워하며 이곳 호수를 범려호라 부르며 호숫가에 서시장대西施妝臺를 세웠다.

는 그가 '부자가 모두 밭 갈고 씨 뿌리며 짐승도 기르기로 약속하고 상품을 사들이고 내다 팔 때에는 때를 기다려서 십분의 일의 이윤을 얻었다.'고 일렀다. 『계연지책』의 이론에 따라 저렴한 가격에 상품을 구입하여 먼저 갈무리했다가 시장 가격이 오를 때를 기다려서 내다 팔았다는 말이다. 게다가 자금 회전 속도를 더욱 빠르게 해서 고가의 폭리를 취하지 않고 십분의 일의 이윤만 취하는 박리다매의 원칙을 견지했다.

다시 말해, 범려는 도에서 상업 경영을 할 때 인재와 시기의 문제를 언제나 중시했다. 『사기』「화식열전」에서는 그가 '현명한 인물을 뽑아서 쓸 줄 알았을 뿐만 아니라 유리한 시기 파악에도 능했으며', '시세에 따라 이익을 좇았으나 완벽을 기하려고 다른 이를 질책하지 않았다.'고 일렀다.

인재와 시기라는 두 가지 면에서 범려의 방법은 정말로 특별했다.

인재를 활용하는 범려의 방법은 '인물 뽑아 쓰기'와 '질책하지 않기'이다. '인물 뽑아 쓰기'는 어떻게 했을까? 무엇보다 주의를 기울여 쓰기에 알맞은 인재를 뽑았다. 우리는 상업을 경영하든 기업을 운영하든 인재가 가장 중요하다는 것을 잘 알고 있다. 범려의 생각도 같았다.

그러나 범려가 남다르게 뛰어난 점은 그가 '인물 뽑아 쓰기'에 그치지 않고 '질책하지 않기'를 실행했기 때문이다. '질책하지 않기'란 무엇일까? 그를 위해 일하는 아랫사람이 한 일에 대하여 결코 완전무결을 요구하지도 않았을 뿐만 아니라 과도하게 요구하지도 않았으며 사람 대하기를 비교적 너그럽게 했다는 말이다.

범려는 너그럽게 사람을 대하며 결코 시시콜콜 따지지 않았다. 그러나 그는 시장의 흐름에 대해서는 늘 눈여겨 살피며 조금도 대충대충

넘어가지 않았다. 심지어는 시장 흐름에 대한 중시의 정도가 인재를 중시하는 정도보다 훨씬 더했다고 말할 수 있다.

일찍이 월나라에 있을 때 범려는 시기의 중요성을 끝없이 강조하기도 했다. 그가 구천에게 말했다는 기록이 『국어國語』「월어越語」에 나온다.

"시기를 잡는 것은 화재를 진압하듯이, 도망가는 범인을 추적하여 붙잡듯이 반드시 단시간에 해결해야지 조금이라도 머뭇거리다가는 미처 따라잡지 못할 가능성이 있습니다."

그렇다면 범려는 무슨 까닭으로 시장의 시세를 사람보다 더 중시했을까? 이는 범려가 '일을 꾸미는 것은 사람이지만, 일이 이루어지는 것은 하늘에 달려 있다.'[46]는 이치를 잘 알고 있었기 때문이다. 무엇이 '하늘'인가? '하늘'은 바로 시기이다. 다시 말하면 상황이다. 상황은 변화가 무상하여 예측할 수 없다. 시기는 조금만 늦어도 사라져 버린다. 만족할 만한 시기를 일단 놓쳐버리면 사람의 힘만으로는 되돌릴 수 없다.

인재, 아니 정책 입안자에 대하여 말한다면, 이런저런 능력 등 온갖 능력이 있어도 꼭 갖추어야 할 능력은 상황을 판단할 수 있는 능력이며, 가장 높여야 할 능력은 시기를 파악하는 능력이다.

올바른 경영으로 범려는 다시 한 번 비교적 짧은 시간에 큰 성공을 거두었다. 얼마 걸리지 않아서 대단히 많은 자산을 쌓았다. 사람들

---

46 謀事在人, 成事在天.

이 천하의 부호를 말할 때면 가장 먼저 머릿속에 떠올리는 이가 바로 범려였다. 부자를 말하면 모두 도주공을 이야기할 정도였던 것이다. 범려는 당시 천하에 첫손 꼽히는 부자라고 불릴 만했다.

그러나 정말 재미있는 것은 이 과정을 겪으면서도 범려는 그 많은 재산을 결코 끝까지 보유하지 않았다는 사실이다. 그는 몇 차례나 완전히 처음부터 새롭게 창업을 하였다.

무슨 까닭일까? 설마 경영을 부실하게 하여 가산을 온통 다 배상하는 데 탕진했기 때문은 아니었을 것이다.

그렇다. 『사기』「화식열전」에는 범려가 '열아홉 해 동안 세 번 큰돈을 모았지만 또 몇 차례나 가난한 친구와 먼 친척들에게 나누어 주었다.'는 기록이 있다. 그러고 보면 범려가 열아홉 해 동안 몇 차례나 다시 창업을 한 것은 그가 몇 차례나 크게 모은 재산을 가난한 친구와 먼 친척들에게 나누어 주었기 때문이다.

범려는 그야말로 번 돈을 다른 이와 나눌 줄 아는 인물이었다. 그의 이런 일처리 방법은 중국의 상공업 역사에서 참으로 보기 드문 경우로써 신비로운 색채마저 보여주고 있다. 사마천은 그를 '자기가 가진 재산을 어진 덕으로써 널리 나누어주기를 좋아한 군자'라며 크게 기렸다.

또 그의 일처리 방법은 널리 베풀기를 좋아하는 고상한 품성과 사회에 대한 훌륭한 책임감을 분명하게 드러낸다. 게다가 상업 경영의 재간에 대한 높은 자신감도 그대로 반영한다. 이백李白이 그의 시 속에서 노래한 그대로이다.

하늘이 내게 준 재간 반드시 쓸 데 있었으니,
천금을 다 써도 다시 돌아오리라.

天生我材必有用,
千金散盡還復來.

그러나 이런 이유 외에도 범려의 이런 행동에는 몇 가지 훨씬 깊은
뜻이 있지 않았을까?

범려의 생동감 넘치고 기복이 대단하여 자못 신비로움까지 충만한
인생 역정을 간단하게 정리한다면, 범려는 한평생 처음부터 끝까지 나
아갈 때와 물러설 때를 알고 적당한 때를 가려 그친다는 일관된 원칙
을 견지했다고 할 수 있다.

범려가 한평생을 살며 이룩한 그 많은 일들은 모두 이러한 원칙에
따른 결과였다.

그는 월나라에서 월왕 구천을 모시며 상상할 수 없을 만큼 고통스
런 삶을 살았다. 온 백성이 십 년 동안 힘을 모으며 다시 십 년 동안
나라를 부강하게 만드는 데 장장 22년의 세월을 보내고 나서야 참패의
깊은 골짜기에서 빠져나와 승리를 손안에 넣고 상장군上將軍 벼슬을 받
으며 신하로서 최고의 위치에 올랐다. 이렇게 인생에서 정점에 올랐을
때, 그는 오히려 결연히 그 자리에서 빠져나왔다.

범려는 제나라로 몸을 피하여 이름까지 '치이자피'로 바꾸고 '계연
지책'의 가르침에 따르며 불과 몇 년도 되지 않아서 큰돈을 손에 넣었
다. 게다가 제나라 귀족의 눈길을 끌며 제나라 재상의 자리를 맡으라

는 요구까지 받는다. 그러나 범려는 또 다시 과감하고 신속하게 이 요구를 물리치며 제나라 재상의 인장을 돌려주고 지금까지 모은 재산을 친구와 친척들에게 나누어 주었다.

범려는 도라는 곳으로 거처를 옮긴 뒤, 19년 동안 세 차례나 큰 돈을 모았지만 이번에도 재산을 가난한 친구와 친척들에게 나누어 주었다.

범려는 한평생 어려움 속에서 분투하며 사업을 크게 일구었으나 최고에 이를 때면 용감하고 과감하게 물러설 줄 알았다. 그리고 그는 스스로 원점으로 돌아가서 새로운 사업을 다시 일으키기 시작했다.

범려는 마치 산에 오르는 사람처럼 숨을 헐떡이며 산꼭대기에 오를 때마다 아픈 다리를 쉴 생각은 하지 않고 발아래 보이는 그 많은 자그마한 산들이 만들어 내는 아름다운 풍광을 감상하곤 그대로 미끄럼을 타고 단시간에 산자락으로 돌아왔다. 그는 인생의 원점으로 돌아와서 또 다시 새로운 산봉우리를 향하여 등산을 시작했다.

요즘 유행하는 노래 가운데 '사는 건 바로 괴로운 반복'이 있다. 범려는 한평생 몇 차례의 커다란 부침이 있었다. 그야말로 큰 고통이라고 할 수 있다.

역사상 화려하고 빛나는 정치가, 군사 전문가, 학자, 기업가, 평범한 백성들조차 모두 오르내림이 가팔라서 파란만장한 삶의 경력을 가지고 있다. 인생이란 본래 물결과 같아서 높은 봉우리가 있으면 낮은 골짜기도 있게 마련이고, 밀물이 있으면 썰물도 있게 마련이며, 뜻을 이룰 때가 있으면 실의에 빠질 때도 있게 마련이다.

그러나 수많은 이들의 성쇠와 영욕, 오르내림의 발생 요인은 일반적으로 세 가지라 할 수 있다. 사회적 요인, 자연적 요인, 자신에 의한 요인이 바로 그것이다.

사회적 요인은 격렬한 경쟁이나 누군가 나를 괴롭히는 일 등을, 자연적 요인은 하늘이 도와주지 않아서 생긴 천재와 인재 등을 가리킨다. 자신에 의한 요인은 성격이나 능력의 결함이나 너무 많은 나이, 또는 신체적 결함 등을 가리킨다.

그러나 어떤 요인이 작용하든 수많은 이들의 오르내림은 모두 다른 이의 힘에 의해 움직이기에 어쩔 방법이 없다. 심지어는 자신의 뜻대로 어찌 할 수 없다. 극히 소수의 사람만이 적극적으로 귀찮고 어려운 일을 스스로 사서 한다.

범려도 몇 차례나 오르내림을 겪었지만 유독 월나라를 떠날 때에 사회적인 요인에 의한 압박이 컸다. 왜냐하면 그는 월왕 구천이 환난은 함께할 수 있지만 즐거움은 함께할 수 없다고 생각하며 자신이 토사구팽을 당할까 걱정했기 때문이다. 그리고 몇 차례나 원점으로 돌아가서 다시금 창업을 한 것도 기본적으로 적극적으로 귀찮고 어려운 일을 스스로 사서 한 것이라 볼 수 있다. 지난날의 모든 영예를 버리고 처음부터 다시 시작하기란 굉장한 용기와 기상이 없이는 불가능한 일이었다.

오늘날 성공한 이 가운데 적지 않은 이가 자강불식하며 두 번째 창업에 온 힘을 기울이는 경우를 볼 수 있다. 그러나 범려를 보라! 어찌 두 차례 창업에 그쳤겠는가! 그는 세 차례, 네 차례나 창업을 했다.

그렇다면 범려는 도대체 무슨 까닭으로 몇 번이고 되풀이하여 자신을 고통스럽게 만들었을까?

그 원인으로 범려가 『계연지책』의 매우 깊고 오묘한 상업 철학에 대해 깊은 인식을 가졌다는 것을 우선 들 수 있다.

『계연지책』은 '값이 한껏 오르면 떨어지게 마련이고, 값이 한껏 내리면 오르게 마련이다.'라고 하지 않았는가? 상품 가격은 이제껏 한껏 올랐다가 한껏 내리며 오르내리기를 거듭했다. 가격이 일정한 한도까지 오르면 반드시 내린다. 또 가격이 일정한 한도까지 내려가면 반드시 오르고 만다.

상품의 매매는 반드시 가격 상승과 하락 원칙에 근거하여 역방향으로 진행해야 한다. 『계연지책』이 내놓은 원칙은 바로 '값이 오를 때는 똥 버리듯이 내다 팔고, 값이 내릴 때는 금은주옥 취하듯이 사들여라.'는 것이다. 가격이 일정한 한도까지 올랐을 때는 상품을 아끼지 말고 똥 버리듯이 내다 팔고, 가격이 일정한 한도까지 내렸을 때는 상품을 금은보화 취하듯이 사들이라는 말이다.

이런 『계연지책』의 이론은 시장 규칙에 대한 상인들의 인식을 반영한다. 또한 이 점은 깊고도 핵심을 찌르는 도가 사상과 관련이 있다. 심지어는 상인의 지혜와 도가 사상의 결합이라고 말할 수 있다.

『도덕경道德經』에는 누구나 잘 아는 명언이 있다.

"화란 복이 의지하는 바요 복이란 화가 숨어 있는 바이라."[47]

재난은 바로 행복을 만드는 바탕이요 행복 안에 재난이 잠복해 있다는 말이다. 사물의 형세란 그 발전이 극에 다다르면 반드시 뒤집히게 마련이기에 어떤 사물이라도 일정한 정도까지 발전하면 일정한 조

---

47 禍兮, 福之所倚, 福兮, 禍之所伏.

건 속에서는 반대 방향으로 기울게 마련이다. 화와 복은 서로 대립하면서도 어떤 조건 속에서는 통일성이 있어서 끊임없이 다른 방향이나 다른 상태로 바뀐다. 그래서 재난은 행복으로 바뀔 수 있고 행복은 또 재난으로 바뀔 수 있다.

시장에서의 가격 변동도 마찬가지이다. 가격이 상승하면 하락할 위험성은 더욱 커지게 마련이며, 가격이 하락하면 상승할 확률도 더욱 커지게 마련이다.

인생도 이와 같아서 일단 최고 위치에 이르렀어도 노력을 계속 하지 않으면 앞으로 나아가지 못하고 퇴보할 수밖에 없다. 그러면 사회와 시대로부터 버림을 받게 된다.

이러한 인식에 근거하여 『도덕경』은 만족할 줄 알고 그칠 줄 아는 일처리의 원칙을 내놓았다. 만족을 모르는 것보다 더 큰 재난은 없고 끝없는 욕심보다 더 큰 죄악은 없다는 말이다. 재난을 피하고 모면하기 위해서는 반드시 만족할 줄 알아야 한다. 또 재물을 지나치게 아끼고 소중히 여기면 분명 더 많은 재물을 들이게 마련이고, 가진 것이 많으면 잃는 것도 많다고 일렀다. 그러기에 만족을 알면 치욕을 당하지 않고, 적당한 곳에서 멈출 줄 알면 위험을 당할 리 없다. 이렇게 해야만 오랫동안 끊이지 않고 재물을 유지할 수 있다.

『계연지책』의 상업 이론은 이런 도가 사상과 일맥상통한다.

범려는 젊은 시절 도가 사상의 영향을 깊이 받았다. 그는 일을 처리할 때나 상업 경영을 할 때에도 도가 사상을 언제 어디서나 실천했다.

예컨대, 그가 상업을 경영할 때 박리다매를 하며 십분의 일의 이윤만 추구한 것도 바로 '만족할 줄 알고 그칠 줄 알며 끝없는 욕심으로 탐하지 않는' 원칙을 따른 게 아니겠는가?

다른 예를 들면, 공을 세워 이름을 떨치며 큰 부자가 된 후에도 몇 번이고 거듭 가진 재산을 다 나누어주고 용감하고 과감하게 물러서서 맨손으로 다시 새 사업을 일으킨 것도 바로 재물을 지나치게 아끼고 소중히 여겨서 더 많은 재물을 들이는 것을 방지하고, 더 많은 것을 가져서 더 많은 것을 잃는 것을 방지하기 위함이 아니겠는가? 또 행복이 재난으로 바뀌는 것을 피하고 모면하기 위함이 아니겠는가?

범려의 한평생은 시종일관 나아갈 때와 물러설 때를 알고 적당한 때에 멈출 줄 아는 특징으로 가득하다. 나아갈 때와 물러설 때를 알고 적당한 때에 멈출 줄 알았기에 범려는 한결같이 심신을 바쳐 떨쳐 일어나는 창조력과 열정적인 마음을 잃지 않고 자기 사업을 하나씩 정상으로 올리며 대단한 규모의 기세 넘치는 감동적인 인생 드라마를 연출했다.

중국 역사에서 범려는 '상성商聖'으로 칭송을 받는다. 오랫동안 사람들이 범려를 추앙한 것은 단순히 그가 그 당시 천하에 제일가는 부자로서 큰 장사를 벌이며 사업에 큰 성공을 거두었기 때문만은 아니었다. 더 중요한 것은 그가 부유하면서도 훌륭한 덕성을 가졌으며 선행을 통하여 베풀기를 즐겼을 뿐만 아니라 폭리를 취하지 않고 공정하게 매매했으며 의연하고도 자신 있게 너그러운 마음으로 사람을 대하는 등 뛰어난 상업적 미덕을 지녔다는 점이다. 게다가 시세를 예리하게 판단할 줄 알고 나아가고 물러설 줄 아는 비범한 지혜를 두루 갖추었다는 점이다. 이런 모든 것들은 범려가 『계연지책』에 나오는 상업 이론의 정수를 깊이 있게 파악했다는 점과 직접적인 관계가 있다.

오늘날, 재벌 2세에 관한 뉴스가 꼬리를 물고 등장한다. 사람들은 자기 대를 이을 인물을 육성하는 문제를 대단히 중시하고 있다. 중국에서는 옛날부터 '3대 가는 부자가 없다.'는 말이 있다. 일찍이 제일가는 부자였던 범려에게도 이런 문제가 있었을까? 크게 돈을 모은 뒤에 범려는 자기 대를 이를 인물에 대하여 고민에 부딪쳤을까? 만약 고민이 있었다면, 총명하기 짝이 없었던 범려는 어떻게 처리했을까?

商賈智慧

제6장 도주교자

陶朱敎子

1
아들 잃은 범려

범려는 아들 셋을 두었다. 그 가운데 작은아들은 그가 도陶로 이주하여 '도주공陶朱公'으로 호칭이 바뀐 뒤에 태어났다. 작은아들이 커서 성인이 되었을 때, 범려 집안은 참으로 큰 불행에 부닥쳤다. 그의 둘째아들이 초楚나라에 장사를 하러 나갔다가 무슨 까닭인지는 모르지만 다른 사람과 다툼을 벌이다가 그만 잘못하여 사람을 죽이며 초나라 감옥에 갇히게 되었다. 법률에 따라 사람을 죽인 자는 목숨으로 그 대가를 치러야 했다. 범려의 둘째아들이 저지른 죄가 바로 죽을죄였다.

하지만 범려는 보통 사람이 아니라 천하에 제일가는 부자 아닌가? 또한 범려의 고향도 바로 초나라였다. 범려는 옛적에 월나라에서 여러 해 동안 국가 지도자로서 벼슬을 했기에 많은 발자취를 남기기도 했다. 만약 다른 이가 이런 조건에 처했다면 아들은 사형을 당하겠지만 그는 제일가는 부자로서 기세도 대단했으며 교제도 넓어서 아들을 구해내는 일은 그리 어려운 일이 아니었다. 설령 구해내진 못할지라도 죽을죄를 면하게 만든 다음 무기에서 유기로 다시 판결을 얻어내는 것도 그리 큰 문제는 아니었다.

범려는 맏아들에게 큰돈을 들려 초나라로 보내며 아는 이를 찾아 활동을 벌이게 했다. 그러나 둘째아들을 구하지도 못했을 뿐만 아니라 오히려 더 빠른 사형 집행을 가져오는 데 그치지 않고 비참한 죽음을 당하는 결과를 가져왔다.

둘째아들의 주검이 실려 왔을 때, 온 가족은 극도의 슬픔에 빠졌지만, 범려는 오히려 소리를 내어 크게 웃었다.

범려의 이런 모습은 참으로 기괴하기 짝이 없다. 이게 무슨 웃을 만한 일인가, 어떻게 웃음이 나온단 말인가? 이 심각한 타격을 견디지 못하고 그만 머리가 돌아버린 걸까? 그렇지 않다면 그는 무슨 까닭으로 소리를 내어 웃음을 터뜨렸을까?

이런 궁금증을 풀려면 이 이야기를 처음부터 다시 해야 한다.

둘째아들이 사람을 죽이고 초나라 감옥에 갇혀 이제 막 사형 선고를 받았다는 소식을 들은 범려의 가족은 모두 당황하여 애를 태우며 범려에게 재빨리 그를 구할 방법을 강구하라고 간절한 마음으로 청했다.

그러나 범려는 오히려 지극히 차분한 모습으로 천천히 입을 열었다.

"사람을 죽였으니 목숨을 내놓는 것은 너무도 당연하오. 하지만

나도 천금을 가진 자의 자식은 사형에 처해도 조리돌림은 하지 않는다고 들었소. 우리 집안이 천금을 가진 부자이니 많은 사람이 모인 저자에서 사형을 당하진 않을 것이오."

사람들이 많이 모인 시끌벅적한 저자에서 범인을 처결하는 것은 옛날에 늘 쓰던 형벌이었다. 이런 형벌 방법은 일찍이 주周나라 때 벌써 세상에 등장했다. 예컨대, 『주례周禮』에는 '도둑은 저자에서 벌한다.'[48]는 법률이 있었다. 저자에서 물건을 훔친 도둑을 사형에 처하거나 다른 형벌을 집행했던 것이다. 이렇게 한 목적은 백성들에게 경고하며 그들을 두렵게 하는 데도 있지만 범인에게 모욕감을 안기는 데도 있었다. 범인의 생명을 빼앗았을 뿐만 아니라 그가 가진 존엄성까지도 앗았던 것이다. 청나라 때에도 북경의 채소시장 입구에서 범인을 사형에 처했으니, 바로 이런 방법을 오랫동안 계속 사용했던 것이다. 범려가 '천금을 가진 자의 아들은 저자에서 처형하지 않는다.'라고 한 말은 비록 아들이 법에 따라 사형에 처해질지라도 그 아들이 체면을 유지할 수 있는 방법을 생각할 수 있다는 뜻이다. 따라서 여러 사람들이 모인 공개적인 장소에서 망신을 당하는 일이 없도록 하겠다는 말이다.

이리하여 범려는 작은아들을 초나라로 보내 활동시킬 작정을 했다. 범려는 황금 천 일鎰[49]을 준비하여 눈길을 끌지 않는 엉성한 자루에 넣은 뒤 소가 끄는 수레에 싣도록 하였다. 작은아들이 막 길을 떠나려고 할 때, 범려의 맏아들이 자기가 가야 되겠다며 앞을 막고 나섰

---

48 刑盜于市.

49 한 일은 20냥(兩)이다.

다. 범려는 아무 말도 하지 않았다. 맏아들은 정말로 답답하고 괴로워하며 입을 열었다.

"다른 집에서는 맏아들이 집안 살림을 다 맡고 있습니다. 지금 동생이 어려움을 당했는데 아버님께서는 맏아들인 저를 보내지 않고 막내를 보내려고 하시니, 이는 저의 무능을 인정하는 것과 다를 바 없습니다. 아버님께서 저를 이렇게 업신여기신다면 저는 그냥 이 세상에서 사라지는 편이 낫겠습니다."

그는 말을 마치자 죽느니 사느니 법석을 떨었다.

범려의 아내는 어쩔 줄 모르고 쩔쩔매며 남편을 잡고 늘어졌다.

"지금 막내가 간다고 해서 둘째를 꼭 구해낼 수 있는 건 아닙니다. 만약 맏이가 이러다가 뜻밖의 변고라도 낸다면 어찌하겠습니까?"

범려도 어쩔 도리 없이 맏아들을 보내야 했다. 범려는 편지 한 통을 잘 봉하여 맏아들에게 건네며 이렇게 일렀다.

"장庄 선생님을 찾아뵈어라."

장 선생님은 범려의 옛 친구였다. 범려는 맏아들에게 또 이렇게 당부했다.

"초나라에 가서 이분을 뵈면 여기 이 황금을 몽땅 다 드려야 하느니라. 너는 이분이 하자는 대로 꼭 따르도록 하여라. 또 한 번 말하느니, 이분의 안배를 따라야 하느니라. 절대로 이분과 어떤 쟁론도 벌여서는 안 되느니라."

맏아들은 두 말 없이 그대로 따르겠노라 응답하고 길을 떠났다. 그러나 그는 아버지가 내린 황금이 좀 부족할세라 걱정이 되어 집을 나서기 바로 전에 자기도 남몰래 몇 백 일의 황금을 몸에 지녔다.

맏아들은 초나라에 이르러 장 선생의 거처를 알아보았다. 초나라 사람들은 뜻밖에도 장 선생을 모르는 이가 없었다. 그러나 장 선생이 사는 곳은 찾기가 그렇게 쉽지 않았다. 사람들이 알려준 곳은 성벽 가까운 황무지여서, 맏아들은 가까스로 장 선생의 집을 찾았다. 허리까지 덮인 잡초를 헤치고 나서야 문 앞에 다다를 수 있었다. 집은 자그마한데다 보잘것없이 낡았다. 장 선생과 부인이 입은 옷은 너덜너덜 헤어져서 초라할 대로 초라한 모습이었다.

맏아들은 장 선생이 대단히 큰 인물이라고 생각하고 있었다. 그러나 이 모습을 보고 한참 동안이나 실망에 잠길 수밖에 없었다. 사람을 잘못 찾았구나, 이렇게 궁상맞은 늙은이가 분명 아버지가 말씀하셨던 장 선생이 분명한가, 맏아들은 마음속으로 이렇게 생각했다.

'아버님께서는 무슨 까닭으로 이런 분을 찾아뵈라고 했을까?'

마음으로는 비록 머뭇거렸지만 그래도 아버님께서 당부했던지라 맏아들은 공손하게 예를 올리고 편지와 황금 천 일을 장 선생에게 내놓았다. 장 선생은 편지를 읽고 나서 황금을 받아들이며 이렇게 말했다.

"알았네. 이제 자네는 절대로 이곳에서 머물지 말고 빨리 초나라를 떠나 집으로 돌아가게. 그리고 자네 동생이 감옥에서 풀려나더라도 그 까닭을 물어서는 아니 되네."

맏아들은 말로는 그렇게 하겠다고 답하면서도 마음속으로 아무리 생각해도 마음을 놓을 수 없었다.

'이렇게 궁색하기 짝이 없는 노인이 말이야, 자기도 꼭 굶어죽게 생겼는데, 어떻게 우리를 도울 수 있겠어?'

이리하여 맏아들은 초나라를 당장 떠나라는 장 선생의 당부를 듣지 않고 가만히 며칠을 더 묵었다. 그 사이 맏아들은 자기가 몰래 가지고 온 황금으로 자기를 도와줄 만한 인물과 관계를 맺기 시작했다. 과연 맏아들은 제법 권세가 괜찮은 초나라 귀족을 만나서 그에게 앞장서서 도와 달라는 요청을 하게 되었다.

사람을 겉모습만으로는 절대로 평가할 수 없다는 것을 맏아들은 미처 생각지 못했다. 장 선생은 비록 몸은 누추한 곳에 살고 있어서 그 모습이 참으로 궁색하기 짝이 없었지만 실제로는 정말로 대단한 은사隱士였다. 그는 청렴하고 정직함으로 초나라에서 크게 이름을 떨치고 있는 인물이었다. 심지어 초나라 안의 왕공 대신들도 하나같이 그를 진심으로 존경하며 스승으로 떠받들고 있었다.

장 선생은 범려의 맏아들이 내놓은 그 많은 황금도 실제로는 받을 마음이 없었다. 그래서 그는 아내에게 이렇게 말했다.

"오랜 친구 범려가 보냈으니 잠시 받아둡시다. 이후에 기회가 나면 돌려줄 생각이니 절대로 쓰는 일이 없도록 하오."

장 선생은 짬을 내어 궁궐로 들어가서 초왕을 알현했다. 이 자리에서 그는 초왕에게 이렇게 아뢨다.

"대왕이시여, 요즘 하늘을 자세히 살펴본즉 어떤 별자리가 바로 이 지점에 나타나는 것을 발견했습니다. 이는 우리 초나라에 참 좋지 않은 징조이옵니다."

초왕은 미신을 믿고 있었다. 게다가 지금껏 장 선생의 말이라면 무조건 신임했기에 바짝 긴장하며 이렇게 물었다.

"아니 장 선생, 그럼 어찌하면 좋겠소?"

장 선생이 입을 열었다.

"방법이 어찌 없겠습니까? 덕정을 베풀어 화를 물리치면 되옵니다. 예컨대, 대사면을 선포하시어 사람의 목숨을 더 많이 살리시면 하늘을 감동시킬 수 있습니다."

이 말에 초왕은 말했다.

"그렇다면 선생께서는 마음을 놓으셔도 됩니다. 과인이 선생의 가르침에 따라 반드시 덕행을 베풀겠소."

장 선생을 보낸 뒤, 초왕은 금은보화를 저장해둔 나라의 창고를 밀봉하고 더욱 빈틈없이 지키라고 명령했다. 그리고 대사면을 선포할 준비를 했다.

범려의 맏아들이 찾아냈던 초나라의 귀족은 이 소식을 듣자 크게 기뻐하며 다른 일 제쳐두고 범려의 맏아들에게로 달려갔다.

"기쁜 소식이오! 정말 기쁜 소식이오! 나라님께서 대사면을 선포하려고 하오. 이제 그대의 동생은 곧 풀려나게 될 거요!"

맏아들은 이렇게 물었다.

"뭘 보고 알았습니까?"

그 귀족은 이렇게 대답했다.

"지난 날, 군주께서는 대사면을 선포하실 때에는 선포하기에 앞서서 창고를 밀봉했습니다. 범죄자들이 풀려난 뒤 강도질을 하며 말썽을 일으키지 못하게 하려고 그렇게 했습니다. 어젯밤 군주께서 사람을 보내 나라의 창고를 밀봉했다는 것은 바로 곧 대사면이 임박했다는 말입니다."

이 말을 들은 맏아들은 거의 뛸 듯이 기뻤다. 그는 동생이 풀려날 가능성이 십중팔구 틀림없다고 믿었다. 그리고 동생이 풀려나게 된 것은 전적으로 초나라 귀족의 힘 때문이라고 생각했다. 장 선생은 어떤 역할도 하지 않았다고 그는 믿었다. 그의 머릿속에 순간적으로 장 선생에게 건넨 그 많은 황금이 떠올랐다. 너무도 헛되이 던져버렸다는 생각이 들어 그는 마음속으로 이렇게 생각했다.

'장 선생께서 아무런 힘도 쓰지 않았다면 그 많은 황금을 차지해서는 안 되지. 암, 안 되고말고. 가서 그 황금을 다시 찾아야지.'

이리하여 맏아들은 다시 장 선생을 찾아뵈었다. 장 선생은 그를 보자 깜짝 놀라며 이렇게 물었다.

"빨리 집으로 돌아가라고 하지 않았는가? 무슨 까닭으로 아직 가지 않았는가?"

맏아들은 이렇게 대답했다.

"저는 동생을 구하기 위하여 왔는데, 일이 아직도 잘 처리되지 않고 있으니 어떻게 돌아갈 수 있겠습니까? 하지만 이제 일이 잘 풀려서 동생에게 행운이 찾아왔나 봅니다. 마침 초나라에서 대사면을 선포하여 제 동생도 곧 풀려날 것이라고 하니, 저도 이제 돌아가려고 합니다. 그래서 어르신께 이렇게 인사 올리려고 왔습니다."

장 선생은 참으로 총명한 인물이었다. 그는 맏아들이 하는 말을 듣고 그가 인사를 올리려고 왔다는 말은 거짓이고 실은 황금을 돌려받으려는 데 목적이 있음을 금방 알아챘다.

"자네가 가져온 돈은 집안에 그대로 있네. 손도 대지 않았으니 자네가 들어가서 가져가면 되네."

맏아들은 안으로 들어가서 황금을 다시 가지고 나왔다. 이렇게 큰

그림 14. 상성원商聖苑

오늘날 범려는 앞을 다투어 우상으로 모시는 '화수분'이 되었다. 허난성河南省 난양시南陽市는 옛적에는
완宛이라고 했다. 이곳은 범려의 고향이라고 전해진다. 이 도시의 네이샹현內鄕縣에서는 200 무畝
남짓한 땅에 '상성원商聖苑'을 세웠다. 그리고 저촨현浙川縣에서는 많은 예산을 투자하여 범려공원을
조성했다. 이 밖에도 쑤저우蘇州, 자싱嘉興, 샤오싱紹興의 주지諸暨, 산둥山東의 딩타오定陶 등지에도
일찍이 범려가 일하거나 싸웠던 곳이었기에 범려를 주제로 한 관광 사업이 새로 생겼다.
그 당시 범려는 '세 번이나 큰돈을 모았지만 그때마다 가난한 이나 먼 형제들에게 나누어 주었다.'
요즘 사람이 이렇게 '세 번이나 천금을 내던진다면' 대체 얼마나 큰 이득을 가져올 수 있을까?

돈을 다시 손에 넣게 된 맏아들은 기쁨에 가슴이 뿌듯했다.

실제로 장 선생은 옛 친구 범려와의 옛정을 생각해서 그를 돕기로 한 것이지 범려가 보낸 돈을 받을 생각은 아예 하지도 않았다. 요즘 유행하는 말을 쓴다면 장 선생이 바란 것은 황금이 아니라 태도였다. 이제 범려의 맏아들에게 오히려 오해를 받으며 그가 재물만 탐내고 일은 처리하지 않는 인물이 되었으니, 참으로 치욕이 아닐 수 없었다. 정말로 그는 화가 치밀었다.

장 선생은 분노를 삼킬 수 없었다. 그는 다시 궁궐로 들어가서 초왕을 알현했다. 그 자리에서 그는 이렇게 아뢨다.

"대왕이시여, 지난번에 그 별자리가 우리 초나라에 어쩌면 이롭지 않을 수도 있다고 말씀 올린 바 있습니다. 그리하여 대왕께서는 덕정을 베풀어 다가올지도 모를 재앙을 복으로 바꾸기로 하셨습니다. 이는 정말로 훌륭한 일이옵니다. 하오나, 제가 저자에서 여러 사람들의 분분한 의론을 듣자오니, 도주공의 아들이 사람을 죽이고 감옥에 갇혔는데, 그 집에서 큰돈을 풀어 대왕의 아랫사람을 뇌물로 매수했다고 합니다. 또 대왕께서 덕정을 베푸는 것이 초나라에 복을 가져오려고 함이 절대로 아니고 오로지 도주공의 아들을 풀어주어 세상을 속이기 위함이라고 말들을 합니다."

이 말을 들은 초왕은 크게 화를 내며 이렇게 말했다.

"과인이 비록 덕행이 부족할지라도 어떻게 도주공 아들 하나만을 위하여 대사면을 베풀 수 있겠소? 이것이 사실이 아니라는 것을 증명하기 위하여 과인은 먼저 도주공의 아들을 사형에 처해야겠소, 그런 뒤 다시 이야기를 나누도록 합시다."

초왕은 당장 명령을 내려 범려의 둘째아들을 저잣거리로 끌어내어 목을 내리치도록 하였다. 게다가 사람들에게 사형을 당하는 이가 도주공의 아들이라는 것을 대대적으로 명백히 알렸다. 그런 뒤 초왕은 그제야 대사면을 선포했다.

범려의 맏아들은 눈코 뜰 새 없이 한바탕 바쁘게 설치기만 했지 동생의 목숨을 구하지도 못했을 뿐만 아니라 오히려 그를 더욱 비참하게, 그리고 체면도 세우지 못한 채 죽도록 만들었다.

범려의 맏아들이 동생의 주검을 운구해왔을 때, 범려의 가족들은 몹시 분하고 억울한 마음에 어쩔 줄 몰랐고 마을 사람들도 달려와 슬퍼하고 안타까워했다. 그러나 바로 이때, 범려는 뜻밖에도 소리 내어 크게 웃었다. 바로 우리가 이야기할 무대의 막은 이제 열린다.

범려는 웃음을 그치고 아내에게 이렇게 말했다.

"난 벌써부터 맏이가 제 동생을 죽음에 이르게 만들 줄 알았소! 맏이가 동생을 사랑하지 않았다는 게 아니라 그녀석이 큰돈 쓰기 아까워했던 거요. 무슨 까닭으로 애초에 맏이보다는 둘째를 보내려고 했겠소? 맏이는 어려서부터 우리와 함께 어려움을 당하며 온종일 생계를 위해 분주히 뛰어다니며 구슬땀을 흘렸기에 돈 벌기가 쉽지 않다는 것을 알고 있기에 돈 쓰는 일을 함부로 하지 않는단 말이오. 하지만 막내는 이와 달리 세상에 태어났을 때, 우리 집은 벌써 큰 부자였소. 그녀석은 온종일 멋진 수레에 타거나 준마에 걸터앉아서 사냥하며 즐길 줄만 알았지 돈 버는 고통은 아예 처음부터 몰랐기에 돈 쓰는 것도 신경을 쓰지 않았소. 맏이가 가지 않았더라면 달라졌겠지만 이왕 간 일, 사정은 분명 여기에 이를 수밖에 없었소. 그러나 뭐 그리 슬퍼할 일도 없소. 나는 맏이가 간 뒤부터 지금까지 이런 결과가 나올 줄 이미 알고 있었소."

2
나아갈 때를 알고 물러설 때를 알다

적지 않은 사람들이 이미 알고 있을 이 이야기는 아버지만큼 아들을 잘 아는 이가 없다는 교훈을 주고 있다. 물론 이는 아무런 문제가 없다. 범려는 아버지로서 맏아들과 작은아들의 성격적인 특징은 물론 일을 처리하는 방식에 대해 참으로 분명하게 알고 있었다.

그러나 더 상세하게 분석한다면, 사정은 그렇게 간단하지 않다는 것을 알 수 있다. 왜냐하면 두 가지 문제가 이상하기 때문이다.

우선 범려는 작은아들이 가면 둘째아들은 어쩌면 목숨을 건질 가능성이 있을지도 모르지만 맏아들이 가면 둘째아들은 오히려 죽을 수밖에 없다는 것을 사전에 알고 있었다. 그렇다면 그는 왜 맏아들을 보냈을까?

범려는 상업 경영을 할 때, 사람을 쓰는 데 두 가지 특징이 있었다고 앞에서 이야기한 바 있다. 그 두 가지란 '인물 뽑아 쓰기'와 '질책하지 않기'이다. 다시 말하면, 범려는 인재를 뽑아 쓰는 데 능숙했을 뿐만 아니라 사람의 능력을 잘 파악하여 적재적소에 임용하는 데 뛰어났다. 동시에 사람을 대할 때는 비교적 너그러워서 완전무결을 요구하지도 않았으며 시시콜콜 따지지도 않았다. 미루어 짐작할 수 있으니, 그의 아랫사람도 재능이 부족하지 않고 일을 맞갖게 처리할 줄 아는 인물이었다. 그는 맏아들이 일을 그르칠 것임을 분명히 알고 있었다. 그렇다면 그는 지혜와 용기를 아울러 갖춘 고급 참모를 딸려 맏아들을 돕도록 하여 결정적인 순간에 일을 그르치지 않도록 해야 했다. 범려는 맏아들이 분명 문제를 일으킬 것을 잘 알고 있었는데도, 무슨 까닭으로 예방 조치를 조금도 취하지 않았을까?

두 번째는 둘째아들의 주검이 집으로 돌아온 뒤, 다른 이들은 모두 비통함을 금치 못했는데, 범려는 왜 소리 내어 웃었을까? 절대로 웃을 수 없는 일이요 기뻐할 일이 아니잖은가! 사람이 살아가면서 가장 슬픈 일 가운데 하나로 백발의 늙은이가 검은 머리 젊은이를 앞세우는 것보다 더한 것이 있겠는가! 아들을 잃은 슬픔이야말로 얼마나 괴롭고 고통스러운지 모른다. 범려도 마찬가지였다. 그런데 범려는 웃었다. 도대체 범려는 어떻게 웃음을 터뜨릴 수 있었을까?

이 이야기는 『계연지책』에 담긴 상업의 철리에 대한 범려의 깊은 인식을 반영할 뿐만 아니라 일대의 상성商聖으로서 범려가 지닌 가늠할 수 없을 만큼 깊은 인생의 지혜를 반영한다고 볼 수 있다.

범려가 사람을 죽인 아들이 사형 판결을 받았다는 사실을 알았을 때, 그 앞에 놓인 선택은 몇 가지밖에 없었다고 가정할 수 있다.

첫 번째 선택은 물으나마나 순리를 따르는 것이다.

또 다른 선택은 인력이나 재력 등 갖가지 대가를 기꺼이 치르며 최선을 다하여 아들을 살려내는 것이다.

이런 두 가지 상황은 분명 모두 극단적인 선택이다.

대부분의 현대인은 법에 대한 강한 관념이 있어서 법과 질서를 지킬 줄 알기에 어느 누구라도 법을 어기면 사법기관의 처리에 따르며 간여하려고 하지 않는다. 그러기에 현대인이라면 첫 번째 태도를 취하게 마련이다.

그러나 고대의 법률과 제도는 현대처럼 완벽하지 않았으며, 사람들의 법에 대한 관념도 비교적 옅었다. 몇몇 사람들, 특히 일부 돈 많고 권세 있는 이들은 법률 따위를 안중에 두지도 않고 갖은 수단을 다 써서 연줄을 찾으며 뒷거래를 했다. 이들은 두 번째 방법을 취할 가능성이 높다.

그렇다면 범려는 어떻게 했는가? 범려는 앞서 한 이야기를 통하여 알 수 있듯이 중도 노선을 택했다. 다시 말하면, 그는 물으나마나 순리를 따르는 길도 택하지 않았고, 그렇다고 최선을 다하는 방법도 택하지 않았다.

이렇게 되면, 모순된 상황에 부딪힌다. 한편으로는 사람을 구해내려고 하면서도 다른 한편으로는 온힘을 다하려고 하지 않았기 때문이다.

이런 모순이 총명하기 그지없는 범려에게 일어났으니, 참으로 생각조차 할 수 없는 일이다. 아무리 생각해도 범려가 한 일이라고 믿을 수 없게 만든다.

이런 모순된 현상에 대하여 물론 두 가지 해석을 내릴 수 있다.

범려는 애초에 맏아들에 대하여 요행심을 가지고 모험을 걸 생각을 했다. 그러나 아무리 똑똑한 사람도 천 번 중에 한 번은 실수할 수 있다는 말처럼 결과는 세심하지 못했다고 할 수 있다. 이것이 첫 번째 해석이다.

그러나 두 번째 해석이 설득력이 있다.

범려가 사람을 구하려고 하면서도 온 힘을 기울이지 않은 모순된 현상은 겉으로 보기에는 참으로 초보자나 행할 수 있는 잘못이지만, 실제로는 어긋나는 줄 뻔히 알면서도 행한 일이 아닌가!

이쯤 오니 어떤 친구는 도무지 갈피를 잡지 못할지도 모른다. 범려는 무슨 까닭으로 이치에 어긋나는 줄 뻔히 알면서도 일을 이렇게 처리했는가? 설마 그에게 정신적으로 무슨 병이 있었던 것은 아닐까?

사실 이 일을 범려의 한평생 삶의 특징이나 사상적 맥락과 결합하여 보면 범려가 아들 문제를 놓고 내놓은 모순된 행동을 보다 잘 이해할 수 있다. 그는 비정상적이지도 않았으며 오히려 매우 정상적이며, 모순되기는커녕 오히려 대단히 논리적이었다.

그렇다면 범려의 한평생은 대체 어떤 특징을 갖고 있는가?

앞에서 한 문장으로 정리한 바 있다. 바로 '나아갈 때와 물러설 때를 알고 적당한 때를 가려 그친다.'는 것이 그것이다. 범려가 한평생 수없이 당한 큰일이 이 문장에 함축되어 있다.

월나라에서 공을 세우며 이름을 널리 떨쳤을 때 오히려 벼슬을 멀리하고 상업에 뛰어든 일, 제나라에서 이름을 치이자피로 바꾸고 큰돈을 번 뒤 재산을 친구들에게 모두 나누어 준 일, 도陶라는 곳으로 이주한 뒤 19년 동안 세 번이나 천금을 모았으나 자기 재산을 몇 차례나 가난한 친척이나 친구들에게 나누어준 일 등이 모두 그러하다. 그는 그리스 신화에 나오는 영웅 시시포스처럼 바위를 산꼭대기까지 밀어 올리면 바위가 다시 산 밑으로 굴러 내려가 또 다시 이 일을 해야 했고 끝내 쉴 새가 없었다.

범려가 한 번, 두 번, 아니 몇 차례나 자기 자신을 고통스럽게 만든 것은 근본적으로 그 원인이 『계연지책』이 가진 상업에 대한 철리, 그리고 도가 사상에 대한 그의 자못 깊은 인식에 있기 때문이다. 게다가 '화란 복이 의지하는 바요 복이란 화가 숨어 있는 바이라.'는 구절에 대한 깊은 이해 때문이다. 또 '만족을 모르는 것보다 더 큰 재난은 없고 끝없는 욕심보다 더 큰 죄악은 없다.'라는 구절을 깊이 있게 알았던 사정 때문이다. 또한 그는 '재물을 지나치게 아끼고 소중히 여기면 분명 더 많은 재물을 들이게 마련이고, 가진 것이 많으면 잃는 것도 많다.'는 말에 대해서도 깊이 있게 이해했다.

만약 범려의 한평생의 특징과 사상적 맥락을 잘 이해한 다음 다시 되돌아본다면, 아들 문제를 앞에 두고 목숨을 구할 생각이면서도 온힘을 기울이지 않은 모순된 것 같은 범려의 이런 행동을 쉽게 이해할 수 있다.

구체적으로 말하면 이러하다.

범려가 아들을 구해야겠다는 마음을 먹은 것은 사랑에서 출발한 감정, 곧 아버지로서의 인지상정이다. 아버지와 아들 사이는 언제나 아버지와 아들 사이일 수밖에 없다. 아들이 사형을 당할 처지에 놓였는데도 불구하고 아버지로서 전혀 무관심하여 마음을 기울이지 않고 아무런 표정도 보이지 않는다면, 이는 아내와 식구들에게 말도 되지 않는 일이다. 그 자신도 차마 그렇게 모질 수는 없었을 것이다. 아들을 구출하고 싶은 마음이 아버지로서 속 깊은 곳에서 우러나왔을 것이다.

그러나 범려가 아들을 살려낼 생각을 하면서도 온힘을 다 기울이려고 하지 않은 것은 이성과 지혜에서 출발한 마음이다. 그는 나아갈 때와 물러설 때를 잘 알았고 적당한 곳에서 그쳐야 하는 이치도 잘 알았다. 게다가 끝없이 욕심을 부리며 탐하면 마침내 재앙을 불러온다는 이치도 깊이 알고 있었다.

한편으로는 어떤 대가를 치르더라도 온힘을 다하여 아들을 구해 내는 것이 반드시 잘된 일이라고 할 수는 없다. 왜냐하면 '복이란 화가 숨어 있는 모습'이기 때문이다.

범려 본인으로 말하자면, 그는 이미 정치적으로나 상업 경영면에서나 모두 커다란 성공을 거두며 천하에 제일가는 거액의 재산을 쌓았다. 바로 이러한 때에 나아갈 줄만 알고 물러설 줄을 모르고 얻을 줄만 알고 잃을 줄 모르며 복만 누릴 줄 알고 닥쳐올 재앙을 미리 살필 줄 모른다면 생각지도 못하는 순간에 더 큰 재앙을 불러올 수도 있다.

범려 자신은 나아갈 때와 물러설 때를 알고 적당한 때에 그쳐야 한다는 이치를 잘 알고 있었지만 집안 식구들, 그 중에서도 아들들은 이런 이치를 잘 알지 못했다. 만약 이들이 제 딴엔 돈이 있다고, 그것도 천하에 제일가는 부자라고 남을 능욕하고 유아독존하며 함부로 행동하고 법을 어기며 기강을 어지럽히고 사람의 목숨을 하찮게 여긴다면, 그 자체가 바로 거대한 재난이 아니겠는가! 만약 둘째아들을 구해 냈다면 어쩌면 이런 안하무인격인 생각을 더 조장했을지도 모른다. 그는 우리 범씨 집안에서는 그 어떤 일도 수습할 수 있고 해결할 수 있다고 여길 수 있다. 이렇게 되면 그야말로 치명적인 재앙을 부르지 않을 수 없다. 겉으로는 이익을 본 것 같지만 더 큰 골칫거리를 불러오게 된다.

다른 한편으로 볼 때, 아들이 사람을 죽이고 자기 목숨으로써 대가를 치른 것도 반드시 잘못된 일이라고 할 수는 없다. 왜냐하면 '화란복이 의지하는 바'이기 때문이다.

아들이 사람을 죽이고 자기 목숨으로써 대가를 치른 일은 비록 인정으로 보아 차마 견딜 수 없고 마음으로 보아 편안할 수 없지만 이치로 보나 법으로 보나 너무도 당연하여 조금도 억울할 일이 아니다. 아들이 사형 판결을 받은 것은 말할 것도 없이 재앙이다. 그러나 이런 비통한 사건을 거치며 집안사람들에게, 그것도 자손들에게 이를 잊지 않고 교훈으로 삼아 착실하게 사람노릇을 하도록 만들 수 있고 나아갈 때와 물러설 때는 물론 적당한 때에 멈춰야 한다는 이치도 알아서 양보할 때는 양보하고 손해를 봐야 할 때에는 손해도 볼 줄 알게 가르칠 수 있다. 만약 이렇게 할 수 있다면 이 어찌 대단히 좋은 일이고 다행스러운 일이 아니겠는가?

이것이 아마도 범려가 소리 내어 크게 웃음을 터뜨린 진정한 이유일 것이다. 이 큰 웃음 속에는 참고 삼켜야 할 아픔도 있고 이성과 지혜가 담긴 원대한 계책도 있다.

그의 웃음은 어리석고 멍청한 바보의 웃음도 정신 나간 이의 미친 웃음도 아니다. 게다가 이러지도 저러지도 못하는 쓴웃음도 아니다. 그 시대의 상성商聖이 가진 깊이를 가늠할 수조차 없는 큰 지혜가 담긴 웃음이다.

3
삼대를 넘긴 부자

뒤이어 일어난 사건은 범려의 웃음이 대단한 이치를 담고 있었음을 증명한다. 『사기』 「화식열전」은 이렇게 기록하고 있다.

"뒷날 (범려는) 늘그막에 이르러 힘마저 빠지자 경영을 온전히 자손에게 넘기고 자신은 물러나서 노년을 편안하게 보냈다. 자손들의 사업경영으로 범씨 집안의 사업은 더욱 큰 규모로 발전하여 '거만巨萬'에 이르렀다."

'거만巨萬'은 무슨 뜻인가? 대체로 오늘날의 억만億萬에 맞먹는다.

범려가 사업에서 물러난 뒤, '도주공陶朱公'이란 세 글자는 범씨 집안의 상호로 변하여 이 집안 자손대대로 전해 내려오며 이 상호를 가진 사장 겸 최고경영자도 도주공이라 불리고 있다. 전국 시기에도 도주공이란 상호는 여전히 존재했을 뿐만 아니라 그 영향도 대단했다. 또 재산이 얼마나 많았던지 나라의 재산과 맞먹을 정도였다고 한다.

어떻게 이 사실이 알려졌을까? 한나라 때 유향劉向이 쓴 『신서新序』에는 이런 이야기가 실려 있다.

전국 시대 양梁나라에 결론을 내리기 어려운 사건이 터졌다. 대신들 가운데 어떤 이는 마땅히 유죄를 내려야 한다고 주장했지만, 또 다른 이는 당연히 무죄를 내려야 한다고 주장했다. 극단적인 양쪽의 의견을 앞에 두고 양왕도 대단히 곤혹스러웠다. 어떻게 해야 좋을지 판단을 내리지 못할 때, 궁하면 통한다더니 그 다급한 상황에서도 양왕에게 멋진 생각이 하나 떠올랐다. 바로 어떤 사람이 머릿속에 떠올랐던 것이다. 양왕은 이렇게 입을 열었다.

"평민으로서 나라 재정에 맞먹을 정도의 큰돈을 번 도주공이라면 분명 보통 사람을 뛰어넘을 지혜가 있을 것이오. 그 양반을 모셔다 가르침을 듣도록 합시다."

이리하여 양왕은 도주공을 모셔오도록 하였다.

"우리 양나라에 결론을 내리기 참으로 어려운 사건이 하나 생겼소. 안건을 판결할 이들 가운데 반은 유죄라고 주장하고 나머지 반은 무죄라고 주장하고 있소. 과인도 참으로 난감하오. 이 사건을 어떻게 처리하면 좋을지 선생께서 한번 판단해 보오."

도주공은 자신을 낮추며 입을 열었다.

"대왕이시여, 저는 한낱 미천한 백성으로서 어떻게 판결을 내려야 할지 알지 못합니다. 그래도 대왕께서 제게 입을 열라시면 한 가지 예를 들겠습니다. 저희 집에 하얀 색깔의 옥이 두 개 있습니다. 이들은 색깔이나 광채나 크기가 거의 비슷합니다. 하지만 이들의 가격으로 보자면, 하나는 천 냥에 팔 수 있고, 다른 하나는 겨우 오백 냥에 팔 수 있습니다."

양왕이 물었다.

"아니, 크기나 색깔에 큰 차이가 없는데 어찌하여 가격 차이가 그렇게 크단 말이오?"

도주공은 이렇게 대답했다.

"측면에서 살피면 하나는 두께가 다른 것보다 두 배로 보이기 때문입니다. 그래서 두껍게 보이는 옥은 천 냥에 팔 수 있는 것이고 얇게 보이는 옥은 겨우 오백 냥에 팔리게 됩니다."

사람됨이 너그러우려면 너무 각박해서는 안 된다는 뜻이었다. 옥이 두텁고 넓으면 값이 나갈 수 있고, 사람대접을 너그럽고 후하게 하면 사람의 마음을 얻을 수 있다. 예컨대, 죄가 있다고 단정할 수도 있고 죄가 없다고 단정할 수도 있다면 될 수 있으면 죄를 묻지 않아야 하고, 상을 내릴 수도 있고 상을 내리지 않을 수도 있다면 될 수 있으면 상을 내려야 한다.

양왕은 도주공의 말 속에 담긴 이치를 깊이 깨닫고 결론을 내리기 어려웠던 이 사건을 법이 허용하는 한도 안에서 가볍게 처벌했다. 이러한 판결에 대하여 양나라 사람들은 몹시 기뻐했다.

유향은 이 이야기를 한 뒤 이렇게 논평했다.

"이로 볼 때, 어떤 일을 하더라도 될 수 있는 한 너그럽고 후하게 해야지 각박하게 처리해서는 안 된다. 예컨대, 담장이 얇으면 무너지기 쉽고, 천이 얇으면 찢어지기 쉽고, 기물이 얇으면 부서지기 쉽고, 술맛이 싱거우면 쉬기 쉬운 것과 같다. 얇은 물건은 오랫동안 유지하기가 쉽지 않다. 그러기에 권력을 손에 쥔 자는 온 힘을 다하여 백성들을 너그럽게 대해야 한다. 이렇게만 하면 나라가 오랫동안 안정되고 평화를 누릴 수 있다."

이 이야기 속에 나오는 도주공은 우리가 널리 알고 있는 범려가 아니라 범려의 후손이다. 왜냐하면 범려가 전국 시대까지 살았을 리 없기 때문이다. 위의 이야기가 사실이라면, 범려의 후손도 정치에 참여하지 않고 보통 백성으로서 세세대대로 상업 경영을 하며 전문화된 상공업자로 살았음이 분명하다. 게다가 상업 경영의 규모도 대단하여 나라 재정과 맞먹을 정도로 큰 부에 이르렀다.

이런 현상은 참으로 눈여겨볼 만하다. 이는 범려가 가족 기업을 일으킨 뒤 아들이 법을 위반한 일이 있긴 했지만, 부가 삼대를 가지 못한다는 문제는 나타나지 않았음을 말한다. 그러니까 범려는 후계자 양성에 분명 성공했다는 뜻이다.

그렇다면 범려는 도대체 어떤 방법으로 후계자를 양성했을까? 가장 주요한 점으로 대략 두 가지를 들 수 있다.

첫째, 나아갈 때와 물러설 때를 알고 적당한 때에 멈출 줄 아는 인생의 지혜이다. 범려는 한평생을 통하여 나아갈 때와 물러설 때를 알고 적당한 때에 멈출 줄 아는 인생의 지혜가 있었기에 처음부터 끝까지 더 나은 곳을 향하여 창조력과 열정적인 활력을 발휘할 수 있었음을 알 수 있다. 또 부에 이르렀으나 교만하지 않고 평안함 속에서도 닥쳐올지도 모를 위기를 생각했으며 효과적으로 재앙을 방지할 수 있었다.

둘째, 사람을 너그럽게 대한다는 원칙이다. 사람을 너그럽게 대하면 다른 사람의 이익에도 신경을 쓰고 분에 넘치는 폭리를 추구하지도 않는다. 그리고 사고파는 양쪽의 이익과 혜택을 고루 생각한다. 사람을 너그럽게 대하기만 하면 부유하면서도 훌륭한 덕을 베풀 수 있고 가난한 이들을 도와주며 사회를 향한 책임을 다할 수 있다. 사람을 너그럽게 대하기만 하면 법이나 기율을 준수하면서도 천리를 거스르지 않게 된다.

후손의 행동으로 보아 범려의 이런 인생 지혜와 일처리 원칙은 그의 후대로 착실하게 전승되었을 뿐만 아니라 그의 후손이 더욱 발전시켰고 확대했음을 알 수 있다.

범려의 후손은 그의 인생 지혜와 일처리 원칙을 이어받아 범려가 문을 연 가족 기업의 부를 더욱 크고 오랫동안 나라에 맞먹을 정도로 만들었음은 물론 상업 교육에 더욱 열중하여 자기의 상업 경험을 가난하여 곤경에 빠진 젊은이들에게 전수하여 그들을 왕후장상에 비견할 만한 대부호로 양성했다.

이런 가운데 행운을 잡은 젊은이는 누구일까? 바로 의돈猗頓이다.

의돈은 전국 시대 노魯나라 사람이다. 그는 평범하기 짝이 없는 일반 백성이었다. 옛적에 일반 백성은 성姓을 가지지 않았다. 의돈도 그랬다. 그의 이름은 본래 돈頓 한 글자뿐이었다. 그가 뒷날 의猗라는 곳에 정착하여 살며 큰돈을 벌었기에 사람들은 그를 일러 의돈이라고 부른 것이다.

젊은 시절 의돈은 가난하기 짝이 없었다. 게다가 무슨 일을 해도 하는 일마다 손해를 보며 어느 하나 되는 일이 없었다. 밭을 갈고 씨를 뿌리며 농사를 지어도 언제나 굶주린 배를 움켜쥐어야 했다. 누에를 기르고 베를 짜도 언제나 추위에 떨어야 했다. 극도로 빈한한 형편으로 생활은 늘 어려움의 연속이었다.

의돈은 도주공이 천하에 제일가는 부자라는 말을 듣고 마음속으로 그리며 우러러 따랐다. 그리하여 그는 아예 노나라에서 달려와 도주공을 스승으로 모시고 배움을 청했다. 도주공은 의돈이 빈털터리라고 결코 무시하지 않았다. 오히려 뜨거운 마음으로 그를 맞았다. 더구나 그에게 사업을 할 밑천이 전혀 없다는 것을 알고 이렇게 말했다.

"자네가 빨리 부자가 될 생각이라면 먼저 짐승을 길러야 하네."

의돈은 도주공의 가르침에 따라 지금의 산시성 남쪽 서하西河 의 씨猗氏 일대로 왔다. 이 일대는 토지가 습하고 초원이 광활하여 짐승을 놓아기르기에 적합했다. 의돈은 바로 이 지방에서 자기 사업을 펼쳤다.

10년이란 세월이 지나자 의돈이 거느린 소와 양의 무리는 끊임없이 번식하여 이제는 세려야 셀 수조차 없을 만큼 많아졌다.

의씨 지방은 짐승을 기르기에 적합한 것 말고도 참으로 중요한 자원이 하나 있었으니, 바로 지염池鹽이다. 애초에 의돈은 짐승을 판매할 때, 언제나 저자에 가는 김에 짐승의 등에 얼마만큼의 지염을 각지로 싣고 나가서 짐승과 함께 팔았다. 의돈은 지염 판매를 통하여 얻는 이윤이 참으로 괜찮다는 것을 서서히 알게 되었다. 이리하여 그는 짐승 사육으로 얻은 자금을 이용하여 지염의 생산과 무역 활동으로 경영의 중심을 차츰 옮겼다.

결국 의돈은 지염 경영으로 큰돈을 손에 쥐게 되었다. 『사기』「화식열전」에는 그가 '나라님과 부를 나란히 겨루었다.'고 나온다. 왕후장상에 비할 만큼 큰 부자가 되었다는 말이다.

범려의 후손은 의돈이라는 빈털터리를 일대의 부호로 양성했다. 이는 범려의 후손들도 여전히 다른 이를 기꺼이 도왔고 다른 이에게 베풀기를 즐기는 전통을 유지했음을 보여준다.

실제로 전국 시대에는 범려의 후손처럼 이렇게 상업 교육에 열심이었으며 즐겨 인재를 육성했던 인물이 여러 명 있었다.

이제 큰 기업가가 등장하는데, 그는 상공인을 전문적으로 육성하는 데 비교적 완전한 교육 체계를 갖추기까지 했다. 그의 업적은 중국 역사상 최초의 상업 대학의 건설이었다고 이를 만하다.

그렇다면, 큰 기업가였던 이 사람은 도대체 누구일까? 또 그는 어떤 일을 했을까?

商賈智慧

1
다른 사람이 버리면 거두어들인다

진秦나라 말기, 변경 저 멀리 독도현督道縣이라는 지방이 있었다. 이 일대는 국경과 인접한 곳으로 평시에도 군대가 주둔했기에 적지 않은 군량미와 마초馬草를 저장했고 군인들의 공로를 표창하며 내릴 금은보화도 있었다.

어느 날, 깜짝 놀라게 할 만한 소식이 이 자그마한 마을로 날아들었다. 패공沛公 유방劉邦이 진나라의 서울 함양咸陽으로 치고 들어가서 진왕 자영子嬰의 항복을 요구하며 일찍이 기고만장하던 진왕조를 완전히 붕괴시켰다는 것이다.

이 소식을 들은 지방 관리와 이곳에 주둔하고 있던 군대는 뿔뿔이 사방으로 흩어지고 이 작은 지방은 다른 지방처럼 곧바로 지도자가 없는 무정부 상태로 빠져들었다. 진왕조의 국가 창고는 순식간에 주인

없는 물건으로 변해 버렸다. 이 지방의 몇몇 토호들은 서로 앞을 다투어 창고 문을 열고 값나가는 금은보화를 손에 넣었다. 눈 깜짝할 사이에 모든 창고는 하나도 없이 다 털리고 오직 식량 창고 하나만이 누구의 관심도 끌지 못했다.

왜 이 식량 창고는 털리지 않았을까? 보통 사람 눈에는 식량은 금은보화처럼 값이 나가지 않았을 뿐 아니라 일만 석 식량도 돈으로 몇 푼밖에 되지 않았기 때문이다. 또 전란으로 세상이 어수선하여 사람들이 사방팔방으로 피난을 가는데 많은 양식은 가지고 갈 수 없었던 것도 그 이유 가운데 하나였다. 어쨌든 당시 식량을 소중히 여기는 사람은 없었다.

이때, 누구보다 뛰어난 안목을 가진 이가 하나 있었으니 바로 식량 창고를 지키던 관리원이었다. 이 관리원의 이름이 무엇인지 알 수 없었지만 성은 임任 씨였다. 사람들을 그를 임씨라고 불렀다. 무슨 까닭으로 그에게 남보다 훨씬 뛰어난 안목이 있다고 했을까? 그는 정말 간단한 이치를 알고 있었기 때문이다. 백성은 먹는 것을 하늘처럼 여긴다, 어느 때든 사람은 모두 먹어야 하기에 식량은 가장 중요하다. 바로 이런 이치를 알고 있었던 것이다. 이리하여 그는 재빨리 가족들을 이끌고 커다란 땅광을 하나씩 팠다. 그리고 누구도 간섭하지 않고 탐내지 않던 식량을 한 수레 또 한 수레 옮겨서 자기 집 땅광에 집어넣었다.

진나라가 멸망한 지 얼마 되지 않아 유방과 항우項羽가 다시 맞붙었다. 역사에서는 이를 초한전쟁楚漢戰爭이라고 한다. 한번 맞붙은 이들의 싸움은 5년이나 계속되었다. 오랜 기간에 걸친 전쟁으로 농민들은 땅에 씨조차 뿌릴 수 없었다. 토지는 온통 황무지로 변했고 식량은 갈수록 줄어들어 곡물 가격도 갈수록 올랐다. 보통 때에는 몇 백 냥의 돈으로 살 수 있던 곡물이 이제는 일만 냥의 돈으로도 살 수 없을 만큼 한껏 올랐다. 순식간에 굶어죽은 주검이 도처에 널리게 되었다. 지난날 금은보화를 약탈하여 한 차례 큰돈을 벌었던 몇몇 사람들도 이제는 어쩔 수 없이 그 금은보화로 곡물을 바꾸어야 했다.

임씨는 서두르지 않고 느긋하게 땅광 속의 식량을 내다 팔았다. 한 번 두 번 내다 팔다 보니 오래지 않아서 그곳 금은보화는 거의 다 그의 손으로 들어왔다.

임씨는 이렇게 하여 한낱 평범한 창고 관리원에서 순식간에 인근에 이름을 날리는 큰 부호가 되었다.

임씨가 번 큰돈은 전적으로 식량을 되팔아서 얻은 것이다. 그렇다면 그가 쓴 방법은 어떤 이치 때문이었나?

앞에서 이미 전국 시대를 살았던 대상인 백규白圭의 '다른 사람이 버리면 나는 거두어들이고 다른 사람이 취하면 나는 준다.'는 유명한 상업 경영의 비결을 이야기 한 바 있다. 이 상업 경영의 비결은 투자의 귀재로 알려진 미국의 워렌 버핏이 일찍이 내놓은 투자 격언인 '다른 이가 욕심을 낼 때 나는 두려워하고, 다른 이가 두려워할 때 나는 욕심을 낸다.'는 구절과 완전히 일치한다. 그 의미는 바로 역발상이요 역방향 조작이다.

임씨의 행동을 보면, 다른 이들이 금은보화를 탈취하며 식량을 똥처럼 여기며 거들떠보지도 않을 때, 임씨는 남이 하는 대로 금은보화를 챙기지 않고 오히려 식량을 갈무리했다. 이야말로 '다른 이가 버리면 나는 취한다.'는 원리 아닌가? 이제 식량이 부족하여 가격이 폭등하자 임씨는 식량을 팔아서 금은보화를 사들였으니, 이는 또 '다른 이가 취할 때 나는 내준다.'는 원리 아닌가?

임씨가 큰돈을 벌 수 있었던 것은 전적으로 백규가 내놓은 이 비결을 따른 데 있다.

실제로 이런 사람이 어찌 임씨 하나뿐이겠는가? 만약 전 세계 상공업의 역사로 시야를 넓힌다면 예부터 지금까지 수없이 많은 성공한 상공업자들 가운데 백규가 말한 이 비결을 따르지 않은 이가 없다는 것을 발견할 수 있을 것이다.

누구보다 중국 근대의 저명한 화교 상인으로서 샤먼대학廈門大學을 창립한 천자겅陳嘉庚 선생은 백규의 이 비결을 극도로 떠받들며 이에 따라 자기 경영 방법을 매듭지어서 새로운 방향으로 발전시켰다.

백규가 내놓은 상업 경영의 비결은 오늘날에도 여전히 진리의 빛을 널리 비춘다고 말할 수 있다. 그러나 백규는 이천여 년 전의 인물이라는 사실을 잊어서는 안 된다.

그렇다면 이천여 년 전의 전국 시대에 살았던 백규는 어떻게 이렇게 앞선 상업 이론을 내놓을 수 있었을까? 그에게는 어떤 기이한 일화가 있었을까?

백규의 이름은 단丹으로 전국 시대 주周나라 사람이다. 그러니까 지금의 허난 뤄양 일대에서 살았던 인물이다.

백규는 상인으로서 일찍이 벼슬도 한 적이 있다. 그러나 상업 경영을 한 뒤 벼슬을 했는지, 아니면 벼슬을 먼저 한 뒤에 상업 경영을 했는지 명확한 역사적 기록이 없으니 지금도 분명하게 알 길이 없다.

백규가 내놓은 '다른 사람이 버리면 나는 거두어들이고 다른 사람이 취하면 나는 준다.'는 상업 경영의 신념을 그는 상업 경영 활동을 하면서 온힘을 다해 실천했다.

백규는 주로 식량, 잠사 등 농업 생산물과 부업 생산물의 매매에 종사했다. 당시에 이는 거상들이 경영하기를 원하는 사업이 결코 아니었다.

그렇다면 당시 거상들은 주로 어떤 사업을 벌였을까?

크게 두 가지였다.

하나는 금은붙이 등 보화와 완상하기 좋은 진귀한 사치품이다. 이런 상품은 주로 돈 있는 이들이 찾았다. 돈 있는 이들이 찾는 물품은 어떤 특징이 있을까? '가장 좋은 것보다는 가장 귀한 것을 바란다.'는 것이다. 그러기에 장사하는 이들이 돈 있는 이들과 오가며 하는 사치품 매매는 이윤이 커서 버는 돈도 많았다. 이윤율이 얼마나 높았을까? 그 유명한 여불위呂不韋가 일찍이 그의 아버지와 나눈 대화를 예로 들어보자.

"밭에 씨를 뿌려 농사를 지으면 얼마나 이윤을 남길 수 있겠습니까?"

여불위의 아버지는 아들의 물음에 이렇게 대답했다.

"열 배의 이윤을 남길 수 있느니라."

여불위는 또 이렇게 물었다.

"그럼 금은보석을 매매한다면 얼마나 이윤을 남길 수 있겠습니까?"

"백 배의 이윤을 남길 수 있느니라."

실제로 오늘날에도 갖가지 명목의 사치품을 매매하면서 얻는 이윤율은 대단히 높다. 독일에서 생산된 자동차 폭스바겐의 세전 평균 이윤은 300유로밖에 되지 않지만 경주용 자동차 포르쉐의 이윤은 놀랍게도 2만 유로에 달한다.

또 하나는 자원을 바탕으로 대규모로 생산되는 상품이다. 예컨대 도주공의 제자 의돈이 경영한 자염업煮鹽業이나 과부청이 경영한 주사 채굴 사업이나 그 밖의 철광 채굴 사업 등은 모두 큰돈을 빨리 쥘 수 있는 업종이다.

소금, 주사, 철 따위의 상품은 수요량도 대단한데다 이용자도 정말 많다. 소금을 예로 들자면, 가난한 이나 부자나 밥을 먹지 않는 이는 없고 밥을 먹으려면 소금을 먹지 않을 수 없다. 철도 마찬가지이다. 농사를 짓는 이나 노동을 하는 이나 철로 만든 도구를 사용하지 않을 수 없다.

그러나 이것들을 생산하려면 얼마간의 제한을 받는다. 먼저 자원이다. 이는 일정한 정도로 독점적이다. 어디서나 생산되지 않기 때문이다. 이런 업종을 선택하려면 일정한 정도의 문턱이 있다. 일정한 자금력이 없으면 불가능할 뿐만 아니라 원한다고 누구나 할 수도 없다. 따라서 이런 산업은 거상들이 비교적 집중할 수 있는 업종이다. 식량이나 잠사 등 농산품이나 부산물의 매매는 이와 다르다.

우선 접촉하는 대상도 농민이나 수공업자 등 일반 백성들이 주를 이룬다. 이들 농민이나 수공자는 큰돈을 가진 이들이 아니기에 상품 매매로 이루어지는 이윤율이 높을 리 없다. 큰돈을 벌 생각이라면 무역량을 크게 높이며 규모로 승리를 도모해야 한다.

또한 이 사업에 진입할 수 있는 문턱도 높지 않기에 밑천이 많든

적든 누구나 할 수 있다. 그러기에 경쟁도 상대적으로 매우 격렬하다. 돈을 버는 데도 사치품이나 희소 상품, 또는 독점 자원으로 생산된 상품에 비하여 훨씬 힘들기에 거상들은 거들떠보지도 않는다.

그러나 백규는 오히려 정반대의 길을 택했다. 식량이나 잠사 등의 농산물이나 부산물 등의 상품 판매에 주로 종사했던 것이다. 그가 시작한 방법은 '다른 사람이 버리면 나는 거두어들이고 다른 사람이 취하면 나는 준다.'는 이치와 전혀 달랐나?

구체적인 경영 과정에서 백규는 '다른 사람이 버리면 나는 거두어들이고 다른 사람이 취하면 나는 준다.'는 상업 경영의 비결을 철저하게 실천했다.

그의 일처리 방법을 두 마디로 정리하면 다음과 같다.

"곡물을 수확할 때에는 이를 사들이고 명주나 칠은 내다 판다. 또 누에고치가 맺어질 때에는 명주를 사들이고 곡물은 내다 판다."

다시 말하면, 해마다 가을철 수확으로 곡물이 대량으로 시장에 나오면 낮은 가격으로 이를 사들이면서 겨울철 농한기에 농민들이 필요로 하는 명주실이나 칠 따위의 수공업 원료는 내다 팔고, 해마다 봄이 되어 명주실이 대량으로 시장에 나오면 싼값으로 잠사를 사들이면서 보릿고개가 되어 곡물 가격이 오를 때면 지난해에 사들였던 곡물을 내다 판다는 뜻이다.

상업을 하면 싼값에 사들여 비싼 값에 팔아서 이때 생긴 가격 차이로 돈을 벌게 된다. 매매 가격의 차이가 발생하는 원인은 두 가지 상황뿐이다. 하나는 생산자와 소비자 사이의 공간적 배경인 거리 때문에 가격 차이가 발생한다. 또 하나는 서로 다른 계절, 서로 다른 해 사이의 시간적 배경 때문에 가격 차이가 발생한다. 옛날에는 같은 물건이라도 다른 지방의 차이 때문에 발생하는 가격차가 대단히 컸다. 그러나 교통이 매우 낙후되어 운송비용이 매우 높았기에 몇몇 상품은 백성들의 일상생활과 깊은 관계를 가진 대중 소비품이었지만 공간 이동이 참으로 어려웠다. 따라서 공간의 차이 때문에 발생하는 가격 차이로 큰 돈을 벌기는 힘들었다. 사마천은 『사기』 「화식열전」에서 '백 리 먼 곳에는 땔나무를 팔러 가지 않았고, 천 리 먼 곳에는 먹을 양식을 팔러 가지 않는다.'라고 일렀다. 참으로 일리 있는 말이다.

백규는 시간적인 배경 때문에 생기는 가격 차이로 돈을 벌었다. 계절마다 사기도 하고 팔기도 했으며 취하기도 주기도 했다. 이런 경영을 통하여 백규는 크게 성공한 상인이 되었다.

'다른 사람이 버리면 나는 거두어들이고 다른 사람이 취하면 나는 준다.'는 원칙을 굳게 지키며 계절에 따른 가격 차이로 돈을 벌어들이는 외에도 백규는 기후 변화와 농업 생산 파동의 규칙에 근거하여 해마다 다른 수확량으로 인해 발생하는 가격차를 이용하여 돈을 벌어들였다. 다시 말하면, 날씨가 매우 좋아서 풍년이 든 해에는 싼 값으로 대량의 곡식을 사들였다가 한해나 수해로 흉년이 든 해에는 높은 값으로 내다팔았다.

농업 생산은 예로부터 날씨와 기후 조건의 영향을 크게 받았다. 기후 변화는 농업 생산량에 큰 영향을 끼쳤다. 이 점에 이의를 제기할 이는 없다. 그런데 백규는 언제 풍년이 들고 언제 흉년이 들지 어떻게 알았을까?

오늘날 우리는 기후 변화 예측을 기상청에 의존하고 있다. 기상위성의 도움을 받고 있어도 오늘날의 기상 예보가 정말로 정확하다고 말할 수 없다. 그렇다면 이천여 년 전에 살았던 백규는 어떻게 날씨를 예측했을까?

백규는 당시 유행하던 일종의 천문학 이론에 의존했다. 이 이론은 하늘의 목성木星이 매년 조금씩 위치를 바꾸어 열두 해가 되면 태양을 한 바퀴 돌아 하나의 주기를 형성한다는 데 근거한다. 목성의 위치 변화에 따라 지상의 기후도 주기적으로 변화해서 어떤 해에는 큰 가뭄이 들고 다른 해에는 큰물이 넘치고, 또 어떤 해에는 날씨가 매우 좋고 다른 해에는 좋지도 나쁘지도 않은 날씨를 보인다. 이에 따라 농업 생산량이 늘거나 줄어 풍년을 기록하기도 흉년을 기록하기도 한다.

이런 이론은 일찍이 『계연지책』에서도 나온 바 있다. 백규는 이보다 더 전면적이고도 상세한 설명을 붙였다. 백규는 아예 목성의 위치 변화에 근거하여 기후 변화를 예측하였으며 한 발 더 나아가 곡물 시장의 상황을 미리 내다보았다.

재미있는 사실은 이 이론이 뜻밖에도 19세기 후반 영국의 저명한 경제학자 윌리엄 제본스(William. S. Jevons)가 내놓은 '태양흑점설'과 매우 비슷하다는 점이다. 제본스의 '태양흑점설'에서는 태양 흑점의 변화 주기는 대략 11년에서 13년이라고 주장한다. 태양 흑점의 이런 변화는 기후 변화에 직접적인 영향을 주고 더 나아가서 농업 생산의 수확에도 영향을 줄 수 있다. 따라서 경제도 주기적으로 순환하는 특징을 보인다는 것이다. 제본스의 '태양흑점설'은 일찍이 서양에서는 경제 순환 이론으로 인정받았다. 그러나 『계연지책』과 백규의 목성 주기 이론은 제본스가 내놓은 이론보다 무려 이천여 년이나 앞서 나왔다.

목성 운동의 이론이나 '태양흑점설'이나 그리 과학적이지는 않다. 오늘날의 기상위성과 견준다면 사실은 원시적이고 낙후되었다. 그러나 이것들은 모두 인류가 시도하며 내놓은 경제 규칙에 대한 지혜의 결정으로 역사적으로 매우 중요한 가치가 있다.

이 이론에 근거해서 백규는 곡물 수확 변화의 규칙을 대체적으로 예측하며 남보다 앞당겨 준비를 잘 할 수 있었다. 이 때문에 '다른 사람이 버리면 나는 거두어들이고 다른 사람이 취하면 나는 준다.'는 상업 경영의 비결을 멋지게 운용해 마침내 세상이 주목하는 큰 상인으로 성공을 거둘 수 있었다.

중국 역사에서 백규는 상업의 창시자로 존경을 받고 있다. 사마천은 일찍이 '이 세상에서 산업을 경영하는 이는 모두 백규를 본받으며 배우고 있다.'고 이르며 백규를 지극히 높은 위치로 끌어올렸다.

어떻게 백규는 이렇게 높은 지위와 명성을 얻었을까? 물론 그가 큰 성공을 한 상인이었기 때문이다. 그러나 백규야말로 선진 시기 상업 이론을 집대성한 인물이라는 사실이 더욱 중요하다. 그는 당시 상인들의 지혜와 도가, 유가, 병가, 법가 등 제자백가 사상을 하나로 녹여서 비교적 완전한 이론 체계를 구축했다. 게다가 백규는 공개적으로 제자를 받아들여 온힘을 다하여 상업 교육을 펼쳤다. 요즘 말로 한다면 중국 역사상 가장 이른 시기에 경영대학원을 설립했던 것이다.

백규는 상업 실천가이자 이론가요 교육자의 몸으로 모든 사람이 존경하는 이로 존경을 받기에 손색이 없다.

백규의 상업 이론 가운데 가장 중요한 것은 무엇일까? 바로 그것은 앞에 나왔던 '다른 사람이 버리면 나는 거두어들이고 다른 사람이 취하면 나는 준다.'는 문장 이외에도 네 글자 잠언을 들 수 있다.

2
지용인강智勇仁强

이른바 네 글자 잠언이란 바로 '지智. 용勇, 인仁, 강强'을 말한다. 이 잠언은 무엇에 쓰이는가? 이것이 바로 백규가 문을 연 경영대학원에서 가르친 내용이다.

공자는 중국 역사에서 가장 이른 시기의 사립대학교 총장이었다. 공자가 학생들에게 가르친 내용은 모두 여섯 가지 분야였다. 바로 예禮, 악樂, 사射, 어御, 서書, 수數 등 '육예六藝'였다.

그렇다면 백규가 문을 연 중국 최초의 경영대학원의 학습 내용은 무엇이었을까? 바로 '지, 용, 인, 강'이었다.

백규는 일찍이 이렇게 말했다.

"지혜가 부족하여 그때그때 상황에 맞게 일처리를 할 수 없고, 용기가 부족하여 과감하게 결단을 할 수 없고, 어진 덕이 부족하여 정확하게 취사取捨를 할 수 없고, 강건하지 못하여 꿋꿋함을 유지할 수 없다면, 내 경영 방법을 배우려고 해도 가르침을 줄 수 없다."[50]

---

50 智不足與權變, 勇不足以決斷, 仁不能以取予, 强不能有所守, 雖欲學吾術, 終不告之矣.

만약 지, 용, 인, 강이 미치지 못한다면 그의 경영 이치를 결국은 배울 수 없다는 의미이다.

백규는 자신의 상업 이론과 상업 활동에 대한 자부심이 대단했다. 그는 일찍이 이렇게 말했다.

"나는 산업을 경영하면서 이윤伊尹과 강자아姜子牙처럼 주도면밀한 계획으로 먼 앞을 내다보며 치밀하게 계산했으며, 손무孫武와 오기吳起가 병사를 부리며 작전을 하는 것처럼 변화가 무궁했으며, 게다가 상앙商鞅이 법을 집행하는 것처럼 결연하고 명확했다."[51]

백규는 자신의 상업 이론과 상업 활동을 이런 저명한 정치가나 군사 전문가와 동등한 위치에 놓고 있다. 그의 자부심이 너무 지나친 것 아닐까?

백규의 자부심과 자신감은 사실 스스로 실천을 통하여 이미 일을 시작하기도 전에 빠짐없이 준비하면서 시작되었다. 사마천은 일찍이 이렇게 평가했다.

"백규가 내놓은 설교조의 이야기는 그 자신의 실천을 통하여 검증된 것이다. 게다가 그는 실천하면서 성공을 거머쥐었다. 백규는 결코 헛된 명성을 얻은 게 아니다. 그는 되는대로 아무렇게나 거들먹거리는 인물이 아니다."

실제 상황도 정확하게 일치한다. 백규의 상업 이론과 가르침은 수많은 상인들에게 영향을 끼치며 이들에게 큰 성공을 안겼다.

---

51 吾治生産, 猶伊尹, 呂尚之謀, 孫, 吳用兵, 商鞅行法是也.

그렇다면 백규의 '지용인강' 잠언은 도대체 어떤 내용과 상업 지혜를 담고 있을까? 또한 이와 관련된 일화에는 무엇이 있을까?

먼저 첫 번째 잠언인 '지智'에 대하여 살펴보자.

백규의 견해에 따르면 이른바 '지'란 바로 '권변權變'이다.

'권변'이란 무엇인가? 바로 그때그때 처한 형편에 따라 알맞게 일을 처리하는 지혜이다. '권權'이 가진 본래 의미는 '저울추'이다. 조금이라도 생활 경험이 있는 이는 물건을 파는 사람이 물건을 저울에 달 때 저울추 위치가 저울대 위에 고정된 것이 아니어서 정확하게 달려면 저울판 위의 물품의 무게에 따라 저울추의 위치를 조정해야 한다는 사실을 알고 있다. 이 때문에 이른바 '권변'이란 바로 융통성 있게 생각해서 어떤 일이든 미적미적 처리하지 않고 외곬으로 파고들지 않는 것을 말한다.

여기 매우 전형적인 일화가 있다. 『사기』「화식열전」에 기록된 아지 나烏氏倮가 되파는 방법으로 돈을 모은 이야기이다.

전국 시대 말기에 아지烏氏라는 지방이 있었다. 이곳은 지금의 간쑤성 핑량平涼 일대이다. 아지 이 지방에 나倮라는 이름의 인물이 있었는데, 사람들은 그를 아지나라고 불렀다.

아지나는 본래 가축을 놓아먹이는 것을 생업으로 삼는 평범한 목축민이었다. 십 년 남짓한 힘겨운 노력 끝에 그가 기르는 가축은 이제 큰 무리를 이루어 그런대로 규모가 커졌다.

어느 날, 아지나는 산위로 올라가서 양떼를 풀어놓았다. 그 자리에서 그는 사방을 내려다보았다. 그런데 쭉 잇대어 있는 산과 산 사이로 온통 가득한 양떼와 소떼가 꽃구름처럼 이리저리 오가는 모습이

보였다. 그는 이것들이 모두 서역西域 국왕의 재산이라는 것을 알고 있었다. 그는 언제나 이 국왕처럼 많은 양떼와 소떼를 거느리게 될까 생각하니 갑자기 탄식이 나왔다. 지금과 같은 방법으로 하다가는 한평생을 바쳐도 가망이 없었다. 그는 '아! 일반적인 방법을 뛰어넘어 가위뛰기로 발전할 수만 있다면 안 될 것도 없겠구나!'라고 생각했다.

그러나 대체 어떻게 해야 평소의 관례를 깨뜨리고 가위뛰기 방법을 쓰며 발전할 수 있을까? 아지나는 이리저리 머리를 굴렸다.

이리저리 깊이 생각한 끝에 그는 자기가 가진 가축을 몽땅 판 뒤, 그 돈을 갖고 중원 일대로 가서 진기하고 값나가는 비단을 사들이기로 했다. 그리고 그는 이 비단을 서역으로 가지고 가서 한 뼘도 남기지 않고 자그마한 왕국의 국왕에게 몽땅 다 바쳤다. 이 왕국의 국왕은 이런 진귀하고 값나가는 비단을 아무런 까닭도 없이 받고나자 자기도 모르게 기쁨에 넘쳤다.

비록 그가 국왕이긴 하지만 그래도 받고 나서 뭔가 주지 않으면 예에 어긋난다는 이치를 잘 알고 있었다. 그는 이렇게 물었다.

"친구여, 짐이 그대에게 무엇을 주면 좋겠소?"

아지나는 이렇게 대답했다.

"저는 오직 가축만 필요할 뿐 다른 것은 필요하지 않습니다."

서역의 국왕은 이 말을 듣자 머뭇거림 없이 이렇게 입을 열었다.

"참 좋은 말이오. 이 나라에는 넘치고 넘치는 것이 바로 양이고 소요."

국왕은 그 자리에서 아지나에게 한 무리의 양떼와 소떼를 상으로 내렸다. 이때, 아지나가 상으로 받은 양과 소가 얼마나 많았을까? 얼마나 많았는지 셀 수 없을 정도였다. 그저 몇 개의 산골짜기를 다 메우지도 못할 만큼 많았다고만 말해두자. 훗날, 아지나가 세어 보니, 양과 소의 값어치는 자기가 국왕에게 바친 비단의 몇 십 배였다.

이렇게 머리를 쓰며 사들였다가는 되파는 방법으로 아지나의 재산은 몇 배씩 불어났다. 아지나는 그야말로 두뇌 회전이 빠르고 지혜가 넘치는 인물이었다.

이제 두 번째 잠언인 '용勇'에 대하여 살펴보자.

이른바 '용'이란 어떤 의미인가? 바로 '결단決斷'을 뜻한다. 다시 말하면 단호하고 과단성 있는 용기이다. 백규는 매매의 시기와 시장의 시세를 포착할 때 단호하고 과감하며 대담하게 모험할 수 있는 용기를 특별히 강조했다. 그는 '돈을 벌 수 있는 때를 잡음에 마치 사나운 호랑이나 힘찬 매가 사냥물을 향해 내닫듯이 조금도 주저함 없이 신속하고도 세차게 하고 모험을 두려워하지 말아야 한다.'고 말했다.

이런 점에서 『사기』 「화식열전」에는 대단히 전형적인 일화가 있으니 바로 무염씨無鹽氏가 매우 높은 이자로 대출을 해 준 이야기이다.

때는 한경제漢景帝가 재위하던 시절, 지금의 장쑤, 후난, 후베이, 산둥, 허베이 등지에 오초칠국의 난이 일어났다. 선두에서 반란을 이끈 자는 오왕 유비劉濞였다. 유비는 한나라 고조 유방의 조카였다. 일찍이 한문제漢文帝 시절 유비는 한나라 중앙 정부에 맞서서 반란을 일으킬 마음을 품었다. 유비의 아들이 서한의 서울 장안에 왔을 때, 한번은 당시 황태자였던 한경제漢景帝와 함께한 술자리에서 서로 놀이를 하며 논쟁을 벌이다가 크게 화가 난 한경제가 그를 향해 바둑판을 집어던졌는데, 그만 유비의 아들은 그 자리에서 목숨을 잃고 말았다. 이 때문에 유비는 마음에 한을 품고 반란을 일으킬 준비를 하며 차근차근 역량을 쌓아왔다. 그는 자기 지역 안에 있는 구리 광산을 이용하여 동전을 주조하는 한편 소금 자원을 팔아 큰돈을 쌓으며 30년 넘게 힘을 축적했다. 이제 경제와 군사적 힘이 커질 대로 커진 상태가 되었다.

한경제는 황제의 자리에 오른 뒤 중앙 집권을 한층 더 강화하기 위하여 어사대부 조조晁錯의 의견을 좇아 삭번削藩을 실행하여 각지의 제후왕에게 있던 권력을 점차 박탈했다. 서한 조정과 제후왕 사이의 갈등은 빠른 속도로 격화될 수밖에 없었다. 유비는 다른 제후왕 여섯과 공모해 '조조를 죽이고 황제 주변을 깨끗이 한다.'는 깃발을 들고 정식으로 반란을 일으켰다. 유비는 음모를 꾸민 지 이미 오래된 데다 반란에 참여한 제후왕들 또한 많았기에 한때 반군의 위세와 명성도 대단하여 상황은 자못 위급하였다.

이 반란으로 서한은 나라를 세운 이후 처음으로 심각한 정치적 위기에 봉착했다. 한경제도 어쩔 줄 모르고 허둥대다가 그만 조조의 목을 치고 반군과 타협을 시도했다. 그러나 이 때문에 반군은 휴전을 할 리 만무했다. 한경제는 어쩔 수없이 주아부周亞夫에게 36명의 장군을 이끌고 나아가서 반란을 평정하라고 명령했다. 동시에 작위를 받고 장안성에 거주하는 여러 열후들에게도 군사를 따라 출정할 것을 명령했다.

이 명령을 받고 전선으로 나아가게 될 열후들은 무기와 행장을 준비하고 길에서 쓸 돈을 마련하기 위하여 부자들을 향해 돈을 빌려 달라며 손을 내밀었다. 그러자 부자들은 이런 생각을 했다.

'열후들의 봉지는 모두 관동關東 지역에 있고, 이 지역은 지금 거의 전부 전쟁터로 변했는데 이들에게 돈을 빌려주었다가 어떻게 돌려

받지? 더구나 이 전쟁에서 도대체 누가 이기고 질지도 불확실한데 말이야. 일단 서한 정부가 진다면 빌려준 돈은 몽땅 날아가고 말잖아?'

결국 부자들은 이들에게 돈을 빌려주지 않았다.

이때, 무염씨만 일천 일鎰이나 되는 황금을 빌려주겠다며 앞으로 나섰다. 그러나 그는 열 배의 이자를 조건으로 내걸었다. 무려 1,000%에 달하는 이자를 요구하고 나섰던 것이다.

무염無鹽은 복성이다. 무염씨는 비록 돈이 있다고는 하지만 서울 장안의 부자 가운데 아직은 낄 수 있는 존재가 아니었다. 그가 요구한 이자가 터무니없이 높았지만 급히 돈을 빌려야 할 열후들은 어쩔 수없이 이 요구를 받아들였다.

최종적인 결과는 어떻게 되었을까? 겨우 석 달밖에 걸리지 않아 오초칠국의 난은 주아부가 평정하는 것으로 끝났다. 당초 돈을 빌렸던 열후들은 돈을 갚기 위하여 줄을 섰다. 무염씨가 거두어들인 이자는 원금보다 열 배나 많았다. 무염씨는 이렇게 단번에 큰 부자가 되어 이름을 날리는 부호들과 동등한 지위와 권력을 누리게 되었다.

분명하게 알 수 있듯이 무염씨의 성공은 바로 용기 있게 모험을 했기 때문이다. 다른 사람은 감히 돈을 빌려주려고 하지 않았지만 그 혼자만 감히 나서는 데 그치지 않고 열 배나 되는 이자까지 요구했던 것이다. 보통 두 배 이자도 대단한데 이는 정말 엄청나게 비싼 이자를 받은 돈놀이였다. 무염씨는 엄청난 액수를 터무니없이 요구하며 한꺼번에 열 배를 요구했으니, 그의 배짱과 패기하며 상상력도 확실히 사람의 관심을 끌기에 충분하다.

물론 무염씨의 요구도 일리가 없지는 않다. 이자의 높낮이는 일반적으로 두 가지 조건에 따라 결정된다. 그 하나는 자금의 공급과 수요 상황이요, 또 하나는 대출에 따른 위험도이다. 이자의 높낮이는 자금의 많고 적음에 반비례하고 대출에 따른 위험도에 정비례한다. 다시 말하면 시장의 자금량이 많을수록 이자도 적어진다. 또 대출에 따른 위험이 높으면 높을수록 이자도 높아진다. 다른 사람이 돈을 내놓지 않으려는 상황에서 무염씨가 내놓은 황금은 지극히 희소한 자원이 될 수밖에 없다. 희소하면 비쌀 수밖에 없으니, 이자도 당연히 높아야 한다. 앞을 점칠 수 없는 전쟁 상황은 대출에 따른 위험이 매우 높음을 뜻한다. 따라서 이자도 더욱 높을 수밖에 없다. 어떤 투자에서나 거두어들이는 이익은 모두 위험을 동반한다. 위험이 클 때가 바로 높은 수익을 올릴 수 있는 멋진 기회이다. 무염씨는 초인적인 배짱으로 이런 기회를 과감하게 잡았다.

이것이 바로 '용勇'이다.

또한 무염씨가 원금에 이자까지 합하여 대출한 돈을 돌려받을 수 있었다는 사실에 주목해야 한다. 객관적으로도 당시에 비교적 괜찮은 투자 환경보다 더 큰 이익을 얻었다. 무염씨에게 돈을 빌린 열후들은 하나같이 보통 인물들이 아니라 권세 있는 귀족들이었다. 그들은 돈을 빌릴 때, 무염씨가 불난 틈을 타서 도둑질하듯이 남의 약점을 이용하여 재물을 뜯으며 나라가 어려운 틈을 타서 돈이나 벌려는 인물로 생각하지 않았다. 전쟁에서 승리를 거둔 뒤, 권세에 기대어 현금을 돌려주지 않고 영주증만 발급한 채 시치미를 뚝 떼는 이는 없었다. 이는 당시 권세 있는 이들을 포함해 모든 사람들이 그래도 계약을 비교적 중히 여기며 신용을 지켰음을 말하고 있다. 이 점은 참으로 중요하다. 만약 권세 있는 열후들이 자기 권세에 기대어 사람을 속였다면 무염씨처럼 이름조차 알려지지 않은 하찮은 백성은 돈이 있든 없든 약자이기에 강자 앞에서 무릎을 꿇을 수밖에 없었을 것이고, 그러면 본전도 못 찾았을 것이다. 이런 상황은 정치권력이 모든 것을 지배하던 중국 고대 사회에서 그래도 많지는 않았다고 할 수 있다.

백규가 내놓은 세 번째 잠언은 '인仁'이다. 이른바 '인'이란 바로 어질고 의로운 마음이다. 백규는 상인의 어질고 의로운 마음은 취하고 주는 과정에 드러난다고 보았다. 다시 말하면, 상인은 '취함과 줌'의 도리를 반드시 알아야 하고, '인仁으로써 취하고 줘야 한다.'

무엇이 '취함'인가? '취함'은 사들인다는 뜻 이외에 획득한다는 뜻도 있다. 그렇다면 무엇이 '줌'인가? '줌'은 내다팔다 이외에 '내주다'는 뜻도 갖고 있다. 이른바 '인으로써 취하고 줌'이나 '취하고 줌에는 도리가 있다.'는 말은 바로 얻어야 할 것은 얻고, 내줘야 할 것을 내줘야 한다는 뜻이다. 당연히 얻어서는 안 될 것을 넘보아서는 안 된다. 상인으로 말하자면, 공평하게 매매하고 성실하게 경영하여 합리적인 대가를 얻었다면, 동시에 손님이 손에 넣은 것도 그만한 도움을 받을 수 있어야 한다.

상인은 반드시 어질고 의로운 마음을 가져야 한다. 이것이 백규가 강조하는 중요한 사상이다. 그리고 매우 중시해야 할 가치이다.

누군가 이렇게 말할 수도 있다.

"상인은 결국 상인이니 본질적으로 그들은 오직 이익만을 좇을 따름이오."

이런 말을 하는 이도 있을 수 있다.

"상인은 이익이 없으면 거들떠보지도 않지요."

돈을 벌지 않으려는 상인은 상인이 아니다. 상인이 돈을 벌려는 것은 영원히 바뀔 수 없는 불변의 진리이다.

백규도 상인이 돈을 버는 것은 영원히 바뀔 수 없는 진리로 매우 합당하다고 보았다. 그러나 상인이 어질고 의로운 마음을 갖는 것도 영원히 바뀔 수 없는 진리라 할 수 있다. 어째서 그런가? 세상의 모든 상업 활동은 실제로는 단 두 단어로 집약되는데, 그 하나는 '취함'이고 다른 하나는 '줌'이기 때문이다. 그런데 '취함'은 또 '줌'을 전제로 한다. 상인이 돈을 벌어야 하는 것은 그들이 손님에게 가치 있는 상품이나 서비스를 제공하기 때문이다. 또 그가 번 돈은 그가 내놓아서 얻은 대가이다. 돈을 벌려면 반드시 먼저 내놓아야 한다. 이 세상에 내놓지 않고 얻기만 하는 일은 없다. 큰돈을 벌 생각이라면 손님에게 소유할 가치가 있을 만한 것을 내놓아야 한다. 예컨대, 분유를 만드는 데 멜라민을 넣을 수 없고, 건물을 짓거나 다리를 놓을 때 철근 대신 댓조각을 쓸 수 없다. 상인으로 말하자면, 어질고 의로운 마음은 다른 것이 아니라 성실하게 법을 준수하고 공평하게 사고파는 것이다. 사람으로서 못할 짓을 하면서 부당한 돈을 손에 움켜쥘 수 있다고 생각하지 말라. 그렇게 할 수도 없고 그렇게 하다가는 결국은 모두 되갚아야 한다.

백규는 실제 행동을 통하여 어질고 의로운 마음을 가짐으로써 돈을 벌었을 뿐만 아니라 그것도 큰돈을 벌 수 있었다.

그럼 백규는 어떻게 했을까? 그에게는 구체적으로 두 가지 방법이 있었다. 첫 번째 방법은 '다른 사람이 버리면 나는 취하고, 다른 사람이 취하면 나는 내놓는다.'는 원칙을 생각하면서도 마구 팔거나 사들이지 않았다. 또 다른 방법은 제품의 종류를 기획하고 관리하면서 대다수 소비자의 요구에 순응했다.

먼저 첫 번째 방법을 살펴보자. 곡물이나 잠사 등 농산물이나 부업 생산물이 대량으로 시장에 나와 가격이 비교적 저렴할 때, 때맞춰 사들이는 것은 지나치게 가격을 내리는 게 아니다. 또 농산물이나 부업 생산물이 부족해 가격이 비교적 비쌀 때, 때맞춰 내다파는 것도 지나치게 가격을 올리는 게 아니다.

이렇게 하면 수많은 농민이나 상공업자에게도 대단히 유리하다. 속담에 '곡물 가격이 싸도 농민들이 손해를 보고 곡물 가격이 비싸도 농민들이 손해를 본다.'고 했다. 백규는 농산물이나 부업 생산물이 풍작을 이루어 가격이 떨어질 때 대량으로 사들여도 가격이 낮아지도록 하지 않았으며 농민이 이런 것들을 팔 때 생기는 어려움을 오히려 일정 부분 완화시켰다. 이는 가격 하락의 추세를 누그러뜨려 농민에게 유리했다. 또 농산물이나 부업 생산물의 공급이 수요에 제대로 따르지 못할 때에는 대량으로 내놓으며 가격을 크게 올리지 않았으니 이는 곡물이나 수공업 원료를 필요로 하는 대다수의 상공업자에게 유리했다.

이렇게 하면 상인에게도 유리했다. 비록 사들이거나 내놓는 가격이 다른 이들보다 얼마만큼 높거나 낮아도 여전히 많은 돈을 벌어들일 수 있다. 『전국책戰國策』 「조책3趙策三」에 나오는 '물건이 흔해지면 사들이니, 이때는 비록 비싼 물건이라고 싸게 살 수 있다. 또 물건이 비싸지면 파니, 그때는 비록 값이 쌌지만 이제는 비싸졌다.'[52] 는 구절이 바로 그 이유가 될 수 있다. 다시 말해 물건이 대량으로 시장에 나와서 가격이 비교적 낮아졌을 때 사들이면 가격이 조금 비싸도 보릿고개에 이르렸을 때보다는 그래도 쌀 수밖에 없고, 반면에 공급이 수요에 따르지 못하여 가격이 높게 형성되었을 때에 내놓은 상품은 가격이 약간 싸도 시장에 대량으로 나와서 공급이 수요보다 훨씬 높을 때에 비해 그래도 비쌀 수밖에 없다는 뜻이다. 그러기에 진정으로 뛰어난 상인은 좁쌀보다 자그마한 이익을 따지지 않고 오로지 시장 변화의 큰 모습을 잘 파악하여 큰돈을 벌어들인다.

백규는 어질고 의로운 마음을 가지면서 큰돈도 벌어들이는 데 사용한 두 번째 구체적인 방법으로 제품의 종류를 기획하고 관리하면서 대다수 소비자의 요구에 순응했다.

백규는 이런 원칙을 내세웠다.

"재물의 수입을 늘리려면 질이 좀 나쁜 곡물을 사들이고, 곡물의 양을 늘리려면 질이 아주 좋은 곡물을 사들인다."[53]

곡물 장사를 할 때, 식량으로서 곡물이면 사고파는 상품의 질이 좀 나빠야 큰돈을 벌 수 있으며, 씨앗이면 사고파는 상품의 질이 비교적 좋아야 곡물 생산량을 증가시킬 수 있다는 말이다.

'하곡下穀'이란 바로 상품의 질이 비교적 낮지만 곡물 가운데 생활에 필요한 식량을 말한다. 그렇다면 질이 떨어져서 좋지 않은 상품으로 높은 가격을 받는 것인가? 그렇지 않다. 그 시절에는 수많은 농민들과 수공업자들이 돈 없이 가난했기에 소비 수준도 낮았다. 그래서 배부르게 먹으면 되었지 밀가루나 쌀 따위의 잘 찧어 만든 양식을 원하지도

---

52 時賤而買, 雖貴已賤矣; 時貴而賣, 雖賤已貴矣.

53 欲長錢, 取下穀; 長石斗, 取上種.

않았다. 그러기에 양식의 질이 좀 낮아도 헐값으로 팔면 소비자들의 요구에 어긋나지 않았다. '하곡'은 비록 너무 싸서 이윤이 적어도 백성들의 수요량이 많고 수요의 탄력은 적었기에 박리다매할 수 있었다. 이렇게 해서 큰돈을 벌 수 있었다.

반면에 곡물 생산량을 늘리려면 씨앗의 품질이 보증되어야만 했다. 농민이 곡물을 많이 거두어야 상인들의 경영 기반도 튼튼해질 수 있다. 농민의 이익을 돌보는 것이 바로 상인의 이익을 길게 내다보는 길이었다.

백규는 다른 사람을 교묘하게 속이며 사취하거나 품질이 좋지 않은 위조품을 취급하거나 닭을 잡아 달걀을 얻으려는 따위의 방법을 특별히 경멸했다. 이런 방법은 하늘의 뜻에 어긋나며 농민을 함정에 빠뜨릴 뿐만 아니라 결국은 먼 앞날을 내다보며 얻어야 할 상인의 이익에도 손상을 입히게 마련이다.

백규가 말한 '인으로써 취하고 줌'이나 '취하고 줌에는 도리가 있다.'는 바로 상인의 이익과 사회가 얻는 이익의 어울림이요 하나됨이라고 할 수 있다.

백규가 내놓은 '인으로써 취하고 줌'이나 '취하고 줌에는 도리가 있다.'는 말은 투기나 매점매석과는 근본적으로 다르다. 무엇이 투기이고 매점매석인가? 바로 상품의 공급이 수요에 비하여 훨씬 넘칠 때, 악의적으로 대폭 값을 깎아서 사들인 뒤 소비자가 이 상품을 사려고 나설 때까지 팔지 않고 관망한다. 또 상품의 공급이 수요를 따르지 못할 때는 고의로 값을 올리면서도 더 오르기를 바라며 팔려고 하지 않는다. 이렇게 하면 시장을 더욱 악화시켜 비록 짧은 기간에 큰돈을 벌 수 있겠지만 상업이 존재할 수 있는 경제 기반은 깨지고 만다. 이런 투기와 매점매석 행위는 관중 때부터 정부에서는 이를 규제 대상으로 삼았다. 역대 왕조의 모든 책임 있는 정부에서는 물가를 안정시키며 경제 파동 완화를 임무로 삼았다. 백규가 내세운 이론은 정부가 간여한 방향과 일치한다.

중국의 전통 상업 문화는 지금까지 상인이 합리적으로 이익을 남기며 돈을 버는 것을 부정하지 않았다. 그러나 중국의 전통 상업 문화 중에 상인에게도 좋고 나쁨의 구분이 있었다. 백규로 대표되는 사회 대중의 이익을 생각하는 상인은 '깨끗한 상인', '훌륭한 상인'으로 불린다. 이와 달리 투기나 매점매석을 일삼으며 다른 사람의 불행은 생각지도 않고 오로지 물불 가리지 않고 돈벌이에만 몰두하는 상인은 '탐욕스런 장사치', '몹쓸 장사치'로 불린다.

긴 안목으로 볼 때도 '깨끗한 상인'의 경영 실적이 '탐욕스런 장사치'에 비해 조금도 뒤지지 않는다. 오히려 '탐욕스런 장사치'보다 훨씬 큰돈을 벌었다. 이에 대해 사마천은 멋진 결론을 내렸으니, '탐욕스런 장사치는 십의 삼을 이익으로 얻지만, 깨끗한 상인은 십의 오를 이익으로 얻는다.'라고 했다. 그 이치는 '탐욕스런 장사치'는 매매로 얻을 수 있는 이윤을 분에 넘치게 추구하며 가격의 오르내림에 지나치게 움직이기 때문에 단기적으로 보면 비록 돈을 벌지만 실제로는 자금의 회전 속도를 떨어뜨리기 때문에 진정 큰 이익을 얻을 수 없다. 이와 달리 '깨끗한 상인'은 자그마한 일을 놓고 시시콜콜 따지지 않고 폭리를 추구하지 않기에 겉으로 보기에는 손해를 보는 것 같지만 실제로는 자금 회전 속도가 빠르기 때문에 전체적으로 볼 때 오히려 수지 타산이 맞는다.

　게다가 사마천은 '깨끗한 상인'이 '탐욕스런 장사치'보다 훨씬 부유한 이치를 벼슬살이에 비유하여 설명했다. 그는 '깨끗한 관리는 오래 근무할 수 있고, 오래 근무하면 더욱 부유해지듯이, 깨끗한 상인도 부유해질 수 있다.'고 말했다. 정부 기관에서 일하는 관리가 청렴하고 결백하면 오랫동안 일할 수 있다. 그들이 횡령하고 수뢰하지 않으면 착실하게 임금을 받을 수 있다. 그러면 임금이 비록 보기에는 많지 않아도 일하는 시간이 길어지면 결국 수령 총액이 높아진다. 탐관오리는 비록 큰돈을 손에 넣었어도 일단 '발각'되면 그때까지의 공든 탑은 무너지고 남은 반평생도 모두 헛일이 되어 가난 속에 빠진다. 그러기에 탐욕과는 거리가 먼 '깨끗한 상인'은 소비자의 신임을 얻을 뿐만 아니라 티끌 모아 태산이 되듯 결국은 큰돈을 벌 수 있다.

　백규는 중국 역사상 최초의 경영대학원을 열고 '인으로써 취하고 줌'이나 '취하고 줌에는 도리가 있다.'는 원칙을 지킬 것을 상인들에게 요구하며 이들이 자기 이익과 사회로 돌아가는 이익을 잘 조화시키기를 바랐다. 또 상인들이 자기 이익을 남의 이익에 앞세우거나 남에게 손해를 끼치는 것이 결국은 자기에게 손해를 끼친다는 이치를 명확히 알도록 하면서 모든 상인을 지혜롭고 '깨끗한 상인'으로 길렀다.

　지난 날, 세상에는 '교활하지 않은 장사꾼은 없다'는 말이 있었다. 설마 모든 상인이 다 교활했겠는가? 남을 속이지 않으면 돈을 벌 수 없을까? 백규를 보자! 상인의 아버지인 백규의 행동 하나하나는 멋진 답안을 내놓고 있다.

　백규가 말한 네 글자 잠언에는 지, 용, 인 외에도 또 하나가 있으니, 바로 '강强'이다. '강'은 어떤 의미인가? 백규는 '지킬 수 있는 것'이라고 해석했다. 따라서 꿋꿋한 의지로 스스로를 엄격히 단속하는 것을 말한다.

백규는 그렇게 말했고 실천했다. 사마천은 『사기』「화식열전」에서 '그는 먹고 마시는 데 정성을 쏟지 않았고 나쁜 취미를 억제할 줄 알았으며 몸치장에 낭비하지 않았을 뿐만 아니라 자기 집에 고용된 노복들과 동고동락했다.'[54]라고 기록했다. 백규는 자기 생활이 대단히 검박했음은 물론 먹고 마시는 데 온힘을 쏟지 않았으며 욕망을 능히 절제할 줄 알아서 옷을 입는 데도 검소했을 뿐만 아니라 평소 자기를 위해 일하는 노복들과도 동고동락했다는 뜻이다.

크게 성공한 대상인 백규의 이런 생활은 본받을 만하다.

사실 강인한 의지로 자기 통제에 엄했던 옛 상인이 백규만 있었던 건 아니었다. 사마천의 『사기』「화식열전」에 기록된 노魯나라 사람 조병씨曹邴氏도 전형적인 인물이다.

사마천은 한왕조 때 노나라 일대의 사람들은 일반적으로 매우 검소했지만 조병씨는 더욱 노랑이였다고 일렀다. 조병씨는 처음에는 철광석을 제련하여 가세를 일으켜 세운 뒤 금융 대부업과 무역을 주된 사업으로 해서 온 세상을 누비며 큰돈을 벌어들였다. 그가 이룩한 부가 어마어마했다고 하니 바로 억만장자였던 것이다. 이렇게 돈이 많았지만 조병씨 집안은 여전히 자손대대로 '허리 굽혀 줍고 머리 들어 취하

---

54 能薄飮食, 忍嗜欲, 節衣食, 與用事僮僕同苦樂.

라.'[55]는 가훈을 굳게 지켰다. 행동 하나하나가 모두 재물을 소중히 여기는 데 있어야 한다는 말이다. 자기에게 조금이라도 필요한 물건을 보면 허리를 굽혀서 취하라고 일렀던 것이다. 게다가 제멋대로 겉치레에 빠져 마구 낭비하며 돈을 물 쓰듯 하는 일은 결코 용납하지 않았다.

앞에서 나온 임씨任氏 이야기도 전형이라 할 수 있다.

임씨는 '다른 사람이 버리면 나는 거두어들이고 다른 사람이 취하면 나는 준다.'는 비결에 따라 진나라가 붕괴되는 시기를 놓치지 않고 곡물을 되팔아 큰돈을 벌었다. 임씨는 하룻밤 사이에 큰 부자가 된 뒤 또 무엇을 했을까?

서한이 들어서자 천하는 다시 태평해졌다. 큰돈을 번 임씨는 저 멀리 떨어진 변경의 외진 마을에서 서울 장안 부근의 선곡宣曲으로 거처를 옮겼다. 선곡에 정착하자 사람들은 그를 선곡 임씨라고 불렀다. 서한 시기에 임씨 집안은 여러 대에 걸쳐서 큰 부호로 이름을 떨쳤다.

이 벼락부자는 이사를 한 뒤 무엇을 하려고 했을까? 이 살기 좋은 관중關中에서 돈을 물 쓰듯 하며 즐기려고 했을까? 그렇지 않았다. 사마천은 관중의 수많은 부호들은 대단히 사치스러웠지만 선곡 임씨 집안은 절대로 사치스러운 생활을 하지 않았다고 기록했다.

선곡에서 임씨는 곡물을 되팔아서 얻은 금덩어리를 이용하여 아껴 먹고 쓰며 부동산을 사들여 대지주에 큰 목장을 경영하는 주인이 되었다. 토지와 가축을 사들일 때 보통 사람들은 가격이 낮은 것들을

---

55 俯有拾, 仰有取.

다투어 사들였지만 유독 임씨만은 우수한 품종을 골랐다. 값싼 것은 사지 않고 좋은 품종만 사들였던 것이다. 멋진 땅과 가축만 보면 가격이 아무리 높아도 큰돈을 아까워하지 않고 사들였다.

드넓은 토지에다 소와 양을 무리지어 갖게 된 뒤, 임씨 집안사람들은 즐기기만 했을까? 그렇지 않았다.

임씨 집안의 조상이 하룻밤에 큰 부자가 된 날부터 엄격한 가훈을 세워 지키기 시작했다.

가훈의 내용은 자기 집안에서 직접 심은 곡물이 아니면 먹지 말고, 자기 집안에서 직접 짠 베가 아니면 입지 말고, 마땅히 부담해야 할 세금과 요역을 다 하지 않으면 술 마시고 고기를 먹지 말라는 것이었다.

그러기에 이 날부터 임씨 집안사람들은 자신을 낮추어 행동했음은 물론 겸손하고 신중했으며 검약을 높이 샀다. 집안의 모든 식구들은 온 힘을 다해 손수 밭을 갈고 씨를 뿌렸으며 가축을 길렀다.

경영에 능한데다 특별히 부지런하고 알뜰하게 집안을 꾸렸기에 임씨 집안은 여러 해에 걸쳐서 줄곧 갑부의 자리를 누렸을 뿐만 아니라 그들이 사는 마을에서도 사람들의 칭송이 자자했기에 일찍이 한나라 황제의 표창까지 받았다.

이렇게 볼 때, 백규가 내놓은 '지, 용, 인, 강'이라는 잠언은 모든 뛰어난 기업가라면 반드시 갖추어야 할 철칙이 되는 자질임을 알 수 있다. 그러나 수많은 이들이 남긴 일화로 볼 때, 이 잠언은 시대가 바뀌면서 효험도 달랐다. 대체로 집안을 일으킬 때에는 '지'와 '용'이 필요하고, 집안을 꾸리며 가업을 오랫동안 유지할 때에는 '인'과 '강'을 멀리

할 수 없다.

사마천의 말을 빌면, 바로 '무武로써 모든 것을 일으키고 문文으로써 그것을 유지한다.'[56]는 뜻이다. 덧붙여, 용기와 계략으로 집안을 일으켜 부유하게 만드는 근본으로 삼고, 경영의 법도를 지키며 자애심을 가지면 가업을 영구히 발전 유지시킬 수 있다는 말이다.

선곡 임씨와 노나라 조병씨의 일화는 바로 이 점을 증명했다. 앞에 나온 범려를 비롯한 다른 사람들의 이야기도 마찬가지이다.

그러나 집집마다 풀기 어려운 일이 없을 수는 없다. 그지없이 총명했던 범려도 살인을 저지른 아들 때문에 고민해야 했다. 집안을 꾸리는 데 능숙했던 부호들도 이런저런 고민거리를 면하기 힘들었다.

서한 시대에 철광석 제련으로 집안을 일으킨 큰 부호도 이러지도 저러지도 못할 난감한 일을 겪을 수밖에 없었다. 이 부호는 누구일까? 그리고 어떤 난감한 일을 겪었을까?

---

[56] 以武一切, 以文持之.

商賈智慧

한무제 때 촉군蜀郡 임공현臨邛縣, 오늘날의 쓰촨성 충라이邛崍에 탁왕손卓王孫이라는 철광 제련업을 하는 대상이 있었다. 그에게는 탁문 군卓文君이라는 딸이 있었다. 탁문군은 선천적으로 타고난 미모에 아 리따운 모습을 겸비하고 있었다. 게다가 어렸을 때부터 훌륭한 교육을 받은 데다 음악까지 좋아했으며 예술적인 소질도 다분했다. 그러나 고 상한 인품에 우아한 행동을 보이던 이 아가씨는 시집간 지 얼마 되지 않아 남편이 세상을 떠나는 불행을 맞았다. 탁문군은 어쩔 수 없이 처량한 모습으로 친정으로 돌아와서 살 수밖에 없었다.

여기에서 천고에 널리 전해진 로맨틱 코미디인 '이러지도 저러지도 못할 연분'이 탄생했다.

이 과정에서 바로 상인 세가의 중심인물이었던 탁왕손은 상업 경 험이라고는 전혀 없는 젊은이 몇 명의 뛰어난 상업적 수완에 철저하게 정복당했다.

그렇다면 이상하지 않은가? 위세도 등등한 상업계의 고수가 어떻 게 상인도 아닌 젊은이들에게 패했단 말인가?

탁씨 집안의 내력부터 이야기를 시작하자.

1
공방 병용

진시황이 여섯 나라를 무릎 꿇리고 천하를 통일한 뒤 어느 날, 원래 조趙나라 땅, 지금의 허베이성 남부 일대에서 남쪽으로 통하는 큰 길에 탁卓 씨 성을 가진 한 쌍의 부부가 걷고 있었다. 이들의 나이는 삼사십 세 안팎으로, 자그마한 수레를 밀며 걸음도 우줅우줅 객지를 떠돌며 온갖 고생을 다한 모습이었다.

이들 탁씨 부부는 원래 조나라에서 큰 철광석 광산을 운영하며 철광석을 제련하던 대상이었다. 그들은 강요를 견디지 못하고 아득히 먼 파촉巴蜀 지방으로 이주하려고 걸음을 옮기는 중이었다. 이들 탁씨 부부와 함께 길을 나선 이는 일찍이 조나라 상공업계에서 힘이 셌던 거부들이었다. 이들은 대부분의 재산을 진나라에 몰수당하고 조그마한 보따리만 몸에 지녔을 뿐이었다.

그들은 외롭지 않았다. 진시황이 천하를 통일한 뒤, 여섯 나라 상공업 부호들은 조상들이 대대로 살아온 고향을 떠나도록 핍박받으며 멀고먼 타향으로 함께 흘러왔기 때문이다. 당시 그들과 같은 처지에 놓인 수많은 이들이 쫓겨나 살 곳을 찾아 헤맸다. 그 가운데 수도 함양으로 무리하게 이주한 부호는 겨우 12만 호에 지나지 않았다.

그렇다면 진시황은 왜 상공업 부호들을 핍박하며 이런 전국적인 대이동을 일으켰을까? 이는 상앙商鞅이 시작한 중농억상 정책과 깊은 관계가 있다.

중국 역사상 중농억상 정책이 오랫동안 실시되었음은 잘 알려져 있다. 이 정책을 처음 만들어 시행한 이가 바로 상앙이다.

상앙의 본명은 공손앙公孫鞅이다. 하지만 그의 본향이 위衛나라였기에 위앙衛鞅이라고도 불렸다. 훗날 진나라에서 변법으로 세운 공으로 상商이라는 지방에 분봉되었기에 사람들은 그를 상앙이라 불렸다.

그렇다면 성을 상으로 한 상앙은 무슨 까닭으로 상업을 억눌렀을까?

상앙이 진나라에서 실시한 변법은 전국 시대 칠웅이 패권을 다투는 배경 속에서 전개되었다. 칠웅이 겨루는 패권의 바탕은 무엇이었을까? 오로지 실력이었다. 그런데 이 시대에 국가의 실력은 두 가지가 큰 관건이었다. 바로 식량과 군대였다. 식량은 농민이 생산했으며, 병사들의 주요 자원도 농민이었다. 그러기에 상앙은 진나라를 부강하게 만들기 위하여 농업을 발전시켜야 했고 농민을 중시해야 했다.

그런데 농업을 중시하는데 그치지 않고 왜 상업을 억눌렀을까? 여기에는 두 가지 원인이 있다.

그 하나는 사, 농, 공, 상의 직업 가운데 농민의 고생이 가장 심해도 수입은 오히려 가장 낮은 반면 상공업자는 돈을 버는 데 상대적으로 쉬운 면이 있었다는 점이다. 사마천은 일찍이 『사기』 「화식열전」에서 이렇게 말했다.

'부를 추구하려면 농업보다는 공업이 낮고, 공업보다는 상업이 나으며, 여인이 자수를 할 줄 알아도 창기가 되는 것이 낫다. 여기서 말하는 상공업은 가난한 이가 부에 이를 수 있는 수단이다.'[57]

상앙도 그가 쓴 『상군서商君書』에서 이런 생각을 몇 차례나 밝혔다. 어느 시대 어떤 나라에 살아도 모든 사람은 행복한 생활을 하고 싶은 소망이 있다. 상공업은 돈을 비교적 많이 벌 수 있을 뿐만 아니라 돈을 벌기도 상대적으로 비교적 쉬웠다. 이런 객관적인 차이는 또 수많은 농민들이 농사짓기를 버리고 상업을 하는 쪽으로 이끌게 마련이다. 이는 춘추 전국 시대 여러 지방에 보편적으로 존재하는 문제로 진나라라고 예외는 아니었다. 이 때문에 상앙이 상업을 억누른 목적은 바로 상공업의 억제를 통하여 농민이 농사짓기를 멀리하고 상업을 하려는 풍조를 막고 농업 인구를 안정적으로 증가시킬 뿐만 아니라 비농업 인구를 감소시키는 데 있었다.

또한 상공업자 가운데 비록 백규와 같이 어진 마음을 가진 '깨끗한 상인', '훌륭한 상인'이 적지는 않지만 투기로 폭리를 취하고 매점매석으로 오로지 돈만 벌면 최고라며 다른 사람의 형편은 생각지도 않는 '탐욕스런 장사치', '몹쓸 장사치'도 참으로 많다. 이들은 시장을 조종하고 백성들을 착취하며 농민의 이익에 심각한 해를 끼침은 물론 사회 경제에 큰 충격을 준다. 따라서 상앙이 상업을 억누른 또 다른 의도는 바로 상공업의 통제를 통해 이들의 농업에 대한 침식을 경감시키려는 것이었다.

---

57 以貧求富, 農不如工, 工不如商, 刺繡文不如倚市門, 此言末業, 貧者之資也.

이런 몇 가지 목적을 갖고 상앙은 변법을 시행하던 기간에 상공업을 억누르고 제한하는 조처를 취했다. 예컨대, 상공업자들에게 부과하는 세금과 노역의 부담을 가중시키고, 철광석 제련이나 자염煮鹽 등 돈을 많이 벌 수 있는 일정한 부분의 상공업을 관영으로 했다. 심지어 상앙은 여관이나 식당을 마음대로 개설하지 못하게 해서 상공업자들의 외부 활동에 장애가 되도록 했다.

비록 훗날 상앙은 거열형車裂刑을 당했지만 그가 내놓은 정책은 진나라에서 일백여 년 동안 시행되었으며 진시황 때에도 여전히 존재했다. 만약 진시황의 정책에 특별한 부분이 있다면, 바로 원래의 여섯 나라 상공업 부호들을 고향의 원적에서 다른 지역 타향으로 옮기도록 강요했다는 점이다.

진시황의 정책은 상앙이 분석한 원인 말고도 현실적인 고려의 결과였다. 이는 바로 여섯 나라 귀족들의 잔여 세력을 철저하게 제거하여 여섯 나라에 충성을 바치던 충신과 젊은이들이 돈깨나 있다고 거들먹거리며 서로 힘을 합하여 또다시 득세해 진나라 통치에 위협을 가하지 못하도록 막기 위해서였다.

앞에서 나온 상인 이주의 배경이 그러했다.

여기까지 이야기하면 의문을 제기할 수도 있을 것이다. 상앙이 중농억상 정책을 시행한 지 일백여 년이 지났는데, 무슨 까닭으로 진나라에서는 큰 상인 여불위呂不韋가 재상으로 몇 십 년 동안 자리를 지킬 수 있었을까?

진시황이 상인을 그렇게 모질게 대하며 재산을 몰수하는데 그치지 않고 강제로 멀리 이주시키는 상황에서, 진시황은 왜 여성 기업가 과부청만 그렇게 우대했는가?

이런 현상은 모순되지 않은가? 어떻게 해석해야 할까?

상앙부터 진시황까지 진나라의 상업 억누르기 정책은 변함이 없었고 중국 고대 역사상 중농억상 정책의 문을 열었다고 할 수 있다. 그러나 이 정책의 결과가 그렇게 심각하다고 할 수는 없다. 또한 이 정책의 실시에 따라 상인들의 처지가 다시는 일어나지 못할 만큼 큰 타격을 입었다고는 생각할 수 없다. 실제 상황은 달랐던 것이다.

상앙이 상업을 억누른 주된 목적은 농업을 중시했기 때문이다. 상앙의 상업 억누르기 정책은 실제로 중농 정책의 보조 수단일 따름이었다. 상앙의 상업 억누르기는 상공업자들의 활동에 몇 가지 제한을 주었을 뿐이었다.

진시황은 다른 나라 상인 여불위의 품안에서 십여 년을 생활했기에 상인에 대하여 자못 복잡한 감정이었다. 그것은 경외와 염오가 교차하는 감정이었다. 이 때문에 그의 거상 정책에도 분명 양면성이 있었다. 상업에 타격을 가하는 한편으로 이용하는 정책이 바로 그러했다.

타격 가하기는 정치적 목적에서 비롯되었다. 이들이 여섯 나라의 잔여 세력과 공모하고 재기해 진나라의 통치에 위협이 되는 일을 막으려는 데 목적이 있었다.

이용하기는 경제적 요구 때문이었다. 거상들이 총명과 지혜를 발휘하여 진나라의 경제 발전에 조금이라도 보탬에 되도록 하는 데 목적이 있었다.

예컨대, 진시황은 전국 각지에서 온 이십만 호나 되는 상공업 부호들을 수도 함양으로 이주시켰는데, 이에 대해 일반적으로 이들에 대한 통제를 강화하기 위해서였다고 해석한다. 이런 의견도 일리가 있지만 진시황의 주된 목적은 아니었다. 진시황은 온종일 수도 서울에서 자기가 다스려야 할 수많은 이들을 앞에 두고 마음이 얼마나 불편했을까? 그런 그가 짜증스런 일을 일부러 했을까? 그렇지 않다. 진시황이 이들을 강제 이주시킨 주된 목적은 이들의 부와 지혜를 이용하고 싶어서였다. 함양을 번화하고 부유한 대진제국의 새 수도로 건설하고 싶었던 것이다.

다시 말해, 진시황이 조나라의 철광석 제련업자 탁씨 부부를 파촉 땅으로 이주시킨 일은 객관적으로 볼 때 서남지역의 개발을 촉진시키기 위해서였다.

이런 시각에서 보면, 강제 이주는 사실상 진시황 방식의 외부 기업 투자 유치였다.

게다가 진시황은 당초 여섯 나라의 거상들의 기를 꺾으려고 했을 뿐 진나라 본토의 거상들은 대단히 신임하고 중시했다. 과부청이 진시황에게 표창을 받고 아지나烏氏倮가 진시황에게 중용된 것은 모두 이런 정황을 반영하고 있다.

우리는 이미 과부청이 중국 역사에 이름을 남길 만한 최초의 기업가임을 잘 알고 있다. 그녀의 고향은 지금의 충칭시重慶市 푸링涪陵 일대로 당시에는 파촉 땅으로 비교적 이른 시기부터 진나라의 통치를 받았다.

과부청 집안에서 경영하던 산업은 주사 광산 채굴로 그 생산 규모가 매우 컸으며 벌어들이는 돈도 엄청났다. 이 기업을 운영하는 책임자로서 과부청의 명성이 온 나라에 대단했다.

그렇다면 진시황은 무슨 까닭으로 과부청을 이렇게 좋아했을까?

사마천은 『사기』「화식열전」에서 과부청을 언급하면서 두 가지 이유를 들었다. 우선 과부청이 줄곧 과부로 수절하며 여자로서의 정절을 지켰다는 점이다. 또한 과부청에게 돈이 있었다는 점이다. 원문에 나오는 두 구절 가운데 하나는 '청은 과부로서 조상의 가업을 지켰음은 물론 재물로써 자신을 지키며 다른 이의 해침을 받지 않았다. 진시황은 그녀가 정절을 지키는 여인이라고 생각하며 큰손님을 맞는 예로써 대우했으며, 그녀를 위하여 여회청대女懷淸臺를 세웠다.'[58]는 구절이며, 또 다른 하나는 '청은 두메산골의 과부였지만 황제와 서로 대등한 위치에서 대접을 받았으며, 그 이름이 천하에 뜨르르했으니 이 어찌 부유했기 때문이 아니었겠는가?'[59]라는 구절이다.

사마천이 말한 두 가지 이유는 상당히 일리가 있다.

먼저 과부로서 수절했다는 사실부터 살펴보자. 진한 시기에 여인이 재가하는 일은 지극히 일반적이며 매우 평범한 사건이었다. 예컨대, 진시황의 아버지가 여불위였든 아니면 실의에 빠졌던 진나라의 공자 이인異人이었든 그의 어머니가 조희趙姬였다는 점은 의심할 바 없어서 어떤 이견도 존재하지 않는다. 이 밖에 한경제의 황후인 한무제의 어머니 왕지王娡도 출가하여 아이를 낳았지만 뒷날 다시 한경제에게 개가했다. 왕지의 어머니도 일찍이 남편이 세상을 떠난 뒤 개가한 바 있다. 이런 예들은 진한 시기에 부녀자들의 개가가 늘 일어나는 평범한 일로

---

58 淸, 寡婦也, 能守其業, 用財自衛, 秦皇帝以爲貞婦而客之, 爲築女懷淸臺.

59 淸, 窮鄕寡婦, 禮抗萬乘, 名顯天下, 豈非以富邪?

무슨 대단한 사건이 아니었음을 증명한다.

그러나 진시황은 부녀자가 정절을 지키며 개가할 수 없다고 특별히 주장했다. 진시황 37년, 그는 남쪽 지방을 순방하면서 월왕 구천과 범려 등이 머물렀던 회계산에 올라 대우大禹에게 제사를 올리고 비석에 글을 새겨 세우며 그의 공덕을 기렸다. 그의 공덕을 기려 새긴 비석이 바로 역사상 그 유명한 「회계각석會稽刻石」이다. 그 내용 가운데 과부의 수절을 강하게 주장한 부분으로 '아이가 있는데도 다시 시집을 가면 정절을 지키지 않았으니 특별히 죽을죄로 징벌한다.'[60]라는 내용이 있다. 아이가 있는 여인이 다른 남자에게 재가하는 일은 바로 세상을 떠난 남편을 저버리고 정절을 지키지 않았다는 말이다. 당연히 진시황은 부녀자의 개가만 반대한 것이 아니라 남성의 혼외정사도 반대했다. 「회계각석」에는 또한 '사내가 다른 집에 뛰어들어 음란한 행위를 벌이면 그 사내를 죽여도 죄가 되지 않는다.'[61]고 덧붙이고 있다. 남편된 자가 다른 여인과 간통한다면 그를 죽여도 죄가 되지 않는다는 말이다.

바로 이런 배경 아래 진시황은 처음부터 끝까지 수절한 과부청을 도덕의 표준이며 수절의 모범으로 내세웠으니, 이제 쉽게 이해할 수 있을 것이다.

만약 진시황이 중국 역사상 과부의 수절을 앞서서 주장한 첫 번째 황제라고 한다면, 진시황이 과부청을 위하여 세운 '여회청대'는 또

---

60 有子而嫁, 倍死不貞.

61 夫爲寄豭, 殺之無罪.

중국 역사상 정절을 기리며 세운 첫 번째 패방이라 할 수 있다.

그러나 곰곰 생각해 보자. 당시 잇단 전쟁으로 과부는 점점 많아지고 과부로서 수절하는 이들도 적지 않았을 것이다. 그렇다면 진시황은 무슨 까닭으로 오직 과부청만 표창했을까? 사마천은 여기에 두 가지 이유를 꼽았으니, 과부청이 돈 많은 부인이었고 이름을 날렸다는 점이 그 이유였다. 이런 '여성 기업가'를 모범이요 표준으로 세웠으니, 이 인기스타가 사회에 미친 영향이 얼마나 컸겠는가!

진시황이 아지나를 중용한 것도 아지나가 단지 돈이 많았기 때문이다.

아지나가 고급 비단을 서역의 국왕에게 올리고 거액의 상금을 받은 뒤, 이 상금으로 큰돈을 벌며 진시황의 눈길을 끌었다는 이야기를 앞에서 했었다. 진시황은 아지나가 왕족 대우를 받으며 해마다 봄가을에 맞추어 귀족들과 함께 황제를 알현할 수 있도록 특별히 배려했다.

아지나가 변경에 사는 일개 목축업자에 불과한 몸으로 천고의 황제 진시황의 신임을 받을 수 있었던 것은 오로지 돈 때문이었다고 사마천은 평가했다.

과부청이 진시황에게 표창을 받고 아지나가 진시황에게 신임을 받은 일에는 이들의 손안에 든 재산이라는 공통 요소가 있었다.

그러나 돈만 있다고 표창을 받고 신임을 받을 수 있을까? 그렇지 않다. 그렇게 간단한 문제가 아니었다. 돈이 있다는 것은 단지 결과일 뿐이다. 과부청과 아지나가 모은 돈은 어디서 나왔을까? 당연히 이들이 경영한 상공업이나 목축업에서 나왔다. 이들이 번 돈은 모두 고생스럽게 일한 데서 온 것이다. 조금도 게으름을 피우지 않고 힘써 노력한 결과 과부청과 아지나 같은 이들은 부유한 삶을 살 수 있었을 뿐만 아니라 사회의 부도 창조하고 사회 경제 발전도 촉진시켰다. 진시황이 이들을 높이 기린 것은 바로 이들의 경영 업적에 대한 인정이라고 할 수 있다.

진시황이 과부청이나 아지나를 표창하고 신임한 이야기는 중국 역사를 통틀어서 자못 기이하고 환상적인 색채가 짙은 이야기이다. 이런 이야기는 진나라에서도 그 유래가 자못 오래된 억상 정책과 서로 모순되지 않는가? 당연히 그렇다. 진나라에서 실시한 상공업 정책은 이제껏 타격을 가하면서도 이용하는 두 가지 성격을 두루 갖추고 있었기 때문이다. 이 이야기는 단지 한쪽 면을 반영할 따름이다.

진나라의 상공업 정책이 타격을 가하면서 이용하는 것이었기에 이민에 대한 강요도 진시황만의 특색을 지닌 외부 기업 투자 유치를 위한 조치라고 할 수 있다. 그러했기에 진시황에게 이민을 강요당하며 타향으로 이주한 거상들은 새로운 환경에 적응하자 바로 잇달아 재기하기 시작했다.

조나라에서 파촉 땅으로 강제 이주된 철광석 제련업자 탁씨의 이야기도 바로 이런 예 가운데 하나이다.

탁씨 부부는 자그마한 수레를 밀며 조나라의 몇몇 거상과 함께 다른 이들에게 호송되어 이민의 목적지인 파촉 땅을 향해 비틀비틀 걸음을 옮겼다.

지금의 쓰촨성 북부의 광위안廣元 일대인 가맹葭萌 땅에 이르렀을 때, 많은 이들은 더 이상 남쪽으로 내려가기를 원치 않았다. 그들은 이곳이 관중 땅과 멀지 않았을 뿐만 아니라 그래도 고향 땅과 조금이라도 가깝다고 생각했던 것이다. 이리하여 이들은 몸에 품었던 몇 푼의 돈을 꺼내어 압송하던 진나라 관리에게 뇌물로 제공하며 가맹에 자리를 잡고 살게 되었다.

그러나 탁씨만은 그렇게 하지 않았다. 탁씨 부부는 가맹 부근에서 이리저리 한참을 살피며 의논했다.

"이곳은 너무 좁은데다 토지도 척박하여 우리가 머물며 상업을 경영할 만한 곳이 못 되는 것 같소. 내가 알기로는 이곳에서 다시 남쪽으로 더 내려가면 문산汶山이라는 곳이 있는데, 그 아래쪽으로 비옥한 들판이 있는데다 고구마를 길러 식량으로 삼을 수도 있다고 합디다. 가물 때나 장마 때나 굶어죽을 일은 없겠지요. 그 일대 사람들은 장사에 능하여 상업이 번영한다니 우리가 상업을 경영하기에는 좋은 땅이오. 그리로 가도록 합시다."

이리하여 다른 이들이 울며불며 가맹에 머물기를 바랐지만 탁씨 부부만 더 멀리 가기를 바랐다. 이들을 압송하던 진나라 관리들이 이들의 머리가 좀 온전치 못하다고 여길 정도였다. 결국 탁씨 부부는 성도 서남쪽 임공臨邛, 지금의 쓰촨성 충라이邛崍로 안배되었다.

탁씨는 임공에 온 뒤 이곳의 지형을 쭉 관찰하며 덩실덩실 춤을 출 만큼 기분이 좋았다. 이들을 압송했던 관리들은 그의 모습을 보면서 머리가 좀 돌았다고 생각했다.

진나라의 관리는 탁씨가 원래 무슨 일을 했는지 생각하지 못했다. 탁씨는 철광석 제련업자가 아니었던가? 그는 임공에 와서 부근의 산에 철광석이 있다는 것을 발견했던 것이다. 이제 자기의 오랜 본업으로 몸에 밴 특기를 발휘할 수 있게 되었으니, 어찌 기쁨에 넘치지 않을 수 있단 말인가?

이제 탁씨는 다시 옛 사업을 시작했다. 사람들을 고용하고 산에서 철광석을 채취하고 용광로에 제련해서 철제 기구를 만들기 시작했다.

전국 시대는 중국 고대 철광 제련업 발전의 중요한 단계로 수없이 많은 선진 기술을 발명하고 사용했다. 조나라에서 흘러온 탁씨 등 여러 인물들은 중원의 온갖 선진 기술을 쓰촨 땅으로 가지고 왔다. 이리하여 이 지역 철광석 제련업의 신속한 발전을 크게 촉진시켰다.

선진 기술에다 풍부한 관리 경험까지 있던 탁씨가 제조한 철기는 재빨리 판로를 확보했다. 사마천은 '탁씨 집안에서 만든 제품이 쓰촨, 윈난 등에 사는 수많은 소비자들의 환영을 받았다.'고 기록하고 있다.

탁씨는 다시 한 번 벼락부자가 되었다. 그 집안이 일으킨 산업 규모는 지난 날 조나라에 있을 때보다 훨씬 컸으며 벌어들인 돈도 헤아릴 수 없을 만큼 많았다. 그가 집안에서 부리는 노복만 해도 일천 명이 넘을 정도였다.

탁씨는 임공 등지의 토지와 산림을 사들여 점점 큰 장원을 만들어나갔다. 그가 꾸민 장원은 참으로 넓었다. 그 안에서 말을 타고 사냥까지 할 수 있었으니, 이렇게 호화스러운 장원은 고금을 통하여 그리 많지 않았다. 탁씨와 그 집안 식구들은 이곳에서 활을 쏘며 사냥을 즐겼으니 나라님 못지않았다. 이들이 나라님과 맞먹을 만한 세월을 보냈던 것이다.

당시 임공에도 철광 제련업을 주로 하는 또 다른 상인이 등장했으니 바로 정정程鄭이다. 그는 탁씨와 마찬가지로 이주를 강요당하며 북쪽에서 내려왔다. 정정씨 집안에서 내놓은 제품도 판로가 매우 넓었음은 물론 서남쪽 소수민족에게 크게 환영을 받았다. 정정도 탁씨와 비슷한 재산을 가지고 있어서 집안에서 일하는 노복의 숫자가 수백 명이 넘었다.

탁씨 집안의 가업은 세세대대로 전해 내려왔다. 이렇게 거의 5, 6대를 내려왔을 때, 탁씨 집안의 총수 이름이 역사에 기록되었으니 바로 탁왕손이다. 가업이 대를 거쳐 그에게 이르렀을 때는 벌써 한무제가 세상을 통치하던 때였다.

앞에서 말한 그 로맨틱 코미디는 상업으로 큰 성과를 이룬 이 집안의 후계자 탁왕손이 상업 경험이라고는 하나도 없지만 뛰어난 상업적 수단을 가진 이에게 철저하게 당하는 이야기로 바로 이 당시에 발생했다.

2
장인과 사위가 벌인 상술 경쟁

당시 임공의 현령은 왕길王吉이었다. 어느 날, 왕현령은 외부 손님을 정중하게 맞아들이며 관아의 접대소로 모셨다. 왕현령은 이 손님을 편안하게 모신 뒤 그만이 쓸 수 있는 전용 수레를 제공하고 여기에 부릴 수 있는 하인까지 몇 명 안배하여 그를 돌보도록 했다.

왕현령은 날마다 시간을 내어 이 손님을 찾아가서 온갖 예의를 다 갖추어 인사를 올렸다. 게다가 가끔 이 손님을 손수 모시고 임공의 골목골목을 시찰했다. 함께 시찰을 나갈 때마다 몇 대의 수레와 수종들이 앞뒤로 호응했기에 많은 이들의 관심을 끌었다.

이 손님은 한눈에 보기에도 재덕을 두루 갖춘 훌륭한 인재로서 운치는 물론 호방한 기세가 넘쳤다. 참으로 멋진 남자였다. 수레 위에 앉은 그의 모습은 의젓하고 기품 있었으며 넘치는 생기에 위엄까지 대단했다. 임공 사람들은 이 양반이 신선이라고 여길 정도였다.

그렇다면 이 손님은 도대체 누구일까? 바로 뛰어난 사부辭賦 작가로 문학사에 그 이름도 대단한 사마상여司馬相如였다.

사마상여의 자는 장경長卿으로 쓰촨 성도成都 사람이다. 어린 시절, 그의 가정은 비교적 부유했다. 그는 어린 시절부터 책을 가까이하며 좋아했고 검법에도 관심을 기울였다. 부모는 그에게 '견자犬子'라고 이름을 붙였다. 사마상여는 성인이 된 뒤, 강아지라는 뜻의 '견자'라는 이름이 별로 우아하지 않다고 생각했다. 게다가 그가 참으로 앙모하는 인물이 바로 전국 시대 조나라의 이름난 재상 인상여藺相如였기에 자기 이름도 사마상여라고 고쳤다.

당시 한나라에는 '자선貲選'이라는 제도가 있었다. 이 제도에 따르면 재산이 일정한 정도에 이른 부자가 국가에 얼마만큼 돈을 내면 수도 장안으로 와서 낭관郞官을 맡을 수 있었다. 낭관은 구체적인 권한은 없는 벼슬아치로서 수습 관원이나 후보 관원과 큰 차이가 없었다. 기회가 되면 황제 곁에서 일을 할 수 있었지만 수레나 복장, 그리고 생활비 등은 모두 스스로 마련해야만 되었다. 이런 제도는 사실상 뇌물을 받고 관직과 작위를 파는 방법이었다.

부모는 사마상여에게 앞날을 열어주기 위하여 재산을 쏟아 부으며 사마상여를 수도 장안으로 보내어 낭관이 되게 했다. 사마상여는 수도 장안으로 와서 한경제의 사냥에 수행원으로 참가하기도 했다. 그러나 사마상여는 이런 임시 관직에 흥미를 느끼지 못했다. 물론 한경제도 사부辭賦에 아무런 관심을 기울이지 않았다. 사마상여는 이대로 가다가는 안 되겠다고 생각하며 벼슬을 그만두고 양梁으로 달려가서 양왕의 문객이 되었다. 양왕은 사부를 좋아했기 때문이다. 세월이 흘러 어느덧 양왕도 세상을 떠나자 사마상여는 자기를 알아주는 이를 만나지 못하고 어쩔 수 없이 고향 성도로 돌아왔다.

이때, 사마씨 집안은 가세가 기울어 씻은 듯이 가난했다. 사마상여는 집안에서 한 끼 먹고 나면 다시 다음 끼니를 걱정할 만큼 빈털터리 청년으로 전락하고 말았다. 마침 임공의 현령 왕길이 사마상여와는 오랜 친구로서 둘 사이가 의리로 똘똘 뭉쳐졌기에 손님으로 맞았던 것이다.

처음에는 왕현령이 거의 날마다 사마상여가 머무는 곳을 찾았으며 사마상여도 예의를 갖추었지만 얼마 지나지 않자 사마상여는 거드름을 피우며 걸핏하면 병을 핑계로 왕현령과 만나지 않으려고 했다. 그러나 왕현령은 화를 내기는커녕 오히려 더욱 은근하고 공손하게 그를 대했다.

이 당시 사마상여는 아직 크게 이름을 드러내지 못했다. 더구나 왕현령의 세력이 미치는 곳에서 남의 집에 얹혀사는 형편에 무슨 자격이 있고 무슨 필요가 있다고 허세를 부리면서 거만을 떨었을까? 왕현령은 그래도 지방 장관인데 어찌하여 한낱 서생에 불과한 사마상여에게 굽실거리며 비위를 맞추려고 했을까?

알고 보면, 사마상여와 왕현령은 바로 낚시를 할 흉계를 함께 꾸미고 있었던 것이다. 이들의 행동 하나하나는 모두 낚시를 위하여 조작된 위엄과 기세였다.

　낚시라니? 이들이 낚으려는 물고기는 도대체 누구일까? 이들이 낚으려는 물고기는 바로 탁왕손의 딸 탁문군卓文君이었다. 사마상여는 임공에 오자마자 부잣집 아가씨 탁문군이 인물도 뛰어난데다 어려서부터 음악을 좋아하여 예술적 재능이 돋보였으며 지금은 과부로 수절하고 있다는 이야기를 들었다. 사마상여는 재색을 겸비한 탁문군을 사모하는 마음으로 깊이 빠져들었다. 그러나 그는 탁문군이 뛰어난 재능뿐만 아니라 자존심도 대단하여 쉽게 접근할 수 없다는 말을 듣고 오랜 친구 왕현령과 함께 이 물고기를 낚을 흉계를 꾸미기 시작했다. 왕현령도 재주가 출중한 이 사내와 아름다운 여인 사이에 좋은 일이 이루어지도록 기꺼이 힘을 함께하기로 했다. 이렇게 그들은 서로 손발을 맞추기로 비밀리에 약속을 했다.

　물고기를 낚는 과정에 사마상여와 왕현령은 온갖 상업적 판촉 방법을 종합적으로 이용했다. 예컨대, 왕현령이 사마상여를 안내하여 곳곳으로 유람하면서 사람들의 눈을 끌도록 과시했으니, 이는 바로 판매를 목적으로 소비자에게 널리 알리는 광고 행위가 아니겠는가? 또 왕현령이 사마상여에게 굽실거리며 머리를 숙여 아부하는 모습을 보인 것은 바로 스타의 대변인 노릇이 아니겠는가? 게다가 현령 어르신의 뒷배까지 있었으니 그 영향력은 대단했을 것이다.

　이런 모든 것들이 계획적으로 분위기를 조성하며 사마상여의 몸값을 높이 끌어올렸다. 빈털터리 가난뱅이 청년을 만나기 힘든 큰 인물로 꾸밈으로써 '대어'를 낚을 무대 장치를 했던 것이다.

물고기는 낚싯바늘에 그대로 걸렸다. 왕현령이 손님을 정성껏 모신다는 소문은 벌써 임공 땅에 널리 퍼지며 입에서 입으로 오르내렸다. 사람들은 입을 모아 이 손님이야말로 분명 배경이 대단한 인물이라고 인정하기에 이르렀다.

탁왕손도 신경 쓰지 않을 수 없었다. 그는 특별히 정정 집으로 찾아가서 의논을 했다.

"정형! 우리 지방에 귀빈이 왔다는데, 여기서 기업을 이끄는 우리가 앞으로 나서서 이분을 환대해야 하지 않겠소?"

이리하여 탁왕손과 정씨는 함께 이름을 내걸고 이분을 모시는 초대장을 정중하게 보냈다. 물론 왕현령도 함께 자리를 하도록 청했다.

잔치가 펼쳐진 곳은 탁왕손 집안의 호화로운 원림 안이었다. 왕현령은 약속대로 탁왕손의 집안으로 들어서며 자기도 모르게 깜짝 놀랐다. 이런! 탁왕손이 초대한 여러 방면의 거물들이 뜻밖에도 몇 백 명이나 온 것이다.

초대받은 인물들이 거의 다 왔지만 이날의 주인공인 사마상여는 벌써 한낮이 되었는데도 아직 나타나지 않았다. 탁왕손은 주빈을 모시기 위해 사람을 보냈지만 사마상여는 병을 핑계로 나서려고 하지 않았다. 식탁에 차려진 산해진미를 앞에 두고도 감히 젓가락조차 들 수 없었던 왕현령은 제 발로 달려가서 상마상여를 영접하려고 나섰다. 하지만 상마상여는 달갑지 않은 얼굴로 잔치에 갔다. 그가 잇단 부름에 드디어 모습을 나타내자 지금까지 어떤 인물일까 잔뜩 흥미를 가지고 기다리던 사람들은 모두 그의 풍채에 매료되었다.

성대한 잔치가 드디어 시작되었다. 술이 몇 순배 돌고 요리도 대여섯 가지 상에 올라오자 왕현령은 미리 준비해 두었던 칠현금을 들고 사마상여 곁으로 공손하게 다가가서 인사를 올리며 이렇게 말했다.

"장경 선생님, 선생님의 칠현금 높은 예술을 오랫동안 앙모해 왔습니다. 깊이를 알 수 없는 그 심오함을 선생님께서 손수 한 곡 들려주기 바랍니다. 다른 이의 연주는 선생님 귀에 들어오지도 않을 터, 손수 연주하며 즐기시기 바랍니다."

사마천의 『사기』에 따르면, 사마상여에게는 장애가 하나 있었다고 한다. 바로 말더듬이었다. 입을 열면 더듬더듬 떠듬적거렸기에 그는 이런 흠을 가리기 위하여 여러 사람 앞에 서면 처음부터 끝까지 말을 아주 적게 했다. 왕현령의 요구를 받은 사마상여는 또 고개를 흔들고 손을 내저으며 사양하는 몸짓을 보였다. 왕현령이 정말로 진심을 보이며 두터운 정을 드러내자 이제는 거절하지 못하고 천천히 칠현금을 가까이하더니 마음을 한껏 가라앉히며 온 정성을 한 곳으로 모아 연주하기 시작했다.

사마상여의 개인 연주회가 이제 막 끝났을 때, 누군가의 마음이 이 칠현금 소리에 철저하게 무너졌다. 누구였을까? 바로 사마상여와 왕현령이 낚으려던 대어인 탁왕손의 딸 탁문군이었다.

애초 탁문군은 현령이 어떤 손님을 잘 대접한다는 뉴스가 길거리에 푸짐한 이야깃거리로 떠돌았지만 뭐 그리 대단한 일로 여기지 않았다. 그러나 전설 속의 인물 같은 미남이 자기 집에 손님으로 와서, 그의 칠현금 연주가 울려 퍼지자, 그녀의 가슴은 마구 두근거리기 시작했다.

무슨 까닭일까? 사마상여가 연주한 곡들은 한 곡 한 곡 여성을 향한 애모의 정을 쏟고 있었기 때문이다.

다른 사람들은 알아듣지 못했지만 어려서부터 음악에 정통했던 탁문군이 어찌 못 알아듣겠는가? 이리하여 탁문군은 칠현금 소리에 그대로 빠지며 가만가만 잔치가 벌어지는 곳으로 와서 주렴 뒤에 몸을 숨기고 귀를 기울였다. 몇 곡의 연주를 다 듣고 나자 탁문군은 이제 그만 사마상여의 넘치는 재능에 마음을 사로잡히고 말았다. 그는 문틈으로 가만히 살폈다. 아! 전설 속의 사마상여, 그는 과연 당당한 용모에 기개도 범상치 않았으니, '미남'이라는 소문이 결코 빈말이 아니었다.

사마천은 바로 이때 탁문군이 사마상여에 대하여 '마음에 기쁨이 넘치며 특별히 그를 좋아했지만 그가 자기 마음을 몰라줄세라 걱정했다.'[62]고 『사기』「사마상여열전司馬相如列傳」에 기록했다.

사마상여가 전심전력을 다하여 칠현금을 탈 때, 그의 대변인 역할을 담당했던 왕현령도 결코 한가하지 않았다. 그는 슬쩍 사람을 보내 탁문군을 곁에서 모시던 여종을 매수했다. 잔치가 끝난 뒤, 사마상여는 쇠뿔도 단김에 빼랬다고 정면공격을 개시했다. 그는 여종을 통해 탁문군에게 전달한 한 통의 편지에서 탁문군에 대한 사랑의 감정을 그대로 드러냈다.

탁문군은 자신이 사마상여의 격에 맞지 않을까 걱정하던 터에 이 편지를 받자 그만 이것저것 생각할 것도 없이 그날 밤 가만히 집을 빠

---

62 心悅而好之, 恐不得當也.

져나와 사마상여에게 몸을 맡기며 사랑의 도피를 했다. 사마상여는 아름다운 여인을 품에 안고 밤새 수레를 달려 성도로 내달았다.

탁왕손은 갑자기 딸이 보이지 않자 한참을 탐문한 끝에 사마상여의 꼬임에 빠져 함께 달아났다는 것을 알게 되었다. 그제야 탁왕손은 자신이 왕현령과 사마상여의 손에 놀아났다는 것을 깨달았다.

탁왕손은 갑자기 솟아오르는 화를 참을 수 없었다. 그가 분개한 것은 자신이 사마상여와 왕현령의 꾐에 빠졌기 때문만은 아니었다. 사마상여가 무슨 대단한 인물도 아닐 뿐만 아니라 가난하여 아무것도 가진 것 없이 빈 밥그릇 소리만 달그랑거리는 청년이었기 때문이다.

게다가 그를 더욱 분개하게 한 것은 자신의 딸이 이런 가난뱅이 사내와 사통하며 몰래 도망을 갔다는 사실이었다. 앞에서 이야기했듯이 진한 시기에 부녀자의 개가는 평범하고 시시한 일이었지만 그래도 어느 정도 예의를 좇아야 했다. 적어도 '부모의 뜻'이나 '중매쟁이의 말'에 한번쯤은 귀를 기울여야 했다. 탁씨 집안은 임공에서는 어디까지나 명문 거상으로서 손꼽히는 가문이었다. 돈이 많을수록 차려야 할 체면도 클 수밖에 없는 법, 탁왕손은 딸아이의 이런 행동에 말할 수 없을 만큼 큰 체면의 손상을 입었다.

탁왕손은 화를 내며 입을 열었다.

"딸아이가 이제 이렇게 쓸모없게 되어 버렸으니, 내 차마 죽이지는 못하지만, 동전 한 닢 그 녀석에게 줄 수는 없지!"[63]

---

63 女至不材, 我不忍殺, 不分一錢也.

그림 15. 문군정文君井

고증에 따르면 이 문군정은 서한 시대의 유물이라고 하지만 지금까지도 맑은 샘물이 솟아날 뿐만 아니라 물맛도 감미롭고 청량하다. 탁문군卓文君이 바로 이 샘물을 길어 맛있는 술을 빚어 팔았다고 한다. 당나라 때는 이 샘물로 빚은 술을 일러 '탁녀소춘卓女燒春'이라고 했다. 필자가 직접 촬영했다.

중국 옛 상인의 지혜

그림 16. 당로정當墟亭

문군정 곁에 '당로정當墟亭'이라는 이름의 가게가 최근 생겼다. 이 가게의 주인 탁문군이 영업하는
모습을 담은 인물상이 있다. 옛 도시 임공臨邛에는 곳곳에서 문군차文君茶, 문군광장文君廣場, KTV
문군점文君店 등을 볼 수 있다. 모두 이 가게 주인 탁문군의 정취를 풍긴다. 필자가 직접 촬영했다.

『사기』 「사마상여열전」에 기록된 구절이다.

그러나 적지 않은 이들이 탁왕손에게 이렇게 권했다.

"그럴 수야 없지요, 그래도 따님이지 않소? 지금 탁문군이 가난 속에 빠졌는데, 정말로 가엾이 여기어 몇 푼이라도 줘야 하지 않겠소?"

탁왕손은 부끄러움으로 얼굴도 들지 못하고 그저 입을 꾹 다물 뿐이었다.

뜨거운 신혼의 첫 달이 지나자 생활의 과중한 부담이 이들의 마음을 파고들었다. 탁문군은 어디까지나 큰 부잣집의 금지옥엽이라 어려서부터 먹고 입을 걱정 없이 자랐다. 이제 사마상여와 함께 날마다 칠현금을 뜯으며 노래를 부르고, 시를 읊고, 그림을 그리면서 참으로 낭만적인 신혼의 첫 달을 보냈지만 낭만이 밥을 먹여주지는 못했다.

탁문군은 이렇게 입을 열었다.

"여보, 우리 임공으로 돌아갑시다. 아버님께서 저를 외면하셔도 형제들은 있습니다. 형제들에게 돈을 빌리면 그래도 생활은 할 수 있을 터, 어찌 이렇게 가난에 시달리며 살 수 있겠어요?"

사마상여도 아내가 자기 때문에 이렇게 가난에 시달리며 사는 모습을 보며 마음이 편치 않았던지라 탁문군과 함께 임공으로 돌아가기로 했다.

탁문군은 자기의 수레를 모두 판 데다 형제에게 빌린 약간의 돈까지 보태어 자그마한 술집을 사들였다. 그리고 술을 파는 장사를 시작했다.

탁문군은 날마다 판매대에서 술을 팔았으며 사마상여는 앞치마를 두르고 몇몇 삯일꾼들과 함께 술집 문간에서 접시를 닦고 그릇을 씻었다.

임공에 사는 이들은 최근 문을 연 술집의 안주인이 뜻밖에도 이 곳 거부 탁왕손의 딸이며 접시 닦고 그릇 씻는 사내는 얼마 전까지 거들먹거리며 많은 사람들 앞에서 뽐내던 바로 그 미남이라고 두 사람의 사랑의 도피 행각에 대하여 수군거렸다. 소문이 널리 퍼지자 그 효과는 가히 원자폭탄의 폭발에 못지않았다.

그 결과, 사마상여와 탁문군의 자그마한 술집은 아침부터 저녁까지 사람들로 붐볐다. 술을 마시는 사람에다 이들을 구경하러 온 사람까지 합쳐져서 날마다 손님들로 문전성시를 이루었다. 사람들이 점점 많아지자 사마상여와 탁문군도 일하는 데 점점 힘이 솟았다.

사마상여와 탁문군은 한쪽은 환경에 잘 적응했으며 다른 한쪽은 힘들고 위험한 것을 두려워하지 않았으니 참으로 완벽한 한 쌍이요 자연적이고 이상적인 짝이었다.

이들은 왜 이렇게 하려고 했을까?

한편으로는 오만한 태도를 멀리하고 자기 손으로 힘들여 일하며 스스로 생계를 도모하기 위해서였다.

또한 자신들의 행동을 통하여 겉보다는 내속을 다지는 것이 더 바람직하다는 것을 증명하기 위하여 대담하게 사랑을 좇았으니 무엇이 잘못인가! 부부 사이에 서로 사랑하며 곤경 속에서도 서로 의지한다면 그대로 정정당당하고 거리낌이 없으니 부끄러울 까닭이 전혀 없다.

그러나 미리 생각지 못했겠지만 이들의 행동은 객관적으로 볼 때 상업적인 책략에 그대로 부합했다.

상업 경쟁 가운데에서 경쟁자에게 골칫거리를 제공하는 일은 이제

껏 판매전에서 걸핏하면 써먹는 수법이다. 특히 사회 여론의 압력을 이용하여 상대방이 양보하게 하는 것도 하나의 방법이다. 사마상여와 탁문군이 이용한 방법은 그 무엇보다 사회적 체면을 앞세우는 탁왕손에게는 커다란 위기를 맞는 일이었다.

이리하여 사마상여와 탁문군의 자그마한 술집은 갈수록 불붙듯이 장사가 잘 되었지만 탁왕손의 체면은 갈수록 구겨지며 콩켸팥켸 말이 아니었다. 탁왕손은 집안에서 두문불출했다. 아예 고개를 들 수조차 없었던 것이다.

탁씨 가문의 친척과 친구들이 잇달아 찾아와서 탁왕손에게 이렇게 권했다.

"자네 집에 제일 넘치는 게 뭔가? 바로 돈 아닌가! 그러나 자네 집에 아들딸은 그리 많지 않네, 기껏해야 아들 하나에 딸 둘일세. 지금 문군이는 사마상여에게 잡혀가서 그 집 사람이 되었네. 그러나 사마상여는 비록 가난하긴 하지만 재능과 학식이 넘치는데다 참마음으로 문군이를 좋아한다니 이런 인물이라면 그래도 믿을 만하네. 게다가 상마상여는 현령의 친구로서 아무래도 품위가 있는 인물이네. 자네는 어찌 그렇게 외고집인가?"

탁왕손은 이리저리 생각해봐도 뾰족한 방법이 떠오르지 않았다. 딸아이와 사위가 강요에 못 이겨 그를 더욱 난처하게 만들 일을 저지를까 걱정하던 터라 친척이나 친구들의 권고를 들을 수밖에 없었다. 그리하여 그는 탁문군에게 백 냥의 돈과 백 명의 노복을 보내고, 시집갈 때의 의복과 이불 따위를 포함하여 혼수 일체를 두루 갖추어 주었다.

탁문군과 사마상여는 이들 재물을 받고 즉시 자그마한 술집을 건

어치우고 성도로 돌아가서 집과 토지를 사들이며 부유한 생활을 영위했다.

뒷날 사마상여의 뛰어난 문학적 재능이 마침내 한무제의 눈에 띠었다. 한무제는 사마상여를 서울로 불러들여 다시 벼슬을 내렸다. 훗날 한무제는 서남쪽 소수민족을 수습하기 위하여 사마상여를 중랑장中郎將으로 발탁하여 사신으로 보냈다.

성도와 임공은 모두 서남쪽 소수민족이 살고 있는 곳을 가기 위하여 반드시 통과해야 할 지방이었다. 사마상여는 황제의 특사로서 기세도 드높게 쓰촨 땅으로 왔으니 그야말로 금의환향이었다. 촉군의 태수는 관리들을 이끌고 교외에까지 나아가서 그를 영접했으며 임공의 현령 등은 활을 등에 메고 사마상여 일행이 가는 길을 앞서 열었다.

성도의 백성들은 바쁘게 뛰어다니며 이 소식을 알리기에 바빴다. 바로 그들이 사는 곳에서 사마상여와 같이 재능이 출중한 인물이 나왔다는 게 정말로 영광이었던 것이다. 임공의 백성들도 기쁨이 넘쳤다. 사마상여가 그들이 사는 곳의 사위라는 것이 참으로 자랑스러웠던 것이다.

이제 탁왕손은 얼마나 후회가 되는지 몰랐다. 후회라니, 무슨 후회란 말인가? 딸아이를 너무 늦게 사마상여에게 시집보냈다는 후회에 재산을 너무 적게 주었다는 후회였다.

그래서 탁왕손은 다시 한번 탁문군에게 가산을 떼어 주었다. 그것은 아들에게 나누어 준 분량과 같은 큰 재산이었다.

이야기가 여기까지 흘러오면, 대대로 내려오는 가업을 물려받은 거상 탁왕손은 끝내 상업 경험이라고는 조금도 없는 사마상여와 탁문군

그림 17. 사마상여司馬相如**의 고향**

『사기』와 『한서』에는 모두 '사마상여는 촉군蜀郡 성도成都 사람이다.'라고 기록했다. 그러나 이 사진에 보이는 〈사마상여의 고향〉이라는 패방은 쓰촨성四川省 난충시南充市 평안현蓬安縣에 자리하고 있다. 어쨌든 역사적으로 이름난 인물이 지역 경제 발전을 촉진할 수 있다면 결국은 좋은 일이다. 게다가 '저는 사마상여와 같은 고향 사람입니다.'라고 말하는 것이 '서문경西文慶이 우리게 사람이지요.'라고 뽐내는 것보다 조금은 더 떳떳하고 영광스럽다.

그림 18. 문군 옛집

충라이邛崍 시내에 있는 '문군 옛집'은 당나라 때 벌써 원림으로 개발되어 이백李白과 두보杜甫 등이
모두 이를 제재로 시를 읊었다고 한다. 그러했기에 원림 안에 있는 돌비석도
'천고제일애정명원千古第一愛情名園'이라며 이를 기리고 있다. 이 사진은 2010년 12월 8일 필자가
직접 방문하여 촬영했다. 화면 오른쪽에 '문군정文君井'이, 왼쪽 물가로 '금대琴臺'가 보인다.
명나라 때 건립된 이 정자는 사마상여가 '조어釣魚'를 거문고로 연주한 곳으로 생각된다.

부부의 뛰어난 상업적 술수에 철저하게 정복되었음을 알 수 있다. 이러지도 저러지도 못할 연분은 이렇게 대단원의 막을 내리며 완전무결하게 끝이 났다.

그러나 탁왕손을 포함하여 한나라의 거부들이 상상도 못할 일이 일어났으니, 바로 이때 진시황의 이민 강요보다 더 심각한 타격이 이들 앞에 기다리고 있었다.

도대체 어떻게 된 일인가?

商賈智慧

1
애국 상인

때는 서한 왕조, 어느 날 한무제는 마침 여러 지방에서 올라온 공문을 살피고 있었다. 이때 어떤 상인이 올린 글이 그의 눈길을 끌었다. 글을 올린 상인의 이름은 복식卜式이었다.

복식이 올린 글에 대체 어떤 내용이 있었기에 한무제의 눈길을 끌었을까? 알고 보니 한무제에게 올린 문서에는 복식이 자기 재산의 절반을 국가에 헌납하기를 원한다는 내용이 들어 있었다.

복식이 올린 글을 보면서 한무제는 참으로 의아해 하며 놀랐다. 상인이 자기 재산을 국가에 헌납하겠다는 이야기는 사실 역사상 없었던 일이 아니었다. 예컨대, 『좌전左傳』에는 이런 기록이 있다.

춘추 시대 진秦나라는 맹명시孟明視 등 세 명의 장군에게 군대를 딸려 정鄭나라를 기습하도록 하였다. 진나라 군대는 행동이 정말 은밀

했던지 진晉나라, 주周나라를 지났는데도 정나라에서는 아무런 눈치도 채지 못했다. 당시 정나라에는 현고弦高라는 상인이 있었다. 마침 이때 현고는 소 스무 마리와 약간의 쇠가죽을 팔기 위하여 동주東周의 수도인 낙양으로 가는 길이었다. 그런데 가는 도중에 갑자기 진나라의 군대와 맞닥뜨리게 되었다.

당시에는 정나라와 진나라 사이에 발생한 알력이 아직 해결되지 못한 상태였다. 현고는 정나라와 그리 멀지 않은 곳에서 갑자기 한 무리의 진나라 군대와 맞닥뜨리자 십중팔구는 이들이 자기 나라를 기습하러 왔다고 미루어 단정했다. 자기 나라가 위기에 처했다고 판단한 현고는 급한 중에도 한 가지 생각을 떠올렸다. 그는 재빨리 사람을 보내 정나라에 이 소식을 전하도록 했다. 진나라 군대가 기습을 가하려고 왔으니 재빨리 준비를 갖추어야 한다는 내용이었다. 또한 그는 대담하게도 직접 진나라 군대를 이끌고 온 장군 맹명시를 찾아가서 자기가 가지고 온 열두 마리의 소와 약간의 쇠가죽을 바치며 이렇게 말했다.

"나라님께서 장군이 거느린 군대가 우리 정나라를 지난다는 이야기를 듣고 이렇게 저를 특별히 보내 장군의 군대를 위로하라 이르셨습니다. 또 나라님께서는 장군께서 우리 정나라에서 하루라도 묵으신다면 하루분의 군량과 마초를 제공하라 이르셨으며, 하룻밤을 묵으실 작정이라면 우리가 한밤의 경호를 맡으라고 명하셨습니다."

맹명시는 현고가 하는 이 말을 듣자 그만 깜짝 놀란 나머지 몇몇 장군들과 급히 의논을 했다.

"이거 큰일 났소. 정나라에서 벌써 우리의 행적을 알아버렸소. 게다가 미리 우리를 막아낼 준비까지 다 갖추었으니, 기습을 해도 성공하긴 힘들겠소. 강공을 퍼부었다가 지원군의 도움도 없으면 어떡하겠소. 차라리 돌아가는 게 나을 것 같소."

진나라 군사는 방향을 바꾸어 오던 길로 되돌아갔다. 그들은 돌아가는 도중에 진晉나라 군대의 매복 기습에 걸려들며 전군이 전멸했다.

정나라 상인 현고는 이렇게 위급한 순간에도 용감하게 나서서 자신의 생명과 재산을 기꺼이 내놓으며 나라를 지켜냈다. 현고의 이런 애국적인 행동은 정나라 백성의 존경을 받았다. 이에 현고에게 금은보화가 상으로 하사되었지만 현고는 모두 물리치며 받으려고 하지 않았다. 현고는 자신의 명예와 이익을 위하여 이런 행동을 한 것이 아님을 보여주기 위하여 뜻밖에도 자기 집 식구들을 이끌고 다른 나라로 거처를 옮긴 뒤 다시는 돌아오지 않았다.

한무제는 황제의 자리에 오른 지 몇 년이 지났지만 아직까지 현고와 같이 명예도 바라지 않고 이익도 멀리한 채 오로지 나라만을 사랑하는 상인을 만난 적이 없다는 것을 떠올렸다. 그런데 바로 지금, 복식이라는 인물이 자기 재산의 절반을 나라에 헌납하겠다니, 도대체 진실일까 거짓일까? 대체 그는 어떤 상인일까? 한무제는 사람을 보내 이점을 알아보기로 마음을 굳혔다.

한무제가 파견한 관리는 일처리를 상당히 야무지고 옹골차게 하는 인물이었다. 그는 먼저 복식의 고향으로 달려가서 그 지방 관원에게 상황을 샅샅이 알아보게 했다.

알고 보니 복식은 하남군河南郡 출신이었다. 서한 때의 하남군은 대체로 지금의 허난성 뤄양洛陽, 정저우鄭州 일대이다. 복식은 젊은 시절 방목을 하며 생활을 했다. 부모가 세상을 떠난 뒤, 복식은 아직 어린 동생을 돌보며 혼자서 집안일을 돌보았다. 동생이 성인이 되자 복식은 혼자서 다시 가업을 일으키기 위하여 동생과 헤어져 분가했다. 분가할 때, 복식은 자신은 겨우 양 백 마리만 가지고 나머지 토지와 가옥 등은 모두 동생에게 나누어 주었다.

복식은 백 마리의 양을 몰고 산으로 가서 방목했다. 이렇게 방목을 하는 한편 장사에도 뛰어들었다. 십여 년이 지나자 양은 번식하여 수천 수만 마리에 달했고 복식도 이제 적지 않은 재산을 모으게 되었다. 그리하여 그는 넓은 토지는 물론 적지 않은 건물도 사들였다.

그의 동생은 곶감 꼬치에서 곶감 빼어먹듯이 있는 재산을 거의 다 말아먹고 곧 망할 지경이었다. 복식은 훌륭하게 크지 못한 동생을 보며 화가 치밀었지만 서로 굳게 의지하며 살아가야할 친동생이라는 생각을 하게 되었다. 자신이 동생을 돌보지 않으면 어느 누가 그를 돌보겠는가! 이리하여 복식은 동생에게 근면하고 검소하게 집안을 이끌도록 간절하고 정성스럽게 타이르면서 자기 재산을 크게 나누어 동생에게 주었다.

동생이 어렸을 때 복식은 형이요 부모였다. 동생이 성인이 된 뒤, 빈들거리며 해야 할 일을 바로하지 못했지만 복식은 그래도 동생을 싫어하며 버리지 않았다. 이 때문에 복식은 고향에서 사업상 크게 성공한 상인에 그치지 않고 가정을 화목하게 이끈 모범적인 인물로 존경을 받았다.

한무제가 보낸 관리는 이런 상황을 알아냈지만 마음에는 여전히 의문이 남았기에 복식을 직접 만나기로 했다. 이 관리는 복식과 마주하자 당장 이렇게 물었다.

"그대가 재산의 절반을 국가에 헌납하겠다는 말을 듣고 왔소. 그런데 이렇게 하겠다는 동기가 무엇이오? 설마 이를 바탕으로 벼슬을 할 생각은 아니겠지요?"

복식은 고개를 흔들며 대답했다.

"나리, 저는 한낱 평민일 뿐입니다. 어려서부터 양을 기르며 살았기에 벼슬살이를 할 줄도 모르고 하고 싶은 마음도 없습니다."

관리는 도무지 알 수 없었다. 그는 복식이 어쩌면 다른 이에게 말못할 사정이 있다고 믿었다.

"집안에 무슨 말 못할 억울함이라도 있소? 나라님에게 하소연할 무엇이라도 있소?"

복식은 이렇게 대답했다.

"나리, 나리께서는 저를 잘 알지 못하는 것 같습니다. 저는 지금까지 이렇게 살면서 다른 이와 얼굴을 붉힌 적이 없습니다. 동네에 겨우 겨우 살아가는 가난한 이가 있으면 그들에게 돈도 빌려주고 물건도 빌려주었습니다. 능숙하지 못한 게 있으면 잘 하도록 가르쳤습니다. 동네 사람들은 제 권유를 잘 받아들였습니다. 그런데 어떻게 제가 다른 사람들에게 억울한 일을 당했겠습니까? 나라님께 하소연할 일이 제겐 전혀 없습니다."

이 관리는 점점 더 갑갑해졌다.

"그렇다면 그대가 재산의 절반을 나라에 헌납하려는 까닭이 무엇이오? 바라는 바가 있을 게 아니오? 대체 얻으려는 게 무엇이오?"

복식은 아주 정중하게 대답했다.

"황상께서는 슬기롭고 영명하시어 병사를 이끌고 나아가서 흉노를 꺾었습니다. 저는 우리 한나라의 백성으로서 마땅히 힘이 있으면 힘을 보태고 돈이 있으면 돈을 내놓아야 한다고 생각합니다. 이렇게 해야만 흉노를 능히 무릎 꿇릴 수 있을 것입니다. 저는 몸이 허약하여 전선으로 나아가서 국가를 위해 용감하게 싸울 수는 없습니다. 그러나 저도 힘이 닿는 데까지 할 수 있는 일은 해야 할 것입니다."

이 이야기를 들은 관리는 자기도 모르게 복식에게 경의를 표하며 옷깃을 여미었다. 그리고 조정으로 돌아가서 자기가 알아낸 상황을 하나도 빠짐없이 한무제에게 보고했다.

그러나 한무제는 이 보고를 듣고도 여전히 의문이 풀리지 않는 듯 머뭇머뭇 결정을 하지 못하고 이 일을 승상 공손홍公孫弘에게 풀어놓았다.

공손홍은 황제의 말을 다 들은 뒤 고개를 절레절레 흔들며 이렇게 아뢰었다.

"이는 사람이면 누구나 가질 수 있는 마음이 아닙니다. 세상에 이렇게 좋은 일을 하면서 대가를 바라지 않을 이가 있겠습니까? 참으로 이치에 부합하지 않으니 어쩌면 그럴듯하게 꾸민 속임수일 수도 있습니다. 복식이 불순한 동기에다 또 다른 속셈이 있을 것 같습니다. 이런 인물을 본보기로 삼을 수는 없으니, 폐하께서는 이 양반을 아랑곳하지도 않는 게 나을 듯합니다."

공손홍의 의견을 듣자 한무제는 더욱 망설여졌다. 그리고 이 사건을 곁으로 밀쳐놓았다.

2
천상억상賤商抑商

　그렇다면 한무제나 공손홍은 무슨 까닭으로 복식의 행동에 대하여 그렇게도 의심의 눈초리를 보냈을까? 이것은 서한의 전통적인 정책은 물론 한무제 등의 직접적인 체험과 관련이 있다.

　서한을 세운 고조 유방은 젊은 시절 돈 있는 자에게 충격을 받았다. 유방의 고향은 패현沛縣이었다. 패현의 현령에게는 원수를 피하기 위하여 이곳으로 거처를 옮긴 여공呂公이라 불리는 친구가 있었다. 여공은 패현에 터전을 잡기 위하여 술잔치를 베풀고 잘 알려진 유력인사를 초대했다. 패현에 사는 이들 유력인사들은 여공이 현령의 귀한 손님이라는 것을 알고 모두 잔치에 참여하여 성원하기로 했다.

　현령에게 딸린 벼슬아치로 소하蕭何라는 인물이 있었다. 그는 현령의 명령으로 파견되어 이 잔치를 맡아서 처리했다. 소하는 찾아온 손님이 예상보다 훨씬 넘치자 이렇게 선포했다.

　"예물이 천 냥을 넘는 이는 당상으로 올라와 앉으시고, 천 냥이 채 안 되는 이는 좀 불편하시겠지만 뜰에 자리하시기 바랍니다."

　유방은 당시 자그마한 마을의 정장亭長을 맡고 있었다. 그는 평시에도 하는 일 없이 빈둥거리며 놀기 좋아하는 인물로 결점도 적지 않았다. 가장 두드러진 결점이라면 무절제한 술과 여색 밝히기였다. 그는 이 잔치에 마실 술이 있다는 말을 듣고 참가했다. 그런데 소하가 이렇게 말하자 그만 멍해졌다. 내놓을 돈이 어디 있단 말인가? 그는 평상시에도 술집에서 술을 마시면 외상이었다. 세밑이 되어도 여전히 미적미적 술값을 갚지 않으면 술집 주인은 어쩔 수 없이 재수 없는 일을 당했다고 생각하며 스스로 체념하고 말았다. 이번에도 유방은 돈 한 푼 없이 나타난지라 자칫하면 뜰 안에도 앉을 자격을 얻지 못할 판이었다.

그러나 유방은 역시 유방이었다. 그는 문밖에서 큰소리로 외쳤다.

"여기 일만 냥이요!"

여공은 안에서 어떤 이가 이렇게 큰 예물을 내놓는다는 소리를 듣자 감히 홀대할 수 없었기에 그대로 문간까지 뛰어나가 유방을 당상으로 모셨다. 유방도 사양하지 않고 목에 잔뜩 힘을 준 채 윗자리에 좌정했다.

잔치가 끝난 뒤, 여공은 유방에게 자리에 좀 남아 달라는 눈짓을 보냈다. 그리고 뜻밖에도 그 자리에서 자기 딸을 그에게 맡기겠다는 말을 꺼냈다. 여공의 딸이 바로 뒷날 그 이름도 드높은 여후呂后이다.

이 사건이 유방에게 남긴 자극은 그야말로 적지 않았다. 재물에 대하여 대단히 복잡한 심리 상태를 갖게 되었던 것이다. 이때부터 유방은 무절제한 음주와 여색 밝히기 외에 또 하나 새로운 결점이 더해졌으니, 바로 재물 탐하기였다. 여기에다 정당하지 못한 부에 대한 약간의 원한까지 가졌다.

유방이 가진 이런 결점을 당시에는 모르는 이가 없었다. 예컨대, 홍문연이 있기 전, 항우의 모사 범증范增은 이렇게 말했다.

"유방은 재물을 탐하고 아름다운 여자를 좋아합니다."[64]

『사기』「항우본기項羽本紀」에 나오는 구절이다. 이처럼 다른 사람 눈에도 유방의 재물 탐하기와 여색 밝히기가 참으로 심각했다.

더욱 중요한 것은 한왕조 건립 이후 진왕조의 여러 해에 걸친 잔혹한 통치와 장기간의 전쟁으로 사회 경제는 피폐해지고 물자는 결핍되었다는 사실이다. 사마천은 이 모습을 이렇게 묘사했다.

"황제부터 네 마리의 말이 이끄는 수레를 타지 못하고 장군과 재상들은 소가 끄는 달구지를 탔으며 백성들 집엔 남은 곡식이 없었다."[65]

왕후장상들이 소가 끄는 달구지 위에 앉았으니 그 심정은 비록 답답하고 괴로웠을지라도 마음으로는 감사함을 느꼈을 것이다. 누구에게 감사했을까? 왕해王亥에게 감사했을 것이다. 만약 왕해가 소를 길들여서 달구지를 끌도록 만들지 않았더라면 그들은 소달구지도 타지 못했을 것이다. 황제와 왕후장상들도 모두 이렇게 초라했으니 백성들이야 가진 것 하나도 없을 만큼 가난할 수밖에 없었다.

그러나 몇몇 상인들은 오히려 매점매석에 담합하여 시장의 물가까지 올리며 쌀 한 섬에 일만 냥, 말 한 필에 황금 백 근을 받고 팔았다. 서한 때, 한 근은 지금으로 치면 대략 250g에 해당한다. 따라서 백 근은 지금의 25kg에 상당한다. 황금 25kg은 지금 돈으로 환산하면 천문학적인 숫자이다.

이에 대해 한고조 유방은 불같이 분노했다. 그는 자기도 황제로서

---

64 貪于財貨, 好美姬.

65 自天子不能具鈞駟, 而將相或乘牛車, 齊民無蓋藏. 『사기』 「평준서平準書」에 나오는 구절이다.

네 마리의 말이 끄는 수레에 앉지도 못하는데 몇몇 거부들은 나라가 힘든 틈을 타서 호화로운 생활을 하다니, 정말로 가증스럽기 짝이 없는 일이라고 생각했다.

그리하여 유방은 진왕조에서 시행하던 중농억상 정책을 그대로 이어받기로 결심하고 이른바 '천상령賤商令'을 반포하였다. 유방은 '천상령'에서 이렇게 규정했다.

'상인은 비단 옷을 입을 수 없다.'

'수레나 말을 탈 수 없다.' 마차는 물론 소달구지도 마찬가지로 안 된다는 말이다.

'상인은 보검을 찰 수 없다.' 보검의 착용은 귀족의 특권임은 물론 귀족의 신분을 드러내는 상징이다. 상인은 아무리 돈이 많아도 이런 대우를 받을 수 있는 자격이 없다.

'상인은 물론 그 자식도 관리가 될 수 없다.'

'상인에게는 중과세를 한다.'

'한승진제漢承秦制'라는 말이 있다. 한왕조는 비록 진왕조를 뒤엎고 세워졌지만 진나라의 수많은 제도를 한나라가 계승했다는 뜻이다. 그 가운데 하나가 바로 중농억상 정책이다.

이후 사士, 농農, 공工, 상商이라는 논법은 사회 직업의 구분에서 사회 등급의 개념으로 바뀌었다. 그러니까 상공업자는 사회 지위의 가장 말단을 차지하는 '천민賤民'으로 변했던 것이다.

그러나 어디까지나 유방은 실무에 대단히 밝은 정치가였다. 비록 그가 진나라에서 쓰던 방법을 그대로 계승하여 중농억상 정책을 시행했다고는 하지만 그가 내세운 '천상령'은 주로 정치적으로 상인을 깎

아내리고 인격적으로 상인을 모욕하며 상인의 사회적 지위를 억누르며 상인을 얕보는 사회 풍조 형성에 목적이 있었을 뿐이었다. 유방은 경제적으로는 진시황처럼 거부들의 재산을 박탈하지도 않았을 뿐만 아니라 상인들의 경영 활동을 제한하지도 않았다. 오히려 이들이 경제 회복에 힘쓰고 창의력과 활력을 발휘하도록 비교적 신경을 썼다.

그 가운데 중요한 조치는 바로 주요한 경제 활동에 간여하던 진나라 방식의 정책을 바꾸었다는 점이다. 화폐 제조, 철광석 제련, 제염 등 돈을 벌기 쉬운 생산 부문을 국가가 통제하지 않고 개인이 경영할 수 있도록 허락했다. 동시에 상품 교환의 발전을 촉진하기 위하여 각 지역의 관문을 개방하고 교통 요로상의 통행세를 없앴다.

사마천은 『사기』「화식열전」에서 유방의 이런 조치를 높이 찬양했다.

"한왕조가 흥기하여 천하를 통일하자 관문과 요로를 개방하고 광산과 산림의 채굴과 개발을 금하는 법령을 해제했다. 이 때문에 거상들은 천하를 통행하며 상품 교역에 막히는 바가 없었으니, 이들은 원하는 바를 모두 얻었다."[66]

다시 말하면 유방의 억상 정책은 겉으로 보이기 위해서였다. 그러나 상공업 경제 발전의 촉진이라는 점에서는 오히려 비교적 실무적이다. 이런 현상은 서한의 상업 정책도 진나라와 마찬가지로 억제하면서도 이용하는 이중적인 특징을 반영했다.

---

66 漢興, 海內爲一, 開關梁, 弛山澤之禁, 是以富商大賈周流天下, 交易之物莫不通, 得其所欲.

유방이 세상을 떠난 뒤, 죄악이나 번뇌로부터 멀리 벗어나 인위적인 작위 없이 자연의 순리에 맡겨야 한다는 도가 철학이 서한 전기의 주도적 정치사상으로 자리를 잡았다. 이런 치국 사상은 진나라의 멸망은 통치자가 자신만이 일을 능란하게 처리할 줄 안다고 생각하며 아무런 근거 없이 설친 데서 비롯되었다고 주장한다. 지금은 천하태평을 실현하기 위하여 백성들을 안정시키며 경제력을 회복해야지 아무런 근거 없이 설쳐서는 안 된다는 것이다. 이 사상은 상공업 정책에서 자유방임의 색채를 갈수록 농후하게 했으며 정부의 간섭과 제한도 갈수록 줄어들었다. 심지어는 유방이 살아 있을 때에 시행하던 상인 천시 정책도 지속적으로 철폐되었다.

예컨대, 여후가 권력을 오로지하던 시절에는 상인에게 비단옷 착용을 제한하지 않았으며, 상인이 말이나 수레를 타는 것도 막지 않았다.

한무제가 자리에 오르기 전에는 상인과 그 자식에게 관리의 자리에 오르지 못하도록 내린 명령만 여전히 유효할 뿐 다른 금령은 잇달아 효력이 없어졌다.

상공업에 대한 제한은 비록 갈수록 줄어들었지만 억제하면서도 이용하는 기본 정책에는 결코 변화가 없었다. 이런 점 때문에 한무제는 재산의 절반을 국가에 헌납하겠다는 복식의 요구에 반신반의했던 것이다.

하지만 한무제 때 일어난 몇 가지 사건이 한무제에게 상인에 대한 넘치는 불신을 품도록 했다. 한무제 때 어떤 일이 일어났을까?

바로 서한 조정이 맞닥뜨린 거대한 재정 압박이었다. 또 재정 위기가 끊임없이 가중된 데다 서한 조정과 거부들 사이에 일어난 갈등도 갈수록 심해졌다.

한무제가 황제의 자리에 막 올랐을 때는 수십 년 동안의 사회 안정기와 경제 회복기를 거친 뒤였다.

여기에 '문경의 치文景之治'[67]가 축적되어 서한 조정의 재정 상황은 비교적 낙관적이었다. 당시 수도 장안의 국고에는 돈이 가득했으나 오랫동안 사용하지 않아서 돈을 꿴 끈이 썩어문드러지는 바람에 돈이 도대체 얼마나 되는지 정확하게 셀 수조차 없었다. 국가 창고에 보관된 식량도 해묵은 곡식이 계속 쌓이며 이제는 더 이상 넣을 자리가 없어서 어쩔 수 없이 노천에 쌓아야 될 형편에 이르렀다. 그 가운데 일부는 곰팡이가 발생하여 먹을 수조차 없었다.

이런 조건에서 뛰어난 재능과 원대한 계략을 가진 한무제가 황제의 자리에 올랐다. 한무제는 한나라 초기부터 펼쳐왔던 도가 사상을 바탕으로 한 무위無爲 정책을 바꾸며 적극적이고 장래성이 있는 유위有爲 자세로 국가 정책을 수행했다. 그 가운데 가장 중요한 일은 흉노에 대해 대규모 반격전을 펼쳤다는 사실이다.

오늘날에도 이런 말이 있다. "대포 한 발 터지면 황금 만 냥 날아간다."

옛날에도 마찬가지여서 전쟁을 일으키면 재정 지출은 급격하게 증

---

67 한문제漢文帝와 한경제漢景帝의 치세로 태평성대를 가리킨다. 그 뒤를 이은 한무제가 뛰어난 계략과 원대한 포부를 펼칠 수 있는 바탕을 마련한 시기로 평가된다.

가할 수밖에 없었다. 출정하는 병사들에게 지급되는 무기와 전마戰馬, 투구와 갑옷, 그리고 군량과 마초, 전공을 세운 자에게 내릴 상금, 전투에서 사망하거나 부상을 입은 자에 대한 보상금, 변경에 세울 방어진지, 투항한 적군에 대한 적절한 배치 등, 이 모두가 국가 재정에서 나온 돈으로 처리되었다. 일이십 년에 걸친 전쟁은 일찍이 산처럼 쌓였던 국고를 빈털터리로 만들었다. 이제 서한의 재정은 수입보다 지출이 더 많아질 만큼 심각해졌다. 어떤 경우에는 군인이 받아야 할 급여와 보급품도 지급을 미뤄야 할 사태가 발생했다. 한무제는 어쩔 수 없이 궁중 지출을 감소시키고 자신의 비상금으로 군비를 충당했다. 나중에는 한무제 자신이 일상적으로 먹는 식사까지 줄여야 할 정도에 이르렀다. 예컨대 원래는 끼니마다 백 가지 반찬을 올렸다면 이제는 오십 가지, 그리고 서른 가지로 가짓수를 줄여야 했다.

위풍도 당당했던 한나라 조정도 가난을 벗어나 부유하게 변해야 할 절박한 문제에 봉착한 것이다.

재정 수입을 늘리려면 돈은 어디서 나와야 할까? 근본을 따져 보면 모든 것은 나라에서 나올 수밖에 없으니 결국은 백성으로부터 징수해야 했다. 그러나 해마다 계속된 전쟁으로 백성들은 벌써 기진맥진한 상태였다. 설상가상으로 심각한 자연재해까지 끊임없이 발생하여 수많은 백성들이 의지할 곳을 잃고 떠돌아다니는 형편이었다. 이러한 때에 더 많은 세금을 부과한다면 백성들은 이제 핍박에 반항하는 길밖에 선택의 여지가 없을 것이다.

더 이상 백성들을 가혹하게 착취할 수 없는 형편에 이르자 이제 서한의 통치자는 약속이나 한 듯이 거상들에게로 눈길을 돌렸다. 지난

날, 한문제와 한경제가 통치하던 때에 사회에는 거상들을 억눌러야 한 다는 거센 요구가 울려 퍼졌다. 일찍이 고등학교 국어 교과서에 실렸던 조조晁錯의 「논귀속소論貴粟疏」는 이런 주장을 대표하는 글이다. 지금 서한 조정의 재정 상황은 극도로 악화되었다는 것이 조야에 일치된 생 각이었기에 기름이 자르르 흐르는 몇몇 부자들의 출혈이 있어야 할 판 이었다.

당연히 당시 사람들이 거상들을 손보아야 한다고 생각한 것은 단 순하게 이런 부자들에 대해 원한을 품고 이들이 돈이 있다고 질투한 것이 아니라 사실 심층적인 이유가 있었다. 그 이유는 거상들이 비록 자기만의 경영 방식으로 물질적인 재화를 창조하며 사회 경제 발전을 촉진시켰다고는 하지만 동시에 당시의 정치 흐름과 대립되었으며, 여기 에 당시의 경제 구조와 충돌을 일으켰다는 것이다.

당시의 정치 흐름은 어떠했을까? 간단히 말해 전제주의 중앙 집권 의 끝없는 강화였다. 다시 말하면 지방 권력이 날이 갈수록 중앙으로 집중되었으며, 중앙 권력은 황제에게로 집중되었다. 이로써 군주의 전 제 독제 체제를 형성했다. 진한 시대부터 명청 시대까지 비록 그 사이 에 수많은 곡절과 반복이 있었지만 이런 큰 흐름이나 추세, 그리고 방 향은 처음부터 끝까지 변함이 없었다. 만약 중국 고대의 모든 역사가 한 갈래 길이었다면 한무제 재위 54년은 바로 이 길 위에 놓인 대단히 두드러진 표지판이었다.

이런 정치 제도에서는 정치권력이 다른 무엇보다 크기에 전제 독 재 체제 밖에서 자기를 제약하는 그 어떤 강대한 힘도 받아들이지 않 는다. 여기에는 경제적인 힘도 당연히 포함된다. 거상 세력의 팽창은 바로 이런 정치적인 흐름과 서로 대립될 수밖에 없었다.

그렇다면 당시 경제 구조는 어떠했을까? 한 마디로 농업 경제가 주도적인 위치를 차지했다. 사회 경제의 가장 주요한 임무는 먼저 먹는 문제의 해결이었던 것이다. 상공업도 중요했고 필요했지만 그것은 어디까지나 부업이었다.

상공업이 부업인 이상 주업인 농업에 충격을 주어서는 안 되었다. 그러나 상공업 경제의 발전은, 더구나 거상들이 가진 힘의 팽창은 농업을 위주로 한 경제 구조와 바로 충돌을 일으켰다.

한편으로는 사람들이 가난을 벗어나 부유하게 되려면 농업보다는 공업이, 공업보다는 상업이, 그리고 여인은 자수를 할 줄 알아도 창기가 되는 것이 낫다는 것을 알게 되었다. 이때, 상공업을 통하여 더 많은 돈을 더 쉽게 벌기 위하여 많은 이들이 씨 뿌리고 밭 갈던 일을 접고 상공업으로 뛰어들었다. 이렇게 되자 몇몇 사람들은 큰돈을 벌었지만 사회 경제는 오히려 해로운 영향을 받을 가능성이 높아졌다. 많은 백성들이 굶주리는 사회는 안정을 찾지 못할 가능성이 커질 수밖에 없었던 것이다.

또한 상공업으로 크게 돈을 번 자가 토지를 사들이고 집을 지으며 자기의 재산을 굳게 지키려고만 하자 농민은 의지하며 삶의 터전으로 삼던 토지를 빼앗기며 떠돌아다닐 형편에 처하게 되었다. 이것도 사회 경제의 안정을 허무는 요소가 될 수밖에 없었다.

다시 말하면 거상 세력의 팽창은 당시의 정치 흐름과 대립했고 당시 경제 구조와도 충돌을 일으켰다. 이런 상황에 직면하여 한무제가 어찌 칼을 빼들지 않을 수 있었을까?.

이리하여 한무제는 장탕張湯이라는 인물을 앞세웠다. 그리고 장탕이 앞장서서 거상을 겨눈 전쟁의 서막을 열도록 했다.

장탕은 중국 역사에서 유명한 혹리酷吏였다. 눈에 익은 '혹酷'이라는 글자는 지금이야 좋은 의미로 쓰이며 유행을 좇는 청춘남녀들이 '쿨하다'는 뜻으로 아름답게 쓰지만, 옛날에는 한 치의 에누리도 없이 부정적인 의미로 쓰이며 수단이 악랄하고 잔인하여 인정머리라고는 전혀 없다는 뜻이었다. 요컨대, 당시에 보통 사람이 보기에는 정말로 '혹酷'한 인간은 십중팔구 좋은 사람이 아니었다.

장탕은 한무제에게 아이디어를 하나 내놓았다. 상공업자들에게 재산세를 물리자는 건의였다. 한무제는 그의 의견을 좇아 '산민령算緡令'을 반포하였다. 바로 거상들을 향한 정면 공격을 선언한 것이다.

대체 '산민령'이란 무슨 뜻일까?

'민緡'이란 돈을 꿰는 끈을 말한다. 옛적에 동전은 모두 하나하나 떨어져 있기에 휴대의 편의는 물론 개수를 쉽게 헤아리기 위하여 끈으로 묶었다. 일천 개의 동전을 한 묶음으로 꿰어서 한 관貫 또는 한 민緡이라고 불렀다. 그러했기에 옛적에는 습관적으로 '민전緡錢'이라고 불렀다. 따라서 여기서는 바로 재산을 가르킨다.

한무제 이전에 서한 정부에서는 재산세를 징수했다. 토지나 건물 같은 부동산은 말할 것도 없고 상품이나 현금 등의 동산에도 모두 재산세를 부과했다. 그러나 사람마다 세율은 달랐다. 당시 규정에 따르면, 지주와 농민은 1.2%의 세율로 세금을 납부했지만 상인의 세율은 조금 높아서 2%였다. 이런 세율의 차이는 중농억상 정책의 방향을 구체적으로 드러냈다.

한무제가 장탕의 건의를 좇아 반포한 '산민령'은 지주와 농민의 세율은 변함없이 1.2%였지만 상공업자의 세율은 오히려 대폭으로 인상하였다. 그 가운데 상인에게 부과한 세율은 2%에서 6%로 높이 올렸으며, 수공자의 세율은 상인의 절반인 3%로 높였다.

또한 장탕은 상인에게는 재산세뿐만 아니라 수레와 선박을 소유한 자에게 따로 세금을 부과했다. 수레 한 대마다 2.4%의 세율을 적용하였던 것이다. 자가용이 점점 늘어나는 지금, 자가용을 소유한 사람은 매년 자동차세를 납부해야 한다. 그러나 요즘 사람들은 중국 역사에서 참으로 '쿨한' 장탕이 이런 종류의 세금을 발명했다는 사실은 잘 모른다.

상공업자들은 내야 할 세금의 종목도 많았을 뿐만 아니라 세율도 몇 배나 올랐다. 이는 한무제가 세수 정책을 통하여 거상들에게 타격을 입힐 의도가 분명했음을 보여 준다.

'산민령'에 따른 세금 징수는 백분율에 따라 계산되었다. 이는 재산이 많은 이는 더 많은 세금을 내야 한다는 뜻이다. 공평한 과세라는 시각에서 본다면 이것이 당연히 합리적이다. 그러나 이렇게 함으로써 매우 중요한 문제, 즉 누구의 재산이 얼마나 많으며 누구의 재산이 얼마나 적은지 어떻게 파악하느냐는 문제가 발생했다. 만약 그 사람의 재산 규모를 정확하게 파악하지 못한다면 무슨 근거로 백분의 몇이라는 세금을 징수할 것인가?

이미 장탕은 이런 점을 생각했기에 한무제에게 법령 반포를 건의했다. 그 규정에는 납세자는 자기 재산을 정부에 자발적으로 신고할 것이며, 만약 사실을 숨기며 신고하지 않거나 신고를 해도 성실하게 하지 않을 경우 한 해 동안 변경에서 수자리를 살도록 벌을 내리고 재산을 전부 몰수하도록 강제했다.

그러나 '산민령'이 반포된 지 한참이나 지났지만 자기 재산을 자발적으로 신고하는 이는 많지 않았다. 설령 신고하더라도 재산을 대폭으로 줄여서 신고했다. 수많은 거상들이 온갖 계략을 다 짜내서 거지인 체하며 재산을 감추고 세금을 포탈했다.

순식간에 '산민령'은 거대한 저항에 부딪히게 되었다. 이제 어떻게 해야 될까?

3
모범을 보이기

한무제가 이 일로 걱정에 잠겼을 때, 그의 손에 한 장의 명단이 올라왔다. 도대체 무슨 명단이었을까?

알고 보니, 황하 하류 지역에 발생한 큰 홍수로 수재민들이 의지할 곳을 잃고 이리저리 떼를 지어 떠돌아다닌다는 보고였다. 관아에서는 각지의 곡식 창고 문을 열어 이들을 구제했지만 겨우 칠십여 만 명의 이재민만 국경 지역으로 이주시켜 살 곳을 마련해 주었고 이들 모두를 구제하기에는 턱없이 부족했다. 이들 이재민의 양식, 의복, 침구 등을 마련하기 위하여 필요한 비용은 모두 국가 재정에서 부담해야 했으니 서한 정부로서는 그야말로 설상가상이었다. 몇몇 지방 정부에서는 그

지방의 부자들에게 재난 구조를 위한 기부금을 호소했다. 그리고 기부금을 낸 이의 명단을 조정에 보고했다. 한무제가 손에 든 것이 바로 하남군에서 올라온 명단이었다.

한무제는 이 명단을 훑어보다가 어디서 본 듯한 이름이 보이자 갑자기 눈이 번쩍 뜨였다. 복식! 게다가 이 양반이 기부한 돈도 적지 않았다. 무려 이십만 냥!

한무제는 탁자를 치며 말했다.

"복식이라면 자기 재산의 절반을 국가에 헌납하겠다며 단호하게 요구했던 그 사람이 아닌가?"

한무제는 사람을 보내 알아보도록 하였다. 과연 바로 그 사람 복식이었다.

"이제 보니 복식이 진심으로 나라에 도움을 줄 생각이었군. 그때, 과인은 그 양반의 동기가 불순하다고 의심했는데, 그 양반이 얼마나 억울하게 생각했을까!"

한무제는 복식이 진심으로 나라에 도움을 주려고 했던 이상 마땅히 상을 내려야 한다고 생각했다. 이리하여 복식에게 십이만 냥을 상으로 내리기로 결정했다.

그러나 생각지도 못하게 복식은 십이만 냥을 받자 한 푼도 제 손에 넣지 않고 몽땅 다 국가에 헌납했다.

한무제는 이 소식을 듣고 자기도 모르게 그지없이 감개하며 이렇게 말했다.

"그렇게 많은 거상 거부들이 나라의 정책이 느슨한 틈을 타서 큰돈을 벌었는데, 이제 나라가 결정적인 위기에 처했어도 도와주기는커녕 손 하나 까닥 않고 온갖 계략을 다 써가며 세금 포탈이나 하려고 재산을 감추고 거지인 체하는데, 복식이야말로 충직하고 듬직한 어른으로서 손색이 없소. 그의 정신은 정말로 훌륭하오! 정말로 존경할 만하오!"

한무제는 복식처럼 충직하고 믿음직스러우며 나라 사랑에 이처럼 대단한 상인이라면 마땅히 크게 표창하며 대대적으로 드높여야 한다고 생각했다. 그가 한 행동으로 다른 상인을 가르칠 필요가 있다고 믿었던 것이다.

한무제는 특별히 전용 수레를 보내 복식을 수도 장안으로 맞아들였다. 그리고 궁전에서 성대하게 의식을 베풀고 그를 중랑中郎으로 임명했다. 게다가 좌서장左庶長이라는 작위를 내리고 토지 십 경頃을 상으로 하사했다. 그런 뒤, 복식의 행적을 홍보 자료로 만들어 천하에 널리 알리고 온 나라 백성들, 특히 돈 많은 거상들에게 호소하도록 명했다. 복식을 본보기로 하여 마음에 새기도록 한 것이다.

나라를 사랑하는 상인의 전형은 이렇게 탄생했다. 복식을 중용함에 따라 한고조 유방이 확립한 상인 및 그 자식이 관리가 될 수 없도록 한 규정도 깨어졌다.

이렇게 연이어 쏟아지는 영예를 접하며 복식은 어떤 생각을 했을까? 복식이 자기 재산을 국가에 헌납한 것은 한 치의 꾸밈없는 진심이었다. 결코 겉치레가 아니었다. 또한 무슨 대가를 얻기 위한 행동도 아니었다. 그러했기에 복식은 한무제가 내린 벼슬과 상을 하나같이 정중하게 거절했다.

그러나 그가 사양하며 물리칠수록 한무제는 그를 더욱 존경할 만하다고 생각했으며, 그가 세운 모범적인 모습이 더욱 절실하게 필요하다고 생각했다. 한무제는 그에게 이렇게 말했다.

"경은 양을 방목할 줄 알잖소? 우리 황실 사냥터인 상림원上林苑 안에 꽤 많은 양들을 기르고 있으니, 경이 이 양들을 돌보면 어떻겠소?"

양치기를 시키겠다는 말을 들은 복식은 이제 다시는 거절하며 물리치지 않고 황제의 뜻을 시원시원하게 받아들였다. 그는 거친 삼베로 짠 옷을 입고 발에는 짚신을 신은 채 희희낙락하며 양이 있는 곳으로 갔다.

1년 정도 지난 어느 날, 한무제는 상림원으로 사냥을 나왔다가 우연히 복식과 마주쳤다. 그가 채찍을 휘두르며 양을 방목하고 있었던 것이다. 그가 좇는 양들은 모두 하나같이 살찌고 튼실한데다 그 숫자도 적지 않게 불어 있었다.

한무제는 대단히 기뻐하며 입을 다물지 못하고 복식을 칭찬했다.

"경이야말로 양치기의 고수요, 고수!"

전혀 뜻밖에도 복식이 내놓은 말은 한무제를 기절할 정도로 깜짝 놀라게 만들었다.

"폐하, 양을 놓아기르는 이치는 사실 참으로 간단합니다. 때맞추어 잠재우고 때맞추어 풀을 뜯게 하고, 병이 나면 즉시 멀리 떼어 무리와 섞이지 않도록 하면 양은 잘 큽니다. 이런 이치가 어찌 양을 기르는 데 그치겠습니까? 백성들 다스리는 일도 이와 같을 것입니다."

'참 대단한 인재로다!'

복식의 말을 들은 한무제는 이렇게 생각했다. 복식은 인품도 고상할 뿐만 아니라 정치적인 감각도 대단했던 것이다.

'정말로 만나기 힘든 인재로다!'

한무제는 복식을 양치기로 머물게 해서는 안 된다고 생각하며 구씨현緱氏縣(지금의 허난성 옌스시偃師市 구스진緱氏鎭)의 현령으로 임명하기로 그 자리에서 결정했다. 복식은 이 자리에 앉은 뒤 현에서 일어나는 사무를 처리하는 데 모든 것을 순리에 따랐으며 백성들에게 폐를 끼치지 않으려고 애를 썼다. 이제 이 지방의 많은 백성들은 긴장을 풀고 느긋하게 생활할 수 있었다.

이어서 한무제는 복식을 성고현成皐縣의 현령으로 이동시켰다. 성고 지방은 뱃길 운송의 중요한 길목으로 해마다 수많은 물자가 수도 장안으로 향했다. 세밑에 이루어지는 업무 평가에서 복식은 뱃길 운송 관리에 그 이름이 첫 번째로 오를 정도로 좋은 성적을 거두었다.

한무제는 더욱 기뻐하며 복식을 제齊의 태부太傅 자리로 발탁했다.

애초에 복식에게 상을 내리며 높이 기릴 때, 한무제는 그를 모범으로 삼으면 그 힘이 무궁하여 한 사람의 영웅을 따라 수많은 영웅들이 생길 것이라고 생각했다. 그러나 오랜 시간이 지났어도 거상이나 거부들은 여전히 온갖 계략을 다 써가며 세금 포탈을 했으며 가난한 체하려고 분주하게 헤맸다. 한무제는 답답할 수밖에 없었다.

'어찌하여 상인들은 복식과 이렇게 다를 수 있단 말인가?'

도무지 참을 수 없던 한무제는 장탕에게 자기 생각을 귀띔했다. 그리고 조금도 사정을 두지 않고 '혹酷'하게 손을 쓰도록 '산민령'을 내렸다.

이리하여 장탕은 이 일을 주관하여 처리할 인물로 자기보다 더 '혹

그림 19. 강백만장원康百萬庄園

강백만장원은 허난성河南省 궁이시鞏義市에 있다. 강씨 가족은 명나라 때 창업하여 청나라 말기에
점점 기울었다. 열두 대에 걸쳐 4백여 년 동안 부를 넘치도록 유지했을 만큼 청나라 때 최고의
예상豫商이었다. 안쪽에 걸린 편액에는 '유여留餘'라고 쓰여 있는데, 사람이 처세를 함에 조정이나
백성이나 자손에게 충만함이 극에 달함을 경계하여 남겨둘 곳이 있어야 한다는 의미이다. 복식卜式 등
예상 선배의 정수라고 하겠다. 필자가 직접 촬영했다.

그림 20. 무릉茂陵

한무제漢武帝의 무덤. 뛰어난 재능과 원대한 계략을 가졌던 위대한 인물이 이곳에서 잠든 지 2천여 년, 그러나 그의 손으로 직접 확립한 상공업의 관영 제도는 이 황릉의 이름처럼 그가 세상을 떠난 뒤에도 줄곧 크게 발전하여 무성한 경지에 이르렀다.

酷'한 양가楊可라는 자를 천거했다.

양가는 거상들이 자진하여 자기 재산을 신고하기를 기다리지 않고 사람들에게 서로 고발하며 들추도록 만들었다. 그는 이렇게 대대적으로 널리 알렸다.

"고발한 내용이 사실과 일치하면 즉시 고발된 자의 재산에서 절반을 상으로 내릴 것이니라. 그것도 절대로 우물쭈물하지 않고 현찰로 내릴 것이니라."

양가가 택한 이런 방법을 역사에는 '고민告緡'이라고 이른다.

양가가 택한 이 한 수는 과연 대단했다. 많은 이들의 눈은 분명 밝았다. 어느 집에 돈이 있고 어느 집에 돈이 없는지 백성들은 정확하게 알고 있었던 것이다. '가난'을 거짓으로 꾸밀 수는 없었다. 게다가 큰 상금 앞에는 반드시 용감한 자가 나타나게 마련이다. 부자가 가진 재산의 절반을 상으로 내린다는 이 유혹은 정말로 대단히 컸다. 이 유혹은 바로 하루아침에 벼락부자가 된다는 의미였다. 그러니 이런 유혹을 막을 수 있겠는가?

서로 고발하며 까발리는 이 운동은 기세도 드높게 전국 각지로 빠른 속도로 기운차게 번져나갔다. 사마천은 『사기』「평준서」에 이렇게 기록으로 남겼다.

"양가가 불러일으킨 고민告緡은 온 나라로 파급되며 중간 정도로 사는 사람 이상은 거의 다 고발되었다."[68]

---

68 楊可告緡偏天下, 重家以上大抵皆遇告.

조금이라도 산다는 이들은 하나같이 빠져나갈 수 없었던 것이다.

조정에서는 관리들을 전국 각지로 파견하고 또 파견했다. 파견된 관리들은 이 사건을 다루는 전담반을 이루어 재산을 거두어들이고 몰수하는 일을 전적으로 책임졌다. 이렇게 하여 몰수된 재물은 수를 헤아릴 수 없을 만큼 많았으며 몰수된 노비만 해도 그 숫자를 만 단위로 계산해야 할 판이었다. 규모가 큰 현은 몰수된 전답이 몇 백 경에 이르렀으며 규모가 작은 현도 일백여 경을 넘었다. 또 몰수된 주택도 대체로 비슷했다.

고민 운동은 가을바람에 떨어지는 낙엽처럼 거상 거부들을 깨끗이 쓸어버렸다. 사마천도 이 운동을 몸소 겪었기에 이런 말을 『사기』「평준서」에 이렇게 남겼다.

"중간 이상의 상인들은 거의 모두 재산을 날리며 망했다."[69]

더구나 대상, 큰 기업주는 하나도 남김없이 다 사라지고 말았다. 황제처럼 세월을 보내던 탁왕손을 비롯한 여러 인물들도 재기불능일 정도로 심각한 타격을 받았다.

그러나 바로 이때 복식은 오히려 크게 발탁되어 관내후關內侯로 봉해지며 어사대부로 승진했다. 이제 조정에서는 승상 다음에 설 정도로 큰 인물이 되었던 것이다.

여기까지 이야기하고 보니, 갑자기 이런 생각이 머리에 스친다.

'복식은 보면 볼수록 미국 영화에 나오는 어수룩한 주인공 포레스

---

[69]　商賈中家以上大率破.

트 검프Forrest Gump 같단 말이야.'

그렇다면 눈치도 훨씬 빠르고 일처리도 훨씬 세밀할 뿐만 아니라 머리까지 훨씬 잘 돌아가는 거부 거상들은 파산에 이르렀는데 오히려 어수룩한 복식은 현장에서 용감하게 일하며 홀로 우뚝 섰으니, 인생의 변증법은 이렇게 능숙함과 어수룩함 사이에 있다.

파산에 이른 수많은 거부 거상들과 달리 복식은 틀림없이 행운아였다. 그러나 복식의 행운은 우연으로 얻은 게 아니었다. 만약 진정한 애국심이 없었고 사회에 대한 책임감이 없었다면, 게다가 상인의 조상이라는 백규가 앞장서서 주장한 인의의 마음이 없었다면, 복식은 이런 행운을 얻을 수 있었을까?

그러나 복식은 뒷날 한무제의 미움을 샀다. 그가 한무제의 미움을 산 것은 일을 잘못 처리했기 때문이 아니라 인의의 마음 때문이었다. 바로 상인이 지켜야 할 바른 길을 솔직히 말했기 때문이었다. 그렇다면 복식은 도대체 무슨 말을 했을까?

알고 보면, 산민령으로 고민 운동을 펼치며 거상 거부들에게 타격을 주던 때에 한무제는 염철鹽鐵을 관아에서 경영하고 관리하는 정책도 실시했다. 다시 말해 과거 거상 거부들이 독점하던 제염과 철광석 제련 등의 사업을 관아에 맡긴 것이다. 따라서 정부에서 임명한 관리가 제염과 철광석 제련에 책임을 지고 경영하고 관리를 했다.

어사대부가 된 복식은 수많은 지방의 백성들이 염철의 관아 경영과 관리에 찬성하지 않는다는 사실을 알게 되었다. 관아에서 파는 소금을 높은 가격에 판매하는데다 관아에서 운영하는 공장에서 만들어낸 철제 제품이 질은 나쁜데 가격은 비쌌기 때문에 백성들이 사려고 하지 않았던 것이다. 어떤 지방의 관아에서는 판매 임무를 채우기 위해 정치권력을 휘두르며 억지로 판매하는 일까지 있었다. 수레나 선박에 부과하는 세금은 상업에 종사하는 이들을 적게 만들었으며 상품의 유통에도 큰 장애가 되어 물가를 엄청 올렸다.

복식은 이런 상황을 한무제에게 보고하며 잘못된 점을 바로잡기를 희망했다.

그러나 이런 정책은 한무제가 직접 추진하고 있었기에 복식이 올린 의견은 곧 한무제의 실책을 비판하는 것과 다름이 없었다. 이러니 한무제가 기뻐할 리 있겠는가?

사마천은 『사기』「평준서」에 '이때부터 한무제는 복식을 싫어했다.'[70]라고 기록했다.

얼마 뒤, 복식은 태자태부太子太傅로 직위가 낮아졌다.

복식의 경력으로 보자면, 그는 날마다 황제에게 알랑거리며 아부나 할 인물은 결코 아니었다. 또 눈치나 보아가며 황제의 의견에 기분이나 맞출 그런 인물도 아니었다. 그의 말과 행동을 결정하는 것은 오로지 하나, 바로 애국심이요 인의의 마음이었으며, 진정 존경할 만한 사회적 책임감이었다.

얼마 뒤, 관중 지방을 비롯한 적지 않은 곳에서 한해가 발생했다. 한무제는 몇몇 관리를 파견하며 명산대천을 찾아가서 기우제를 올리도록 하였다.

---

70 上由是不悅卜式.

이때, 복식은 또 사람을 깜짝 놀라게 하는 말을 했다.

"홍양弘羊을 삶으면 하늘이 비를 내릴 것입니다!"[71]

『사기』「평준서」에 나오는 구절이다. 홍양은 복식이 방목하던 양의 이름이 아니었다. 바로 상홍양桑弘羊이라는 사람을 가리켰다. 상홍양을 기름 가득한 솥에 넣고 삶으면 하늘이 비를 내릴 것이다는 의미였다.

그렇다면 상홍양이란 인물은 도대체 누구일까? 왜 복식은 그를 그토록 미워했을까?

---

71 烹弘羊, 天乃雨.

商賈智慧

당나라 때의 대시인 백거이白居易는 「염상부鹽商婦」라는 제목의 시를 읊었다. 이 시는 소금을 사서 파는 일을 주업으로 하는 상인의 아내가 밭에 씨를 뿌리지도 않고 베도 짜지 않으면서 오히려 사치스러운 생활을 하는 것을 풍자했다. 이 시는 매우 길지만 여기에서는 마지막 몇 구절을 먼저 보도록 하자.

소금장수 아내,
운이 좋아 소금장수에게 시집왔네.
온종일 맛있는 음식에,
한 해 내내 좋은 옷.
좋은 옷 맛있는 음식에
마땅히 상홍양에게 송구스러울 일이니.
상홍양,
죽은 지 벌써,
한나라 때만이 아니라 지금도 이런 이 있네.

鹽商婦, 有幸嫁鹽商.

終朝美飯食, 終歲好衣裳.

好衣美飯食, 亦須慚愧桑弘羊.

桑弘羊, 死已久, 不獨漢時今亦有.

백거이가 시로 읊은 상홍양은 대체 어떤 인물인가?

상홍양은 한무제 때의 인물로 원래는 상인의 아들이었다. 중국 경제사에서 상홍양은 상인의 아들이지만 매우 중요한 위치에 있는 인물이다. 그는 한무제가 가장 의지하던 재정대신으로서 서한 조정에서 무려 23년 동안이나 재정을 맡고 있었다. 게다가 그가 한 일은 중국 역사 이천여 년 동안 큰 영향을 끼쳤다.

그렇다면 상홍양은 어떻게 이렇게 큰 힘을 가질 수 있었고 큰 영향을 끼칠 수 있었을까?

이는 상홍양이 한무제를 도와 염철에 관한 공영 정책을 세움으로써 이 전매제도가 중국 고대 상공업 정책에 커다란 전환을 마련했기 때문이다. 당시 자유방임에서 국가통제로 상공업 정책이 바뀌었던 것이다.

염철이 무엇인가? 염은 소금을 말한다. 이는 백성들의 일상생활에 필수품이다. 돈이 있든 없든 하루 세 끼 밥을 먹는 집이라면 집집마다 소금을 쓰지 않을 수 없다. 철도 마찬가지여서 농사에 필요한 농기구나 공장에 필요한 작업 도구나 병사들에게 필요한 무기는 거의 대부분 철로 제작했다. 소금이 생활에 필요한 재료라면 철은 생산에 필요한 재료였다. 소금과 철 모두 국가 경제와 백성들의 생활에 없어서는 안 될 중요한 물자였다.

그런데 시야를 넓혀서 중국 고대의 역사를 살펴보면 고대에 실시했던 염철 정책은 세 가지 유형으로 분류할 수 있다. 그 하나는 완전한 민영, 두 번째는 완전한 관영, 마지막은 관아와 상인이 힘을 합친 합영 형태였다.

이런 염철 정책의 변화는 모두 중국 고대 상공업 경제에 큰 영향을 끼쳤다. 그런데 상홍양이 추진한 정책은 전적인 관영의 형태로서 중국 역사에서 자못 중요한 위치를 차지한다.

1
완전 민영

앞에서 황제가 된 유방이 정치적으로 상인을 억누르며 인격적으로 이들을 모욕하는 '천상령'을 내려 시행했지만 경제적으로는 국가가 상인에 대하여 큰 제한을 가하지 않았음을 이야기한 바 있다. 동전 제조를 포함하여 철광석 제련과 제염 등 돈벌이에 용이한 부문은 모두 개인이 경영하도록 내버려두었으며 국가는 기본적으로 간여하지 않았다.

화폐의 제작과 발행은 오늘날 어느 나라에서나 모두 해당 국가 당국에서 관할하는 일이다. 예컨대 중국에서는 인민폐의 제작과 발행을 중국인민은행에서 책임을 지며 결정권도 가지고 있다. 또 미국에서는 달러의 제작과 발행을 미연방중앙은행에서 책임을 지며 결정권도 가지고 있다. 만약 누군가 남몰래 지폐를 인쇄했다면 정말로 심각한 범죄 행위가 된다.

대부분의 경우 고대 중국 화폐의 제작과 발행은 국가가 관할했다. 그러나 서한 전기에는 한고조 유방에서 한경제에 이르기까지 화폐의 제작과 발행은 국가가 아예 관할하지 않았다.

국가가 관할하지 않았다면 누가 관할했을까? 바로 개인이었다.

당연히 여기서 말하는 개인이란 하고 싶다고 할 수 있는 개인이 아니었다. 왜냐하면 당시 사용되던 돈은 동전이었기 때문이다. 동전을 제작하려면 인력은 물론 물력과 재력까지 크게 필요했던 것이다. 능력이 없으면 앞으로 나설 수 없는 법이다. 당시 능력이 있는 자라면 제후국의 군주 정도는 되어야 했다. 예컨대 한경제 때에 오초칠국의 난을 일으킨 오왕 유비劉濞가 바로 동전 제조에 일인자였다. 이 밖에는 거상 거부들이었다.

서한 전기에 동전을 제조하는 일까지 상인이 할 수 있도록 내버려두었다면 상공업 정책은 충분히 자유방임 아닌가?

동전이 무엇인가? 순금이요 순은 아닌가! 바로 부의 상징 아닌가! 동전 하나를 만들면 그만큼의 부가 생긴다. 게다가 동전을 주조하는 자체는 돈을 엄청나게 벌 수 있는 장사였다. 송나라 때 누군가 계산을 해본 결과 한 관貫의 동전을 주조하는 데 갖가지 원가를 제하고도 이윤율이 무려 185%에 이르렀다고 한다. 여기에 조금만 꿍꿍이짓을 벌이며 살짝 가짜를 섞는다면 이윤율은 더욱 치솟을 수밖에 없다.

동전 주조는 은행을 여는 것처럼 수많은 거상 거부들이 폭리를 취할 수 있는 업종이 되었다.

앞에서 철광석 제련으로 크게 성공한 상인 탁왕손에 대해 이야기했다. 사실 탁왕손은 철광석을 채굴하며 철기를 주조하는 외에도 이미 구리 광산을 개발하여 동전 주조에도 참여했다.

탁왕손은 구리 광산을 어떻게 손에 넣었을까? 탁왕손의 구리 광산은 자기 집안 소유가 아니라 한문제의 총신 등통鄧通에게 세를 주고 빌린 것이었다. 그렇다면 등통은 이 구리 광산을 또 어떻게 손에 넣었을까? 정말 재미있게도 비교적 훌륭한 황제였던 한문제의 우연한 꿈 때문이었다.

역사상 유명한 '문경의 치文景之治'는 바로 한문제와 그의 아들 한경제가 이룩한 치세였다. 그러나 이렇게 훌륭한 황제도 터무니없는 일을 저지를 수 있었으니, 바로 한문제가 등통을 총애한 일이 그러했다.

등통은 사천 사람으로 배 젓는 데 뛰어난 솜씨를 가지고 있다는 이유로 황제 곁에서 황두랑黃頭郎이라는 하찮은 벼슬을 하게 되었다. 그의 출세는 전적으로 황제의 우연한 꿈 때문이었다.

어느 날, 한문제는 하늘을 향해 기어오르고 있었다. 오르고 또 올라 얼마만큼 공중까지 올랐지만 이제 아무리 올라도 더 이상 오를 수 없었다. 이렇게 안달을 하며 허우적거릴 때, 갑자기 어떤 인물이 뒤에서 그를 한번 밀어 올리는 바람에 그는 마침내 하늘 끝까지 올랐다. 하늘 끝에 서서 아래를 내려다보니 바로 자기를 밀어올린 사람이 황두랑이었고 옷을 맨 띠 뒤쪽에 난 구멍이 하나 보였다.

한문제는 꿈에서 깨어난 뒤, 참으로 괴이쩍은 생각이 들어 꿈속의 상황을 기억해 보았다. 그런데 황두랑의 모습이 어떻게 생겼는지 기억

이 희미한데 그의 옷을 맨 띠 뒤쪽에 난 구멍 하나만 생생하게 떠올랐다. 한문제는 황두랑이 있는 곳으로 가서 남몰래 조사를 벌였다. 과연 한 젊은이가 어디서 본 듯한데 참으로 기이하게도 이 젊은이가 입은 옷을 보니 띠 뒤쪽에 바로 꿈에서 본 것과 모양이 똑같은 구멍이 하나 있는 게 아닌가. 이 젊은이가 바로 등통이었다.

이렇게 한문제가 한밤에 꾼 하늘로 오르는 꿈은 등통의 운명을 바꾸었다. 아닌 밤중에 찰시루떡이 등통에게 날아온 것이다. 한문제는 등통이 자기를 하늘로 오르도록 한 인물이라고 굳게 믿으며 이때부터 그를 더욱 총애하며 큰 벼슬을 주고 끊임없이 큰 상을 내렸다.

등통은 배를 젓는 데 뛰어난 재주를 가진 것 말고는 어떤 재주도 없었다. 그러나 그는 한문제의 총애를 받으면서 오로지 말과 행동을 조심조심하며 황제의 환심을 샀다.

어느 날, 한문제는 관상을 볼 줄 안다는 이를 파견하여 등통의 모습을 살피도록 하였다. 이 사람은 등통의 관상을 본 뒤 이렇게 아뢰었다.

"등통은 결국 가난으로 굶어죽을 상입니다."

한문제는 뭐라고 말해도 믿지 않았다.

"짐이 등통에게 이렇게 큰 부를 안겼는데 어떻게 굶어죽을 수 있단 말이오?"

이리하여 한문제는 특별히 사천 지방에 있는 구리 광산을 등통에게 상으로 내리며 동전 주조를 시켰다. 황제는 등통이 동전을 스스로 주조한다면 재산은 끊임없이 불어날 터이고 어떠한 일이 있어도 굶어죽을 리는 없다고 굳게 믿었다.

그 후, 서한에서 유통된 갖가지 동전 가운데 하나가 추가되었으니, 바로 '등씨전鄧氏錢'이었다. 게다가 이 '등씨전'은 주조된 수량도 굉장히 많아서 전국 각지에 유통되었다.

한문제가 등통에게 상으로 내린 구리 광산은 매장량이 너무 많아서 등통 혼자 다 캐낼 수 없었기에 그 가운데 일부를 해마다 일천 필의 비단을 받는 조건으로 탁왕손에게 다시 빌려주었다. 이제 탁왕손도 동전을 주조할 수 있게 된 것이다.

동전 주조 이외에도 철광 제련업과 제염도 특급 부자를 탄생시킨 분야였다.

서한 시기의 철광 제련업자로서 큰 상인이었던 자는 탁왕손이나 정정 같은 인물 외에도 남양의 공씨孔氏가 있고 염상鹽商으로 크게 성공한 이로는 제齊나라의 도한刀閒을 대표적으로 들 수 있다.

공씨의 선조는 전국 시대 위魏나라 사람으로서 젊은 시절 철광석 제련업으로 집안을 일으켰다. 진시황이 여섯 나라를 멸한 뒤, 공씨의 선조도 탁왕손의 선조처럼 강압에 못 이겨 남양 땅으로 이주했다.

여기에서 공씨의 선조도 옛 사업을 다시 일으켰다. 대규모의 철광석 제련업을 겸한 상인이 되었던 것이다. 공씨의 상업 무역은 정말로 대단했다. 그 집안에서 운영하는 상인의 무리는 수레가 꼬리에 꼬리를 물었고 전국 각지를 끊임없이 오갔다.

공씨의 사업에는 특징 하나가 있었으니 바로 관대함이었다. 어느 지방의 상인이든 서로 거래를 했다면 이제껏 시시콜콜 따지는 일없이 정말로 관대하게 처리했다. 진정으로 이러했기에 사람들은 모두 공씨와 거래하기를 원했다. 그 결과 공씨는 손해를 보기는커녕 오히려 더 많은 돈을 벌 수 있었다. 사마천은 이것이야말로 '수없이 많은 돈을 벌었지만 크게 베풀며 쓴 돈은 인색하고 쩨쩨한 상인을 훨씬 앞질렀다.'[72] 라고 『사기』「화식열전」에서 견해를 밝혔다. 곧 공씨가 벌어들인 돈이 나가야 하는 돈에 비해 많기는 많았지만 관대함은 오히려 인색하고 쩨쩨한 이들보다 더 많은 돈을 벌게 했다.

제나라는 바다에 인접했기에 어업과 제염을 할 수 있는 유리한 조건을 갖추고 있었다. 그러했기에 염상으로 크게 성공한 인물이 탄생할 수 있었다. 춘추 시대에 범려는 월나라에서 제나라로 온 뒤 치이자피鴟夷子皮로 이름을 바꾸고 염업으로써 집안을 일으키며 부자가 되었다. 도한은 바로 서한 시기 제나라의 큰 염상이었다.

도한의 사업에도 특징이 하나 있었으니 바로 사람을 특히 잘 썼다는 점이다. 특히 다른 사람은 잘 쓰려고 하지 않는 노예 출신의 인물을 고용했다. 제나라에는 노예를 천민으로 바라보는 풍속이 있었다. 더욱이 이들이 어딘가 교활하고 성격도 조급하다고 생각하며 강도를 보듯이 이들을 피하려고 했다.

그러나 도한은 그렇게 하지 않았다. 오히려 노예 출신의 인물을 전적으로 받아들이며 이들에게 물고기를 팔고 소금을 팔도록 파견했으며 때로는 다른 장사도 시켰다.

도한은 노예를 받아들여 잔혹하게 착취하고 무정하게 억누르려고 했을까? 결코 그렇지 않다. 노예들은 도한의 지도를 받으며 모두 독자

---

72 其贏得過當, 愈于纖嗇.

적으로 어느 한 분야를 맡을 정도의 인재가 되었기 때문이다. 이들은 거대한 무리를 이끌고 호화로운 수레나 몸집이 커다란 말 잔등에 화려하게 번쩍이는 옷을 입은 채 앉아서 각 지방을 오가며 장사를 벌였다. 이들은 이르는 곳마다 지방 관리들에게 귀빈으로 대접을 받았다. 이런 모습을 보면서 속내를 잘 모르는 사람들은 이들의 출신이 노예라는 사실을 아예 알지 못했다.

도한이 사람을 쓰는 방법은 바로 사람의 마음을 얻는 것이었다. 다른 이들은 이들을 천한 노예로서 믿을 수 없다고 생각했지만 도한은 이들을 신임했고 존중했다. 그러했기에 도한은 이들에게 충분한 권한을 주면서 이들이 대담하게 경영하도록 내버려두었다. 이렇게 함으로써 이들이 총명함과 재지를 발휘할 수 있게 했을 뿐만 아니라 더욱 중요한 것은 이들의 충성을 얻을 수 있었다.

사마천은 도한 밑에서 일하는 노예들에게 구호가 있었다고 기록했다. 바로 '영작물도寧爵勿刀'였으니, 이 말은 황제가 내린 작위는 물리칠지언정 도한을 배반할 수는 없다는 뜻이다.

이들 노예들의 뛰어난 경영으로 도한은 수천만 냥의 재산을 모았음은 물론 대담하게 사람을 써서 용인에 능한 인물의 본보기가 되었다.

오늘날 수많은 기업가들은 모두 인재의 중요성을 잘 알아서 인재를 얻을 수 있기를 갈망하는 한편 다른 기업의 넘치는 인재를 자못 선망한다. 그러나 명나라 때에 개혁가로서 이름을 떨친 장거정張居正의 '세상에 인재가 없음을 걱정하지 말고 인재를 쓸 수 있는 방법이 없음을 걱정하라.'는 말을 상기할 필요가 있다. 이 말은 마치 '이 세상은 아

름다움이 부족하지 않다, 부족한 것은 아름다움을 볼 줄 아는 눈이
다.'라는 말과 비슷하다.

　그러나 문제는 사람을 잘 쓰는 방법이다. 도한의 사람 쓰는 방법은
일러주는 바 크다. 그 가운데 핵심은 바로 사람의 마음을 얻는 일이다.
사람의 마음 얻기는 그 사람의 총명과 재지는 말할 것도 없고 충성까
지 얻을 수 있어서 그 사람을 자기의 생명을 내던지면서도 결코 물러
서지 않게 만든다. 이른바 '선비는 자기를 알아주는 이를 위하여 목숨
을 내놓는다.'는 말도 같은 이치이다.

　그렇다면 도대체 어떻게 하면 사람의 마음을 얻을 수 있을까? 방
법은 참으로 많다. 그러나 인재를 최대한 존중하며 마음대로 하도록
내버려두고 그들이 자기의 재능을 창조적으로 펼칠 수 있는 조건을 마
련해주는 일은 어떤 경우에도 빠뜨릴 수 없다.

　거상 거부의 세력이 팽창하면서 서한 조정과 거상 거부들 사이에
갈등도 점점 날카로워졌다. 전제주의와 중앙집권을 강화하기 위한 필
요와 농업 경제를 안정시키기 위한 요구에 따라 서한의 상공업 정책도
방임에서 통제로, 그리고 민영에서 관영으로 방향을 바꾸었다. 이런
변화의 기본 방향은 돈이 되는 갖가지 업종을 국가에 귀속시키는 일이
었다. 이렇게 함으로써 갈수록 위급해지는 국가 재정 문제를 해결하려
고 했다.

　가장 먼저 이루어진 변화는 바로 화폐 주조 정책이었다.

　한경제 때에는 개인의 화폐 주조를 금지시키고 위반한 자는 사형
에 처하도록 했다. 그러나 개인의 화폐 주조 활동은 결코 멈추지 않고
지하로 스며들며 남몰래 이루어졌다. 이런 활동을 '도주盜鑄'라고 불렀

다. 이는 오늘날의 위조 화폐 제조라 할 수 있다.

한무제가 황제의 자리에 오른 뒤, 화폐 제도는 몇 차례나 변화가 있었다. 이리저리 개인이 화폐를 제조하는 열기도 고조되었다. 그 결과 통화 팽창으로 물가의 폭등을 야기함으로써 백성들에게 큰 피해를 안겼지만 거상 거부들에게는 매점매석으로 가격을 담합할 수 있는 기회를 제공했다.

수많은 사람들이 위조 화폐 주조로 법망에 걸려들었다. 처음에는 위조 화폐 주조로 잡힌 자는 예외 없이 목을 베었다. 그 후 위조 화폐를 만드는 자가 너무 많아서 잡으래도 잡을 수 없었고 사형 집행은 더욱 할 수 없었다. '대단위로 저지른 행위는 처벌하기 힘들다.'고 했다. 한무제는 자칫 군중의 분노를 야기할까 두려워 어쩔 수 없이 대사면을 선포했다. 그리고 자수만 하면 법률적인 책임을 다시는 추궁하지 않겠다고 했다. 이 명령이 떨어지면서 감옥에서 나온 사형수만 몇 십만이나 되었고 자수한 이들은 놀랍게도 일백여 만 명에 달했다. 이것도 극히 일부분이었다고 하니 이보다 훨씬 더 많은 이들이 감히 자수하지 않았던 것이다.

뒤이어 한무제는 '오수전五銖錢'을 발행했다. '오수전'의 주조는 중앙 정부에서 했다. 이에 필요한 원료를 각지에서 수도 장안으로 가져왔다. 장안에 화폐 주조를 위한 공장을 세우고 주조에 통일을 기했다. '오수전'의 제조 원가는 이 동전의 실제 가치와 큰 차이가 없었기 때문에 위조 화폐를 만들어 봐야 아무런 이익이 없었다. 이렇게 되자 위조 화폐를 주조하려는 풍조는 점차 사라졌다.

이로부터 '오수전'은 중국 고대에 칠백 년이나 되는 오랜 세월에 걸쳐 사용되며 주변 국가의 화폐 제도에 영향을 끼쳤다. 예컨대 오늘날 태국에서 사용하는 화폐는 바로 이 '수鉄'를 단위로 한다.

2
완전 관영

한무제 때에는 재정 상황이 끊임없이 악화되었기 때문에 재정 수입을 증가시키기 위하여 관영 정책도 동전 주조부터 제염과 철강석 제련 분야까지 확장했다. 이에 따라 그 유명한 염철 관영이 시작되었다.

서한 조정은 재정 경제를 책임지는 최고 장관을 대농령大農令이라고 부르다가 나중에는 대사농大司農이라고 고쳐 불렀다. 처음으로 염철 관영을 제의했을 때 대농령을 맡았던 이는 정당시鄭當時였다. 정당시는 자신이 염철 사무를 잘 알지 못한다는 생각을 하며 이 일을 책임지고 수행할 수 있는 상인 두 사람을 한무제에게 추천했다. 이 두 상인 중한 사람은 제나라의 염상 동곽함양東郭咸陽이었고 다른 사람은 남양에서 철광석 제련업을 하는 공근孔僅이었다. 공근은 어쩌면 앞에서 이야기한 남양의 철광적 제련업자 공씨 집안사람일 가능성이 높다.

한고조 유방은 일찍이 상인이나 그의 자손들은 벼슬을 할 수 없다는 규정을 세웠다. 이 규정은 한무제 이전까지는 줄곧 시행되어 왔다. 그런데 정당시가 두 사람의 상인을 추천하며 염철의 관영을 책임지게 하고 복식을 양치기로 임명한 일 등은 모두 한무제에게 어려운 문제를 안긴 것과 다름이 없지 않은가?

그야말로 한무제는 원대한 계략과 웅대한 포부를 지니고 무슨 일이든 패기 있게 처리할 줄 아는 큰 정치가로서 손색이 없었다. 그러했기에 그의 머릿속에는 자신을 옥죄는 갖가지 제한과 속박이 거의 없었다. 그는 누가 이 염철 사무에 가장 밝을까만 생각했다. 당연히 염철을 크게 다루는 상인이었다. 지금 염철 관영을 시행하려는데, 그것도 훌륭하게 시행하려면 분명 전문가가 필요했다. 더구나 당시의 국가 재정 위기가 심각해 가난을 벗어나 부에 이르는 일이 가장 중요했기에 결코 기존의 낡은 규정에 매달릴 수 없었다. 이리하여 한무제는 낡은 규정을 과감하게 버리고 동곽함양과 공진을 대농염철승大農鹽鐵丞으로 임명하며 이 일을 맡겼다. 이들 대농염철승은 대농령을 보좌하며 소금과 철의 관영 사무를 각각 책임졌다.

아마도 한무제는 동곽함양과 공근 두 사람에 대하여 마음을 못 놓았던지 이들을 임명함과 동시에 상업 활동에 비교적 밝은 자기의 측근을 조수로 임명했다. 사실상 동곽함양과 공근 곁에 세작細作을 심었던 것이다. 그렇다면 이들 동곽함양과 공근 곁에서 한무제의 측근으로 세작에 끼어든 이는 도대체 누구일까? 그가 바로 처음에 언급한 상인의 아들 상홍양이다.

그렇다면 상인의 아들이라는 상홍양은 어떻게 한무제의 측근이 되었을까?

사마천은 『사기』를 쓰고 반고班固는 『한서漢書』를 썼지만, 이들은 상홍양의 전기는 쓰길 원하지 않았다. 그러기에 상홍양에 대한 이야기

315
제10장 염철관영鹽鐵官營

는 남아 있는 자료가 결코 많지 않다. 상홍양이 낙양의 어느 상인 집안 출신으로 열세 살이 되던 해에 남다르게 특별한 암산 재능 때문에 궁중으로 불려가서 황태자의 공부를 돕는 직무를 담당했다는 사실 정도만 알 수 있을 뿐이다. 이때의 황태자가 뒷날 황제의 자리에 오른 한무제 유철劉徹이다.

암산이란 어떤 기능인가? 한나라 때에는 사람들이 숫자 계산을 하면서 '산가지'라는 도구를 썼다. 이 '산가지'는 일반적으로 대나무로 만들었다. 이 도구 위쪽에는 서로 다른 숫자와 부호가 새겨져 있었다.

상홍양은 어려서부터 상인 가정의 영향을 받았기에 셈에 대단히 밝았다. 산가지를 쓰지 않고도 머릿속으로 연산할 수 있었다. 게다가 대단히 빠르고도 정확하게 계산을 할 수 있었다. 당시 몇 안 되는 수학 천재였던 셈이다.

서한의 유씨 황실은 황제의 아들 교육에서 수학을 대단히 중시했다. 수학 천재 상홍양을 유철의 공부에 동반자로 안배한 것은 바로 수학에 대한 유철의 흥미를 불러일으켜 학업 성적을 높이기 위해서였다. 유철과 상홍양은 서로 나이가 비슷한데다 함께 책을 읽으며 여러 해 동안 공부했기 때문에 뜻이 맞는 소꿉친구가 되었다. 한무제가 평생 상홍양을 대단히 신임한 것은 상홍양이 그를 도와 재물을 거둔 것 외에도 소년 시절의 이런 감정적 바탕과 관계가 있다. 이렇게 상홍양도 염철 관영 정책의 제정에 직접적으로 참여했다.

몇 년 동안의 기획과 준비를 거쳐 염철 관영 정책은 정식으로 시행되었다.

소금의 관영은 관에서 생산하고 판매하는 방식이었다. 다시 말하면 관아에서 소금 생산자를 모집하여 이들에게 바닷물을 끓여서 소금을 만들 수 있는 가마솥을 제공하고 엄격하게 생산 과정을 통제하여 생산된 소금을 전량 수매한 뒤 각 지방의 조직을 통하여 판매했다.

철의 관영도 소금처럼 관에서 생산하고 판매하는 방식이었다. 전국 각 지방에 철광석 제련을 관장하는 기구를 설치하여 철광석 채굴, 제련, 철기 제조는 물론 다시 생산품 판매에 이르기까지의 모든 과정을 관아에서 일괄적으로 책임졌다.

백성들은 어느 누구도 염철을 제멋대로 생산하고 판매할 수 없었으며, 위반한 사람에게는 '태좌족鈦左足'이라는 형벌에 처했다.

'태좌족'이란 어떤 형벌인가? 철로 만든 양발 비슷한 형구를 범인의 왼발에 채우는 형벌이다. 철로 만든 이 형구는 그 무게가 몇 근이나 되었다. 이런 형법은 이전에 행해지던 월형刖刑을 대체했다고 한다. 이른바 월형이란 바로 한쪽 발을 잘라내는 형벌이다. 발을 자르지 않고 철로 만든 양말을 죄인에게 채웠으니 이는 문명의 진보라고 할 만하다. 그러나 범인이 무슨 일을 하든, 길을 가거나 일을 하고, 아니면 밥을 먹고 잠을 잘 때까지 계속 이렇게 무거운 철제 양말을 신고 있어야 하니 대체 어떤 심정이겠는가? 그 심정이란 어쩌면 한쪽 발을 잘라내는 것보다 낫지도 않았을 것이다.

염철 관영 정책이 제정된 뒤, 한무제는 공근과 동곽함양에게 전국 각지를 순회하며 시찰하도록 파견했고 이 정책을 추진하도록 명했다. 또한 여러 지방에 염철에 관한 사무를 전문적으로 책임질 관아를 설치했다. 물론 과거에 염철로 큰돈을 번 상인들을 선발하여 이들을 정부의 관리로 새로 세운 염철을 관장하는 관아에 충당했다. 그 결과 염철 관영 과정에서 정책의 제정은 물론 집행에도 적지 않은 염철 상인 출신이 참여했다.

이렇게 되자 한무제의 염철 관영에는 재미있는 현상이 나타났다. 바로 염철 관영 정책은 본래 행정 관청에서 거부와 거상 세력에 타격을 가하며 그들이 가졌던 염철 사업에 대한 경영권을 박탈함으로써 국가 재정 수입을 증가시키는 한편, 일부 염철 상인을 타격의 대상에서 행정 관청의 관리로 전환시키는 모양새가 되고 말았다. 이들을 다시 이용해 말을 듣지 않는 상인은 타격했던 것이다.

만약 한무제의 염철 관영이 거상 거부들의 축재의 길을 막는 것과 같았다면, 호흡을 맞추길 희망하는 몇몇 거상 거부들이 관료의 대오에 끼어든 것은 이들에게 벼슬길에 이르는 길을 활짝 터준 것과 같았다고 할 수 있다. 과거에는 거상 거부들이 아무리 돈이 많아도 그냥 단순히 돈 많은 인물에 그칠 뿐 사회적으로 높은 지위로 평가받지 못했다. 이제 그들 가운데 몇몇 인물이 조정의 어루만짐과 달램을 받으며 그럴듯한 신분과 지위를 갖게 되었다. 이제 비적이 중앙군으로 편성된 꼴이었다. 그러니 이런 인물들이 어떻게 온 힘을 다하여 일을 하지 않겠는가?

물론 관리가 될 수 있었던 상인은 결국 소수였지만 대부분의 거상 거부들은 타격을 받을 수밖에 없었다. 한무제의 생각은 이들 소수를 끌어들여 큰 무리에게 타격을 주는 데 있었다. 타격하면서도 이용하고 독으로써 독을 제압하고 상인으로써 상인을 제어하려고 생각했던 것이다. 한무제의 정치 수완은 정말 대단했다.

공근은 염철 관영을 하면서 세운 큰 공을 인정받아 대농령으로 발탁되었다. 동곽함양은 이미 세상을 떠났는지 훗날의 기록에 다시는 이름이 나타나지 않는다.

관에서 설치한 각급 염철 기구 가운데 예전 염철 상인을 쓴 이유는 그들이 전문적인 자질을 갖춘 인재였기 때문이다. 그러나 염철 관영은 정치권력을 이용해 벌인 농단으로 오직 이 부문만은 다른 영업점이 없이 경쟁자를 배척하며 관료주의에 빠졌다. 이는 필연적으로 시장의 법칙과는 반대 방향으로 갈 수밖에 없었다.

오래지 않아 염철 관영에 이런 병폐가 드러났다. 관아에서 파는 소금은 엄청나게 가격이 올랐고, 관아에서 운영하는 공장에서 생산한 철기는 질은 형편없는데 값은 비쌌기에 백성들은 하나같이 사려고 하지 않았을 뿐만 아니라 어떤 지방에서는 나무로 만든 농기구를 사용하고 소금기 없는 음식을 먹는 일까지 있었다.

한무제가 일찍이 애국 상인의 본보기로 직접 추켜세운 복식은 이런 상황을 그대로 보고만 있지 않았다. 염철 관영 정책을 주재했던 공근도 이런 상황을 그대로 보고만 있을 수 없었다. 이들은 한무제에게 이런 상황을 살펴서 잘못을 시정하기를 청했다.

애국 상인의 본보기였으며 염철 관영에 큰 공을 세운 신하였던 이들은 실상 한무제가 써먹은 바둑판 위의 바둑알일 뿐이었다. 이 점을 복식과 공근은 전혀 생각하지 못했다. 일단 이들이 황제의 생각과는 다른 논조를 펼치자 이들의 이용 가치도 사라지고 말았다.

결국 두 사람은 한무제의 미움을 받으며 자리에서 물러나야 했다.

바로 이때, 공근 곁에 깊이 숨었던 그 세작, 다시 말해 상인의 아들로 한무제의 측근인 상홍양이 정식으로 수면 위로 올라왔다. 이때부터 상홍양은 서한의 재정과 경제를 무려 23년이나 관장했다.

상홍양은 무대에 오른 뒤에도 계속 염철 관영을 추진하며 몇 가지 방법을 새로 만들어 상공업의 관영 범위를 한층 확대시켰다.

상홍양이 새로 만들어낸 방법 가운데 '균수均輸', '평준平準'이 있다.

'균수'란 무엇인가? 지난 날, 각 지방에서는 해마다 자기 지방의 특산품을 조정에 올려야 했다. 교통이 불편했던 당시에 이렇게 서울로 공물을 올리려면 많은 운송비가 들었다. 또 올라온 공물이 조정에 꼭 필요한 물품이 아닐 수도 있었다.

상홍양이 새로 만들어낸 '균수' 방법은 각 지방에서 올라온 공물을 받아들인 뒤 수도로 운송할 필요 없이 이를 위해 임명된 '균수관均輸官'에게 보내 가격이 높은 곳으로 운반하여 팔도록 했다.

이 방법이 바로 관에서 운영하는 상업 무역 아닌가? 상홍양은 전국 여러 지방에 '균수관'을 두었다. 관에서 운영하는 상업 무역 시스템을 구축한 셈이었다.

그렇다면 '평준'은 무엇인가?

'평준'은 상홍양이 서울에 설립한 기관으로 주로 싼 값에 사서 비싼 값에 되팔아 물가 균형을 맞추는 일을 책임졌다.

'균수'와 '평준' 정책으로 서한 조정은 전국 시장을 통제했다. 다시 말하면, '균수'로 지역 사이의 무역을 장악하고, '평준'으로 수도의 물가를 통제했던 것이다.

'균수'와 '평준' 모두 각지에서 바친 물자를 이용했으니, 아무런 밑천 없이 매매를 한 셈이었다.

이 밖에도 상홍양은 주류酒類 전매專賣를 제안했다.

우리 조상들은 이미 신석기시대에 어떻게 술을 만드는지 잘 알고 있었다. 옛 사람들은 술을 너무 좋아해 설이나 명절, 관혼상제, 친구와의 모임, 조상께 드리는 제사에 술은 필수품이었다. 술도 소금과 마찬가지로 백성들의 일상생활에 빠질 수 없었으므로 물론 소비량도 엄청나게 많았기에 주류 판매도 상당히 큰돈을 벌 수 있는 사업이었다. 사마천은 일찍이 한 해 일천 항아리의 술을 빚는 데 백만 냥을 투자하면 이십만 냥의 이윤을 얻을 수 있다고 계산한 바 있다. 이는 전국 시대 '천승의 병거를 소유한 제후국'의 한 해 수입에 맞먹는다.

바로 상홍양이 이런 주류 판매에 눈길을 돌렸다. 그는 규칙을 세웠다.

백성들은 양조장을 열 수는 있지만 술을 만드는 원료인 술밑이나 곡식 따위는 반드시 관아에서 구입한다. 백성들은 술을 만든 뒤에 직접 팔아서는 안 되고, 만든 술 전량을 관아에 넘기면, 관아에서 이를 판매한다.

사마상여와 탁문군이 만약 이때 만났더라면 술집을 열어 술을 팔려고 해도 그럴 수 없었을 것이다.

상홍양의 정책들을 볼 때, 당시 큰돈을 벌 수 있었던 업종인 제염, 철광석 제련업부터 지역 특산물의 무역이나 주류 판매업에 이르기까지 모두 관아에서 가져갔다는 말과 같았다. 일반 백성들이 할 수 있는 일이라고는 큰돈을 벌 수 없는 자질구레하고 사소한 물건 매매밖에 없었다.

따라서 한무제의 상인으로 상인을 제어하는 정책은 일부 상인을 이용하여 다수의 상인을 타격하는 외에도 대단히 중요한 의미가 있으니 바로 상공업의 민간 경영을 대신해 상공업의 관영을 발전시켰다는 점이다.

이런 상공업의 관영은 그 자체로 돈을 쉽게 움켜쥘 수 있는 장사였기에 관아에서는 정치권력으로 통제했다. 아무리 잠만 자는 바보라도 돈 못 벌까 걱정하지 않아도 되었던 것이다. 그러했기에 상공업의 관영화 이후 서한 정부의 재정 상황은 눈에 띄게 모습이 바뀌었다. 한무제도 재정 위기를 넘기고 '주머니 사정이 궁하지 않은 상태'가 되었다.

중국 역사에서 상홍양은 이재理財에 손꼽을 만한 고수였다. 사실 상홍양의 이런 방법은 모두 한무제의 지지를 얻었기 때문에 가능했던 일이었다. 상홍양이 이재의 고수였다면, 한무제는 '돈벌이에 가장 뛰어난 황제'였다.

그러나 상공업의 관영 정책은 처음부터 적지 않은 이들의 반대에 부딪쳤다. 백성들은 감히 한무제를 욕하지는 못하고 불평과 불만을 상홍양에게 터트렸다.

예컨대, 애국 상인의 모범 인물인 복식은 기분이 상할 대로 상했다. 그러던 어느 해, 가뭄 피해가 발생하자 복식은 드디어 입을 열었다.

"관아는 뭐로 사는데? 백성들이 낸 세금으로 살잖아. 지금 상홍양은 관리들에게 거리로 나가 장사해서 돈을 벌라고 하잖아. 이렇게 백성들과 이익을 놓고 다투다니, 이 무슨 짓이야? 상홍양을 기름솥에 넣고 튀겨야 하늘이 비를 내릴 거야!"

실제로 상홍양을 욕한 이가 어찌 복식 한 사람이었을까! 중국 역사상 상공업의 관영 폐단에 관한 이야기가 나오면 상홍양을 욕하지 않는 이가 거의 없었다. 『사기』를 쓴 사마천은 물론 『한서』를 쓴 반고도 상홍양을 위한 전기를 원하지 않았으니, 이는 이들이 상공업에 대한 관영에 반대했기 때문이다. 심지어 송나라 때의 대문호 소동파蘇東坡도 상홍양의 이름만 나와도 속이 메스꺼울 정도로 구역질을 했다. 그는 상홍양의 이름만 봐도 '마치 구더기나 파리와 같아서 입에 올리면 입과 혀를 더럽히고 편지를 쓰면 소식을 더럽힌다.'[73]고 말했다. 이들 눈에는 상홍양의 사람됨이 인간 축에 끼이지 않았던 것이다.

그러나 사람들의 욕은 욕이지만 상홍양이 내놓은 수많은 방법들은 그 이후로도 계속 이어졌다. 극히 얼마 안 되는 몇몇 시기를 제외하고는 대부분의 시기에 상공업의 관영 정책은 그대로 시행되었다. 심지어 어떤 왕조에서는 상홍양에 비해 한참이나 멀리 갔지만 훨씬 더 널리 시행되었다.

예컨대, 당나라 때에는 차가 널리 보급되면서 찻잎이 사람들의 일상생활에 꼭 필요한 물품이 되었다. 따라서 당나라 때부터 찻잎은 소금이나 술과 마찬가지로 관아의 전매품에 포함되었다. 송나라 때에는 요리를 만들고 식사를 할 때 사용하는 식초까지도 관아에서 취급하는 전매품이 되었다.

결과적으로 상홍양은 세상을 떠났지만 수많은 상홍양이 뒤를 이어 끊임없이 나타났다. 앞에서 백거이의 시 「염상부」를 언급했었다. '상홍

---

73 如蛆蠅糞穢也, 言之則汚口舌, 書之則汚簡牘. 『동파지림東坡之林』 권5 「司馬遷二大罪」에 나오는 구절이다.

양, 죽은 지 벌써, 한나라 때만이 아니라 지금도 이런 이 있네.'라는 구절이 바로 이런 의미였다.

이처럼 우리는 역사에서 정말 기괴한 현상을 보게 된다. 그것은 바로 수많은 이들이 발을 구르며 상홍양에게 욕을 매우 심하게 퍼붓는 한편에서 다른 수많은 사람들이 상홍양을 흥미진진하게 배우고 있다.

그렇다면 왜 후손들은 상홍양에게 욕을 퍼부으면서도 그를 배우려고 할까?

상홍양이 내놓은 방법들은 결국은 관아에서 상공업을 기획하고 관리하는 것이다. 관아에서는 왜 상공업을 직접 기획하고 관리하려는 것일까? 중농억상 이외에 가장 중요한 목적은 바로 돈을 벌어 재정 문제를 해결하는 데 있었다. 따라서 상홍양에게 욕을 퍼부으면서도 그를 배우는 이유는 재정 문제 때문이다.

다시 말해, 사람들이 상홍양에게 욕을 퍼붓는 것은 옛 봉건사회에서 상공업의 관영으로 벌어들인 돈은 주로 양병, 관리 양성, 통치자의 무절제한 낭비와 사치를 위해 쓰였기 때문에 생산성이나 공익성과의 관련성이 아주 없지는 않지만 전자와는 비교할 수 없기 때문이다. 상공업에 대한 관영 확장은 행정의 농단을 가져왔고 사회 자원을 심각하게 낭비하게 했다. 또한 민간 경제의 발전을 가로막았고 인간의 창조력을 억눌렀으며 경제의 활력을 방해하고 정상적인 사회 경제의 발전을 가로막으며 백성들의 생산 활동에 영향을 끼쳤다.

그렇다면 사람들은 왜 상홍양을 배우려고 했을까? 국가의 통일이나 국력의 강성함은 재정의 도움이 없다면 불가능하기 때문이다. 또 역대 봉건 왕조는 관료 조직과 군대의 팽창에 따라 재물을 모을 새로운 방법이 필요했다.

그러나 후세 사람들이 상홍양을 배울 때에는 그가 펼치던 전면적인 관영 방법을 따르지 않고 약간의 조정과 변혁을 꾀했다. 이렇게 해서 관상합영官商合營이 나타났다.

3
관상합영官商合營

관상합영은 어떻게 된 일인가?

예컨대, 소금 정책을 보면, 상홍양 때에는 관아에서 엄밀하게 생산을 통제하며 소금을 전량 사들인 뒤, 다시 관아에서 수많은 사람들에게 팔았다.

그러나 시간이 지나면서 바뀌었다. 관아에서는 소금 생산을 엄밀하게 통제하며 먼저 생산한 제품을 전량 사들인 뒤 다시 상인들에게 도매로 넘기면 각각의 상인들이 수많은 사람들을 상대로 판매했다. 소금의 유통 과정은 두 단계로 나눌 수 있으니, 그 첫 번째는 관아 경영이며 두 번째는 상인 경영이다. 물론 어느 상인이나 제멋대로 할 수 있는 게 아니라 소금을 사려는 상인은 관아로부터 소금 전매권을 반드시 얻어야만 했다. 그래야 민간 상인에게 일정한 공간을 줄 수 있을 뿐만 아니라 완전한 관영으로 생기는 효율 저하의 문제를 어느 정도 피할 수 있었다.

중국 고대 후기 경제사에서 드러난 적지 않은 사건들은 모두 관상합영에 따른 상공업 정책의 변화와 직접적인 관련이 있다.

예컨대, 오늘날 어디를 가든 볼 수 있는 종이로 인쇄된 돈도 마찬가지다. 인민폐는 날마다 쓰고 있으니 말할 필요도 없고 달러나 유로화도 마찬가지이며 파운드화나 엔화 등 이 세상의 돈은 모두 종이로 만들었다. 그런데 종이로 만든 화폐는 중국인이 발명한 것으로 지금으로부터 일천여 년이나 되는 역사를 가지고 있다. 많은 이들이 이 사실은 잘 알고 있다. 그런데 우리 조상들은 왜 종이로 돈을 만들 생각을 했을까?

중국의 최초 화폐는 바닷가에서 나오는 일종의 조개껍데기였다. 사람들은 이를 패화貝貨라고 불렀다.

〈갑골문의 '패貝'〉

패화는 돈이라 여러 물건을 살 수 있었다. 당연히 사람들은 돈을 아끼며 소중히 여겼다. 그러기에 한자에는 재산이나 교역과 관계된 글자는 거의 '패貝'와 함께한다. 예컨대, 갑골문에서 '매買'자는 망網과 패貝로 이루어졌다. 조개〔貝〕는 화폐로 교환 수단이다. 그물〔網〕은 이익을 얻는다는 의미이다.

또한 어떤 사람이 조개〔貝〕 앞에 무릎을 꿇고 절하는 모습의 글자가 있다. 부의 상징인 조개[貝]는 화폐로 인간의 숭배를 받고 있음을 보여준다.

갑골문에서 이 글자는 어떤 사람이 패화 앞에 꿇어앉아 있는 모습이다. 진짜 패화는 크기가 사람의 새끼손가락만하다. 그러나 갑골문에서 패貝자는 앞에 꿇어앉은 사람에 비하면 비교할 수 없을 만큼 크다. 허리를 굽히고 무릎을 꿇은 사람은 허약하고 보잘것없는 모습이다. 이 모습이 반영하는 것은 인간의 어떤 생각일까?

패화는 자못 원시적이었기에 전국 시대에는 구리로 주조된 여러 종류의 화폐가 등장했다. 진시황은 천하를 통일한 뒤 화폐도 통일했다. 동전의 형상도 둥근 모양에 중간에 네모난 구멍을 내어 하늘은 둥글고 땅은 네모짐을 상징했다. 그러했기에 옛적에는 사람들이 돈을 일러 '공방형孔方兄'이라고 불렀다. 그 후 동전의 형상은 그대로 굳어졌다. 이렇게 이천여 년 동안 계속 동전이 사용되며 중국 고대에 가장 중요한 화폐 형태가 되었다.

그러나 동전은 큰 문제를 안고 있었다. 너무 무거웠던 것이다.

동전은 관貫을 단위로 하며, 한 관은 일천 문文이다. 예컨대 당송 시기에 한 관의 동전은 대략 3kg였으니, 일만 관의 동전은 약 3만kg이다. 지난 날, 우리는 돈 있는 사람을 '허리춤에 일만 관을 두른 부자'라고 했다. 사실 '허리춤에 일만 관을 두르기'란 아예 불가능하다. 일만 관이나 되는 동전이라면 3만kg이나 되는데, 이 정도면 사람을 오징

그림 21. 국가박물관에서 소장한 남송南宋의 회자會子 동판

북송이 발명한 지폐는 '교자交子'라고 했으며, 남송이 발행한 지폐는 다시 이름을 바꾸어 '회자會子'라고
했다. 이 사진은 남송 때에 지폐를 인쇄하던 동판 및 그 탁본이다. 중국 국가박물관 소장

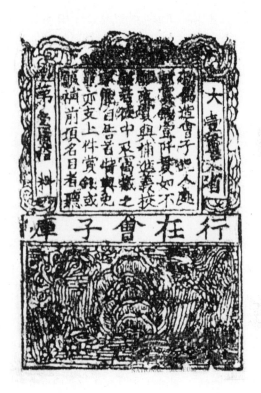

그림 22. 회자동판탁본會子銅版拓片

어처럼 납작하게 눌러버릴 정도니!

상품 교환이 전에 없이 발전하면서 동전만으로 충분하지 않았다. 송나라 때에는 사천四川을 비롯한 일부 지방에서 쇠붙이로 만든 철전鐵錢이 사용되었다. 그러나 철전은 더욱 부담이 되었다. 가치가 낮았기에 더욱 무거웠다. 한 관에 4kg 정도였으니, 일만 관의 철전은 4만kg 이상이었던 것이다.

동전이나 철전이 무거웠지만 약간의 쌀이나 몇 근 되지 않는 채소 등의 소액 거래에는 별 문제가 되지 않았다. 그러나 대규모 거래나 원거리 무역에서는 매우 불편했다. 동전이나 철전의 운송비용만 해도 매우 비쌌기 때문이다.

상품 교환이 발전하면서, 특히 대규모로 이루어지는 장거리 무역의 발전에 따라 동전과 철전은 사용이 정말로 번거로웠다. 이런 어려움을 극복하기 위해 사람들은 수많은 방법을 생각했다. 그 가운데 하나가 바로 지폐 활용이다. 북송 시기에 철전을 가장 먼저 사용했던 사천 지방에서 세계 최초로 지폐를 발명했다. 당시에는 이를 '교자交子'라고 불렀다.

지폐는 상품 교환을 최대한 편리하게 만들었으며, 나아가 교역 원가를 극도로 감소시켰다. 남송 때에는 지폐가 더욱 널리 사용되었다. 원나라 때에 이르자 지폐는 주요 화폐가 되었다. 전국적으로 통용되었을 뿐만 아니라 지금의 한반도, 베트남, 태국 등지에서도 통용되었다. 또 이 지폐는 언제든지 금이나 다른 화폐로 바꿀 수 있을 만큼 값이 나갔다.

사실 지폐의 출현은 동전이나 철전이 사용하기에 불편할 만큼 무거뒀기 때문만은 아니었다. 가장 중요한 이유는 상업에서 신용 관계가 발전했기 때문이다. 몇 가지 부호를 쓰거나 인쇄한 종이를 모든 사람의 구매력으로 인정한 까닭은 무엇일까? 그 배후에 신용 제도가 있었다. 신용 제도의 발전이 없었더라면 동전이나 철전이 아무리 무거워도 지폐는 출현하지 않았을 것이다.

그렇다면 신용 제도는 어떻게 발전했을까? 송나라 사람이 발명한 지폐는 무슨 까닭에 '교자交子'라고 불렀을까? 이것은 차茶와 소금의 전매제도와 관계가 있다.

북송 때에는 북방 민족 정권인 요遼와 서하西夏의 공격을 방어하기 위해 북쪽 변경 지역에 몇 십만의 군대를 주둔시켰다. 이렇게 많은 병사들에게 먹일 밥은 물론 그들의 전마戰馬에게도 먹일 사료가 필요했다. 식량과 사료의 공급은 사실상 큰 문제였다.

그렇다면 어떤 방법이 있을까? 북송 정부는 차와 소금으로 식량과 사료를 교환하는 방법을 생각했다. 상인들에게 주둔군에게 필요한 식량과 사료를 운반하도록 호소하고, 정부에서는 이에 응한 상인들에게 종이로 만든 증서를 교부했다. 이 증서를 '교인交引'이라고 했다. 상인은 '교인'이라는 증서를 관아의 소금이나 차와 맞바꾸었다. 상인은 이렇게 바꾼 차와 소금을 관아에서 지정한 지방에서 팔 수 있었다.

관아에서는 상인들의 적극성을 자극하기 위하여 차와 소금의 양을 식량이나 사료의 실제 가치보다 훨씬 많이 내주었다. 차와 소금은 전매품으로 할 경우 이윤이 상당히 높았기에 상인들은 앞을 다투며 적극적으로 나섰다.

주둔군에게 필요한 식량이나 사료의 교환은 북부 변경에서 이루

그림 23. 호경여당胡慶餘堂 **바깥 풍경**

호설암胡雪岩이 항저우杭州에 문을 연 호경여당약방. 지금도 여전히 영업을 한다. 거리 어디서나
짙은 한약 냄새가 가득하다. 필자가 직접 촬영했다.

중국 옛 상인의 지혜

그림 24. 호경여당 실내 모습

어졌으나 차나 소금의 교환은 차와 소금이 많이 생산되는 내지에서 교환되었기에 거리가 매우 멀었다. 이들 두 고리를 하나로 이어주는 것이 바로 종이로 만든 '교인'이라는 증서였다. '교인'만 있으면 누구라도 차와 소금으로 바꿀 수 있었다. 이 증서는 확인만 했지 누가 갖고 있었는지는 확인하지 않았기에 '교인'이 바로 신용을 증명했다. 일종의 유가증권이었던 셈이다.

'교인'은 양도할 수도 있었다. 몇몇 거상들은 '교인포交引鋪'를 열어서 전문적으로 '교인'의 매매에 나서기도 했다. 유가증권의 교역 시장을 형성했던 것이다.

'교인'은 유가증권의 구실을 했기에 값어치가 컸다. '교인'으로 차나 소금으로 바꿀 수 있었으며 다른 온갖 물건도 손에 넣을 수 있었다. 이렇게 '교인'이 주는 영감이 있었기에 사람들은 지폐를 발명할 수 있었으며, 이름도 '교자交子'라고 불렀다.

다른 예를 들면, 명청 시대에 중국에서는 수많은 상방商幫이 출현했다. 그 가운데 가장 유명한 상방은 북방의 진상晉商과 남방의 휘상徽商이었다. 잘 알려진 교가대원喬家大院이나 홍정상인紅頂商人 호설암胡雪巖은 이 두 상방에 속했다. 그렇다면 진상과 휘상은 어떻게 생겼을까? 그것은 소금 전매제도와 관계가 있다.

명나라 건국 후, 원나라의 잔여 세력은 몽골 초원지대로 밀려났지만 걸핏하면 군대를 이끌고 남쪽으로 내려왔다. 이를 막기 위하여 명나라는 북쪽에 장성을 건설하는 한편 그곳에 막강한 병력을 주둔시켰다. 주둔한 군사들의 식량과 전마의 사료 문제를 해결하기 위하여 명나라 정부도 송나라와 마찬가지로 소금과 양초糧草를 바꾸는 방법을 채택했다. 이런 제도를 당시에는 '개중제開中制'라고 했다. 명칭은 비록 달라졌지만 그 방법은 북송 때와 같았다.

산서山西 지방의 상인들은 그들이 사는 곳이 변경에 가까운데다 지염池鹽 산지와 가깝다는 지리적 장점을 이용하여 한 발 먼저 역사가 준 기회를 잡았다. 군사들에게 필요한 식량과 전마의 사료 운송과 소금 판매로 이들은 거대한 이윤을 손에 넣었다. 진상의 첫 번째 금덩어리는 이렇게 굴러들어왔다.

휘상의 활동 지역은 주로 지금의 장쑤성江蘇省과 저장성浙江省 일대였다. 이곳 회남淮南 지역은 바로 해염海鹽의 주요 산지로서 도매 시장을 형성하고 있었다. 명나라 초기, 양초를 소금으로 바꾸는 정책을 따르며 회남 지역의 해염을 다루는 이들은 거의 산서 지방과 섬서陝西 지방의 상인들이었다. 이때까지 휘상들은 아직 우세한 위치를 차지하지 못하고 있었다. 명나라 중엽을 지나면서 회남 지역에서 생산되는 해염에 대한 전매 정책에 변화가 발생했다. 소금을 판매하려는 상인들이 북방 변경 지역에 양초를 내지 않고도 소금이 생산되는 양주揚州 등지에서 돈만 지불하면 되었던 것이다. 휘상은 이 기회를 놓치지 않았다. 이들은 재빠르게 산서와 섬서 지방의 상인들을 밀어내고 회남 지역의 해염 판매를 독점했다. 그 후 휘상은 남방에서 첫손 꼽히는 커다란 상방으로 발전했다.

중국 고대 후기 상공업 경제에서 수없이 등장한 사건들은 모두 국가에서 시행하는 소금과 철의 전매 정책 변화와 밀접한 관계가 있었음을 쉽게 알 수 있다. 진상과 휘상의 발전도 이런 국가 정책의 변화를 바로 파악했기 때문에 가능했다.

지금까지 이야기한 일화들은 주로 사마천이 쓴 상공업자들의 전기적 사건을 바탕으로 했다.

중화 민족 5천 년 문명사에서 우리 조상들은 일찍이 휘황찬란한 농업 문화를 창조했을 뿐만 아니라 엄청나게 발달한 상공업 문화도 창조했다. 상공업 문화는 넓고 심오한 중국 전통 문화를 이루는 중요한 부분으로 화려하고 아름다운 지혜의 화원이며 깊은 깨달음을 주는 미덕의 교실이라고 부를 만하다.

오늘날 중국 경제는 다시 우뚝 일어나고 있다. 중국에서 만든 제품은 벌써 전 세계 어디서나 널리 팔리고 있으며 중국 기업도 세계로 진출하고 있다. 중화 민족은 지금 한창 위대한 부흥을 실현하고 있다. 그러나 동시에 우리 사회는 갈수록 불어나는 위조 불량 상품에다 기만과 사기로 두려움에 떨고 있다. 이에 따라 시간이 지나면서 상도덕과 성실한 경영 문제에 관심이 집중되고 있다.

백규白圭가 말한 '지智, 용勇, 인仁, 강强' 가운데, 창의성이 넘치는

'지자智者'는 우리에게 부족하지 않다. 또 대담하게 모험에 뛰어드는 '용자勇者'도 적지 않다. 그러나 우리는 주고받는 데 덕이 넘치는 '인자仁者'를 더 필요로 하며 자기 단속에 엄격한 '강자強者'를 필요로 한다.

현대 사회는 마땅히 '인자'의 사회가 되어야 한다. 우리가 어느 곳에 살며 어떻게 생계를 꾸리든 우리의 일이나 삶은 상품의 교환에서 벗어날 수 없기 때문이다. 자급자족을 할 수 없는 이상, 다른 사람이 죽든지 살든지 아무런 관계없이 나 혼자만 살 수는 없다. 여러분이나 여러분의 아이들이 독이 든 저질 분유를 먹지 않을 수는 있다. 그러나 옛날부터 오늘날까지 모든 것을 꿰뚫어볼 수 있는 눈이 있어도 다른 사람이 만든 저질 식용유나 독성 쌀, 그리고 형광증백제가 묻은 버섯이나 맹독성 농약에 3911이 스민 부추의 흉계를 벗어날 수 있겠는가?

현대 사회는 마땅히 '강자強者'의 사회라야 한다. 부자든 가난한 자든 자기 관리를 엄격하게 하고 법을 지키며 사는 사회라야 한다. 만약 부자가 돈이 있다고 남을 능멸하며 대중과 동떨어진 삶을 산다면 유아독존에 빠지며 제멋대로 거리낌 없이 행동하게 될 것이다. 또 법을 어기고 기강을 어지럽히며 다른 사람의 목숨쯤은 우습게 여길 것이다. 그들은 어떤 일도 다 해결할 수 있다고 생각할지 모른다. 또한 가난한 이가 돈을 벌기 위하여 수단과 방법을 가리지 않고 사람으로서 도저히 못할 짓을 마다않으며 양심을 버리고 속임수를 쓴다면 비록 일시적으로는 이득을 얻을 수 있을지 몰라도 결국은 치명적인 파국으로 향할 수밖에 없다.

'인자'와 '강자'를 늘리기 위해서는 법률 제도도 필요하고 문화도 필요하다. 법률 제도는 사람의 행위를 규범화하고 문화는 사람의 양심을 일깨운다.

'어른 말을 들으면 자다가도 떡이 생긴다.'고 했다. 옛 선인들의 경영 방법과 처세의 도리, 그리고 수신의 이치와 집안을 다스리는 계책에 대한 날카로운 결론, 깊은 반성과 무수하게 맺힌 마음과 정신은 모두 수없이 많은 성공과 패배에서 온 것이기에 무시할 이유도 자격도 없다.

뿌리 없는 나무가 어떻게 하늘 높이 치솟을 수 있겠는가? 본래의 상황이나 사물의 근원을 망각하고 소홀히 한다면, 그런 사람의 정신은 어느 곳에 있을까? 자기 고향의 상업 문화를 전승하고 전통적인 상업 미덕을 드높이는 일은 중국의 모든 기업가들이 반드시 해야 할 일이다. 이는 또 중국 신세대의 역사적 사명이기도 하다.

사마천이 쓴 상인의 세계는 역사도 아득하고 먼 중국 상업 문화의 근원이다.

옮기고 나서

역사 인물을 만날 때마다 '부활復活'이라는 낱말의 의미를 몇 번이고 되새긴다. 몸뚱이는 이미 한 줌 흙이 되어 이 세상 사람이 아니지만 그 사람이 남긴 정신만은 살아서 우리 안에 있다면, 이거야말로 진짜 부활이 아니겠는가?

역사 속에서 올곧은 인물을 만날 때마다, 이런 인물이 지금 이 세상에 우리와 함께 살아 있다면 얼마나 좋을까, 이렇게 생각하며 사뭇 마음 간절할 때가 한두 번이 아니다. 그래서 이천 몇 백 년 전 인물도 곁으로 모시게 된다. 부활한 모습으로 다시 살아온 이분들 곁에 앉아 이분들의 이야기에 귀를 기울일 때면 시간과 공간은 과거 어느 때 어느 먼 곳이 아니라 이미 현재이며 이곳이다.

역사 앞에 끝까지 떳떳했던 사마천은 『화식열전貨殖列傳』에 올린 52명의 인물을 허투루 뽑지 않았다. 그의 눈에는 아무나 상고商賈가 아니었기 때문이다. 중국법정대학 리샤오李曉 교수는 또 그 중에서 가려 뽑아 『상고지혜商賈智慧』로 이 책을 묶어 이들의 지혜를 독자 앞에

펼쳐 보인다.

이렇게 살면 영원히 살 수 있겠구나, 그리하여 죽어서도 다시 부활한 몸으로 언제나 살 수 있겠구나, 이 책을 읽으며 이런 생각을 하는 독자가 많았으면 좋겠다. 돈과 함께 권력까지 한사코 움켜쥔 채 내놓는 데 인색하기 짝이 없는 이들도 이 책을 읽고 영원히 사는 길을 자기의 갈 길로 삼았으면 참 좋겠다.

이 글을 우리말로 옮기며 고마운 이들을 머릿속에 떠올렸다. 이들은 넘어질 수도 있었던 나를 일으키며 다시 사는 길로 가자고 일깨웠다. 곁에서 항상 큰 힘이었던 여러 친구들에게 이번에도 빚을 졌다. 글을 쓸 때마다 언제나 첫 번째 독자가 되어주었던 아내에게 새삼 이 자리를 통하여 고마움을 전한다. 도서출판 인간사랑 식구들에게도 고마운 마음을 전한다.

2015년 4월

이기흥

중국 옛 상인의 지혜

발행일 1쇄 2015년 5월 30일
지은이 리샤오 李曉
옮긴이 이기홍
펴낸이 여국동

펴낸곳 도서출판 인간사랑
출판등록 1983. 1. 26. 제일 - 3호
주소 경기도 고양시 일산동구 백석로 108번길 60-5 2층
물류센타 경기도 고양시 일산동구 문원길 13-34(문봉동)
전화 031)901 - 8144(대표) | 031)907 - 2003(영업부)
팩스 031)905 - 5815
전자우편 igsr@naver.com
페이스북 http://www.facebook.com/igsrpub
블로그 http://blog.naver.com/igsr
인쇄 인성인쇄 **출력** 현대미디어 **종이** 세원지업사

ISBN 978 - 89 - 7418 - 751 - 4 93910

이 도서의 국립중앙도서관 출판시도서목록(CIP)은 서지정보유통지원시스템
홈페이지(http://seoji.nl.go.kr)와 국가자료공동목록시스템(http://www.nl.go.kr/kolisnet)에서 이용하실 수
있습니다.(CIP제어번호: CIP2015012907)

학오學吾 신동준申東埈 중국학 도서

『동양고전 잠언 500선』범립본, 홍자성, 장조 지음,
　신동준 옮김, 15,000원

『유몽영』장조 지음, 신동준 옮김, 23,000원

『관자』관중 지음, 신동준 옮김, 75,000원

『고전으로 분석한 춘추전국의 제자백가』신동준 지음, 75,000원

『묵자』묵자 지음, 신동준 옮김, 49,000원

『왜 지금 한비자인가』신동준 지음, 25,000원

『욱리자』유기 지음, 신동준 옮김, 29,000원

『명심보감』범립본 지음, 신동준 옮김, 19,000원

『채근담』홍자성 지음, 신동준 옮김, 39,000원

『상군서』상앙 지음, 신동준 옮김, 20,000원

『귀곡자』귀곡자 지음, 신동준 옮김, 23,000원

『조조의 병법 경영』신동준 지음, 19,000원

『한비자』신동준 지음, 59,000원

『장자』신동준 지음, 49,000원

『인물로 읽는 중국현대사』신동준 지음, 25,000원

『후흑학』이종오 지음, 신동준 옮김, 25,000원

『열자론』신동준 지음, 30,000원

『대학.중용론』신동준 지음, 35,000원

『주역론』신동준 지음, 45,000원

『노자론』신동준 지음, 30,000원

『순자론』신동준 지음, 45,000원

『맹자론』신동준 지음, 35,000원

『공자의 군자학』신동준 지음, 45,000원

『논어론』신동준 지음, 35,000원

『중국문명의 기원』신동준 지음, 15,000원

『조조통치론』신동준 지음, 35,000원

『전국책』유향 지음, 신동준 옮김, 45,000원

『조엽의 오월춘추』조엽 지음, 신동준 옮김, 15,000원

『삼국지 통치학』신동준 지음, 45,000원

2 중국사 총서

『중국 옛 상인의 지혜』 리샤오 지음, 이기흥 옮김, 18,000원
『중국 문화 속의 사랑과 성』 왕이자 지음, 이기흥 옮김, 23,000원
『중국 고대 선비들의 생활사』 쑨리췬 지음, 이기흥 옮김, 25,000원
『근세 백년 중국문물유실사』 장자성 엮음, 박종일 옮김, 23,000원
『아편전쟁에서 5.4운동까지』 호승 지음, 박종일 옮김, 39,000원

3 기타 중국학 도서

『사회과학도를 위한 중국학강의』 -전면개정판,
　　국민대학교 중국인문사회연구소 엮음, 23,000원
『중국통사(上)』 범문란 지음, 박종일 옮김, 30,000원
『중국통사(下)』 범문란 지음, 박종일 옮김, 30,000원
『2012 차이나 리포트』 백창재 외, 15,000원